教学服务型大学：理论研究与制度框架

（修订版）

JIAOXUE FUWUXING DAXUE
LILUN YANJIU YU ZHIDU KUANGJIA

徐绪卿 ◎ 著

中国社会科学出版社

图书在版编目（CIP）数据

教学服务型大学：理论研究与制度框架（修订版）/ 徐绪卿著 .
—北京：中国社会科学出版社，2016.10
ISBN 978-7-5161-4967-6

Ⅰ.①教…　Ⅱ.①徐…　Ⅲ.①高等教育–研究–中国　Ⅳ.①G649.2

中国版本图书馆 CIP 数据核字（2014）第 240379 号

出 版 人	赵剑英
责任编辑	任　明
特约编辑	乔继堂
责任校对	周　昊
责任印制	何　艳

出　　版	中国社会科学出版社
社　　址	北京鼓楼西大街甲 158 号
邮　　编	100720
网　　址	http：//www.csspw.cn
发 行 部	010-84083685
门 市 部	010-84029450
经　　销	新华书店及其他书店

印刷装订	北京市兴怀印刷厂
版　　次	2014 年 10 月第 1 版
印　　次	2016 年 10 月第 1 次印刷

开　　本	710×1000　1/16
印　　张	19.5
插　　页	2
字　　数	294 千字
定　　价	68.00 元

原　序

　　刚收到徐绪卿校长一部40万字的著作《我国民办高校内部管理体制改革和创新研究》，另一部同样厚重的《教学服务型大学：理论研究与制度框架》书稿又摆在我的案头。徐绪卿校长是一位拥有16000多学生的准巨型民办本科大学的领导，又是一位多产的高等教育研究者。我同他交往已有10多年，读过他的一些文章和专著，并有多次思想交流的机会，对他善于融合理论和实践的作风与能力，有所感受。他的理论，产自丰富的实践经验；他的实践，并不囿于自己的经验，而是有其理论依据，尤其是善于吸取国内外有关的学科知识，改造创新，成为自己的理论观点。这本《教学服务型大学：理论研究与制度框架》，就是一个很好的范例：他所领导的树人大学，定位于"教学服务型"，这本著作，研究的就是教学服务型大学的理论与制度。这一研究，可以将亲自经营管理的大学作为实验基地，广泛参考其他同类型高校办学的经验和国内外有关理论与制度，构建自己的理论体系。

　　本书的理论体系，是将高等教育大众化作为切入点，提出问题。这一切入点是准确的。因为应用性与多样化，都是高等教育大众化的主要特点。大众化的发展，不能停留在精英教育阶段的学术性与单一化上，固守精英教育立场的学者，往往看不起也很难理解大众化的重要性与必要性。因此，必须在大众化的前提下提出问题，才能深入理解当前高等教育必须克服同质化、必须分类定位、特色发展，才能使大学适应社会对专门人才的需求，推进高等教育现代化。

　　树人大学定位于教学服务型大学，以教学为中心，以服务为导向，符合教育发展规律和高等院校社会职能。学校教育以教学为中心，对于非学术研究型大学的应用本科或高职，都很容易理解并践行，因此本书着墨不多。本书的着力点也是重要创新点，在于研究服务的导向。

　　作为高校职能之一的社会服务，是指高校必须为当时当地的社会服务，才能扎根于地方。而教学服务型大学中的服务，除适应社会需求、对外服务之外，还强调对内为学生服务，从而将"以生为本，尊重学生的自主性和选择权，一切为了学生的成长"的理念作为对内服务的导向。不仅如此，本书还将服务的导向泛化到经营管理上，办学资源的配置，如资金、设备的分配和投入的先后，都要以对外、对内的服务导向为依据，从而使"应用"和"服务"落到实处。这一论点，颇具创新特色。

　　我认为，教学服务型大学的实质，也就是应用技术本科教育。因此，本书所阐述的上述理论，以及学科建设、科研建设、文化建构和"特色发展"、"转型发展"的战略等等，对于其他应用技术型本科都有较好的参考价值。

　　在高等教育大众化的进程中，中国一般普通本科院校，正面临向应用技术本科转型发展的时刻。如何转型、如何定位、如何发展，正需要理论指导和实践经验参考。相信本书及时出版，能为即将转型和正在转型的本科高校提供借鉴。

潘懋元于厦门大学教育研究院

2014 年 8 月 28 日

再 版 序

徐绪卿教授的专著《教学服务型大学：理论研究与制度框架》，把高校分类与高校的职能紧密联系在一起，颇有新意。这是我国第一部系统研究和论述教学服务型大学的重要著作。我国现有普通高校2500多所，传统的分类大致分为五类：研究型、研究教学型、教学研究型、教学型、职业技能型。各类高校都有四个职能：教学（人才培养）、科学研究、社会服务、文化传承创新。教学型大学，一般指新建本科院校，以教学、培养应用型人才为主要任务。但各校之间四方面的职能有所侧重，迥然不同。徐绪卿教授提出的教学服务型大学，是强调教学型大学如何更好地做好服务社会工作，强化社会服务职能，具有重要的现实意义。

教学服务型大学是一种新型院校定位，是大众化背景下我国高等教育多样化发展的产物。从教育发展史看，中世纪以后的大学，最初只有教学（培养人才）职能，是"象牙塔"里的大学；1810年德国的洪堡创立柏林大学，打破了大学以人才培养为唯一职能的状况，提出大学应该开展科学研究的职能；20世纪初，美国"威斯康星思想"创造性地提出了大学的第三职能——为社会提供直接的服务，使大学与社会生产、生活实际更紧密地联系在一起。克拉克·克尔在《高等教育不能回避历史》一书中指出，"社会是变化的，而且随着新知识的产生，随着技能的增加，随着需要更多的知识和技能应付前进中的文明的复杂情况，随着更多的人希望受到高等教育，教育在社会内部变得越来越重要。从而，不断地有新的服务领域打开，高等学校应该对此做出反应。"另外，根据布鲁贝克的高等教育哲学基础，服务职能不属于高等教育发展的认识论哲学范畴，它属于政治论哲学范畴，也是美国实用主义精神在高等教育发展中的体现。

在我国，随着高等教育大众化进程的推进，大学的社会服务职能逐步得到彰显。对于教学服务型大学的概念的提出，较早地见于2007年我国学者刘献君教授在《教育研究》发表的《建设教学服务型大学——兼论高等学校分类》论文之中，该文初步提出了建设教学服务型大学的路径和对策。由于当时对这一类型学校研究不多，认识还不够深入，虽有部分学者和高校关注，但并没有引起广泛的讨论。在 2010 年，当部分高校（尤其是新建本科院校）开始制订十二五发展规划之际，引发了对于学校自身定位的广泛探讨。新建本科院校都是教学型本科院校，但是又不囿于教学单一职能，此时教学服务型大学作为一种学校类型和一类学校的定位开始引发学术界的深入讨论，浙江树人大学、黑龙江科技学院、武汉纺织大学和宁波大红鹰学院等 10 余所高校都先后提出了建设教学服务型的大学的办学定位，并在十二五期间积极开展了大量的理论研究和探索性实践建设。

徐绪卿教授的专著《教学服务型大学：理论研究与制度框架》正是在这一背景下深入研究与实践探索的成果。该专著以高等教育大众化背景下高校多样化发展为背景，以大学发展历史、职能分化及其分类逻辑为基础，提出了教学服务型大学作为一种新型院校定位产生的逻辑必然性和社会合法性。专著深入研究了教学服务型大学的基本理论，探讨了教学服务型大学的概念、内涵与基本特征，提出了教学服务型大学的基本理念。从大学职能视角，专著深入阐述了教学服务型大学人才培养、科研服务与学生服务体系；从制度与组织视角，专著深入探讨了教学服务型大学的基本理念、组织设计、制度框架、文化创新与发展战略。整体上，专著初步形成了基本理论、制度组织构架及其实践路径的教学服务型大学基本框架体系，为教学服务型大学的建设与发展提供了较有价值的理论参考与实践指导。

教学服务型大学是大众化背景下我国高等教育发展与改革的新兴产物，它的出现和采用，既符合世界高等教育分类发展的逻辑，更具有中国高等教育发展历史的必然性，具有中国社会经济文化发展的必然性。该专著紧紧把握住高等教育发展的时代需求，从理论与实践层面阐述教学服务型大学的基本内涵、基本功能与发展战略，面向我国新建本科院校改革与发展，具有鲜明的时代性、理论性、系统性、创新性和实践性五个基本特征：

1. 时代性。自 1999 年高等教育扩招以来，中国高等教育进入了跨越式发展阶段，在这一时期，产生了一批新型的本科院校，部分本科院校通过体制改革进行了合并调整，部分中等学校、专科学校升格为本科院校，一些老牌本科院校通过多种途径建立二级学院并转制独立学院，目前这部分本科院校达到了 700 余所，占据了我国本科高校的半壁江山。正如专著中所指出的，这部分学校在管理体制上、在大学使命上、在教育经费投入上和教育服务区域上均具有浓厚的地方性色彩。服务当地经济和社会建设，是这部分院校的主要任务，从这个意义上说，地方新建本科院校选择建设教学服务型大学的定位，非常必要，非常贴切。因此，专著针对大众化时期的高等教育发展，满足新建本科院校发展改革与定位调整需求，具有鲜明的时代特征。

2. 理论性。专著以历史逻辑视角，阐述了大学发展历史及其职能演变史，详细论述了从中世纪时代大学职能演进及其类型到现代高等教育系统的分化，深入探讨了高等教育分类的理论基础、世界高等教育分类方法及其我国高等教育分类的基本状况，指出教学服务型大学的产生是大学发展的历史与社会发展的必然产物。当前高等教育系统走向开放化和多样化，大学服务职能应该得到回归。高等教育加快分化与加速转型，必然产生新的高校分类类型。专著从理论视角深刻地研究了教学服务型大学的社会合法性与逻辑必然性，具有深厚的理论基础。

3. 系统性。专著系统阐述了教务服务型大学办学理念、基本职能与组织设计，初步形成了教学服务型大学的基本理论体系与制度性框架。一是分析了教学服务型大学的办学理念，人才培养须"注重应用、服务需求"，科学研究须"以任务为导向、以服务为宗旨"，内部治理须"以生为本、以师为尊"，学校发展须"校地互动，特色发展"。二是系统阐述了教学服务型大学的基本职能，系统研究人才培养服务体系、科学研究服务体系以及学生服务体系。三是阐述了教学服务型大学以服务为基本宗旨，具有自身发展的基本理念，在组织设计、文化建设以及发展战略层面均具有了其独特性。

4. 创新性。专著创新性地提出了增加教学服务型大学的分类，扩充了高校分类种类，丰富了高校分类理论，并且围绕教学服务型大学进行了理论与制度的研究创新，认为教学服务型大学可以作为新建本科院校的发展定位；创新性地引入"服务"核心理念，将现代服务理念融入到教学服务型大学的办学理念之中；创新性地提出了将服务流程融入到对组织的整体设计与再造之中，确立服务导向的高效组织结构体系和灵活的内外适应性运行机制。专著具有较好的创新性，填补了这一领域研究的空白，是对教学服务型大学的一个很有意义的研究和探索。

5. 实践性。徐绪卿教授领导的浙江树人大学是我国最早获得批准的民办高校，在全国具有一定的知名度。学校定位于教学服务型大学，并在十二五期间进行了探索与实践。专著以校本为实践基地，广泛吸收了其他同类兄弟院校的办学经验，构建教学服务型大学发展的理论框架和组织制度体系，为我国新建本科院校选择教学服务型大学定位及其规划发展提供了重要的借鉴与参考作用，在推进新建本科院校转型发展和调整战略定位改革过程中具有重要的实践价值。

徐绪卿教授的专著《教学服务型大学：理论研究与制度框架》出版以来，受到了学术界和同行高校的高度关注。专著出版一年时间就销罄一空，这在现行的学术专著出版界并不多见，是非常值得肯定的，也说明社会对教学服务型大学探索有着相当广泛的认知基础和探索需求。值此十三五规划开局之际，该著作进一步修改并再版，我相信，这将进一步推动学界对于教学服务型大学的持续关注，引发更多同类高校对于教学服务型大学的研究并持续推进实践层面改革和探索，进一步完善和丰富教学服务型大学的理论研究和制度设计，推动高校转型，使更多的高校在服务经济和社会发展的进程中创造更好更多的业绩，在社会主义现代化建设和全面实现小康社会的伟大事业中贡献自我。

杨德广

2016 年 8 月 28 日

目　录

第一章

概　论

第一节　问题的提出

一　高等教育多样化是大众化的必然产物

研究当下我国高等教育的发展，离不开两个背景问题。

第一，多样化发展，已经成为我国高等教育发展的主要特征。

20世纪世界高等教育发展的亮点之一，当属中国高等教育的发展壮大和崛起。世纪之交，我国高等教育改革与发展进入了不平凡的历史时期，规模实现了跨越式发展，改革取得了历史性突破。从1999年实施积极发展高等教育政策和启动高校扩招以来，我国高等教育规模已经得到快速扩张，跨步迈进高等教育大众化。从1998年到2016年的18年间，我国普通高校从1022所增加到2560所，普通招生数从108.4万人增加到737.85万人，在校生数从340.9万人增加到2625.3万人，宽口径的在学人数从607万人增加到3647万人。1998年全国高等教育毛入学率只有9.8%，2002年超过15%，正式跨入国际上通行的高等教育大众化门槛，2015年高等教育毛入学率已经达到40%（见图1-1，图1-2）。当今中国已经成为世界上高等教育规模最大的国家。

高校扩招和大量新大学的建设，大大缓解了高等教育的供求矛盾，快速扭转了高等教育发展长期滞后的局面，满足了广大青年接受高等教育的强烈渴望，使更多学生圆了大学梦。数以千万计的适龄青年能够由此获得发展深造的机会，走向成功的路途。高等教育规模的快速发展，培养了大批专业人才，为我国改革开放和现代化建设提供了强有力的人力资源支撑，同时也为我国实施科教兴国、人才强国和建设创新型国家战略奠定了人力资源的基础。

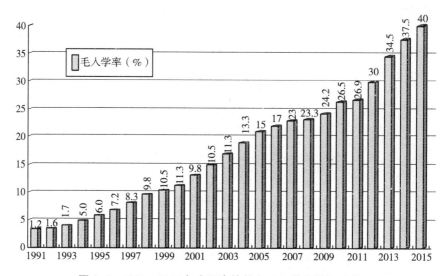

图1-1   1991—2015年中国高等教育毛入学率增长示意图

资料来源：根据教育部颁布的相关年份全国教育事业发展统计公报整理

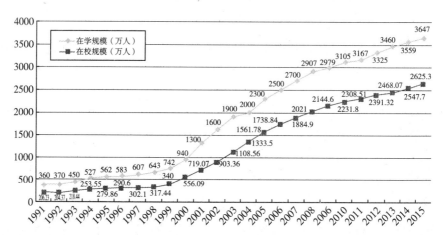

图1-2   1991—2015年中国高等教育在学规模与在校规模增长示意图

资料来源：根据教育部颁布的相关年份全国教育事业发展统计公报整理

高等教育规模的快速发展，实现了我国人口素质的快速提高和受教育人口规模的快速扩大，为人力资源大国向人力资源强国的建设创造了条件，也使我国在参与国际竞争时在人才资源方面逐渐显现出比较明显的优势，国际竞争力得到明显增强。古人云："上下无才，国之大患也。"高等教育的主要任务是培养人才，高等学校是人才培养的摇篮，提高国民接受教育的年限和学历，促进全民教育和科学素质的提高，是衡量一个国家国际竞争力的重要参数。高等教育规模的快速发展，加快了国民素质的提高，从而大大缩小了我国与国外受教育水平的差距。

表 1-1 我国历年人均受教育年限变化 （单位：年）

年份	1990	1991	1992	1993	1994	1995	1996	1997	1998
数据	7.870	6.250	6.259	6.47	6.744	6.715	6.794	7.009	7.088
年份	1999	2000	2001	2002	2003	2004	2005	2006	2007
数据	7.179	7.114	7.598	7.734	7.911	8.010	7.831	8.040	8.186
年份	2008	2009	2010	2011	2012	2013	2014	2015	
数据	8.270	8.380	8.210	8.846	8.942	9.048	9.28	9.50	

伴随着大众化的进程，高等教育多样化深入发展。高等教育大众化阶段的深入发展，必然对高等教育的内部分工产生重大影响。高等教育大众化，必然导致高等教育多样化。在精英化教育时代，在高等教育结构上，高等教育办学主体和办学形式比较单一，大学主要由国家包办，社会办学力量不强，办学形式主要是全日制的学历教育，办学层次则盲目追求高层次，各类学校都按照本科模式进行教学，效果不佳；在培养目标上，在计划经济体制下，国家实行对大学生包分配的政策，再加上中国几千年来"学而优则仕"的传统影响，大学长期把培养高级专门人才的任务窄化为培养干部和精英，既扭曲了大学的任务，也极大地制约了高等教育规模的扩大；在科类结构上，过去我国大学科类专业的设置完全由政府决定，与市场需求分离，不利于学校根据社会和经济需要，因地制宜，机动灵活，办出特色；在教学模式上，不同层次大学大都按照精英教育的学术标准来制订培养计划，组织教学过程，强调知识传授而忽视实践环节；在评价标准上，由于过分千篇一律地把学术型的精英教育模式及其培养目标作为评价大学的标准，且高层次大学可以从政府取得更为优厚的待遇，这一导向诱使各类学校盲目追求高学历层次和综合化，办学道路越走越窄，并引起大学之间无谓和无序的恶性竞争；在管理上，受计划体制下形成的高等教育政府管理的条块分割和单位所有制的束缚，我国大学一直实行与社会相隔离的、千校一面的封闭式管理，使高校难以对社会和市场的人才需求动向作出及时响应，采取

灵活对策，更好地适应社会的发展①。

联合国教科文组织将高等教育的多样化界定为：高校的不同层次属于"纵向多样化"，高校的举办主体不同（国家、公立、私营机构、教会等）和办学形式不同（全日制、利用广播电视网络等的远程教育、夜大等）属于"横向多样化"②。在高等教育大众化、多样化的进程中，不同层次、不同形式、不同类型的高校呈现出不同的功能、不同的定位和不同的培养目标、不同的培养模式，满足社会多样化的人才需求。美国著名的比较高等教育研究专家菲利普·G. 阿尔特巴赫（Philip G. Altbach）曾指出，"世界上大众化高等教育体系的一项核心特征是异质性（differentiation）。高等教育体系应该是一个服务于不同的顾客、拥有不同的目的、接获不同方式的补助、具有不同质量与成就水平的各类高等教育机构的集合体"③。英国学者迈克尔·夏托克也指出，多样化的最基本的表现形式应是创建和维持各类不同的高等教育，在每一类高等教育中，又要创建和维持各种不同子类的高等教育，使各高等学校都具有自己的特色。④ 马丁·特罗认为，随着高等教育规模的扩大，高等教育必然发生质的变化。实现高等教育大众化的途径是高等教育的多样化。对应于规模的扩大，整个高等教育的制度和结构都是多层化、多样化的过程。高等教育大众化对多数人来说是扩大了入学机会，而对高等教育本身来说，则是用尽可能多的方法提供适合人们需求的高等教育内容，因此，从形式到内容，高等教育都要多样化。⑤

关于多样化发展的必要性，北京大学原副校长王义遒教授作了详细分析。他认为，大众化条件下高校将会有庞大的学生群体。第一，他们中的大部分人不可能成为少数社会精英分子，而只能投向白领劳动大军。而社

---

① 于林平：《多样化 我国高等教育大众化的必由之路》，《黑龙江高教研究》2010 年第 1 期，第 47—50 页。

② 参见张建新《社会文化对大学文化的影响——源于美国社会宽容文化的美国高等教育多元化》，《国际高等教育研究》2006 年第 3 期。

③ 见李家福、刘生《高等教育大众化阶段的大学差异化发展》，《中国高教研究》2008 年第 5 期，第 64—65 页。

④ ［英］迈克尔·夏托克：《高等教育的结构和管理》，王义遒译，华东师范大学出版社 1987 版，第 32 页。

⑤ 刘智运：《多样化：21 世纪初叶中国高等教育的基本走向》，《高等教育研究》2003 年第 2 期，第 52—55 页。

会也是需要大量这样的人才的。因此原有的精英培养目标对大多数人不适用。换句话说，培养目标必须重新设定。第二，要满足这么多人接受高等教育的需要，只靠国家的教育经费投入是远远不够的。必须通过民办高校、合作办学、多渠道筹措经费等办法来扩充教育经费的来源，改变单纯依靠政府办学的状况。第三，这些人当然要掌握相当宽厚的科学技术基础，以便在科技飞速发展的环境中能适应职业和技术岗位的变迁，但是，他们更需要有能快速上手的职业技能训练，以在劳动力市场中展现竞争力。因此，对多数人来说，学院式的以学术为主的培养并不适销对路，所以培养模式也必须改变。第四，随着高校中部分专业职业训练成分的增强，需要从现实职业岗位上聘请相当一部分兼任教师来从事教学，从而改变师资队伍的结构，使教学更加贴近实际。第五，由于生源的扩大，一部分原来并没有强烈入学动机的学生会被裹挟着进入高校。对于他们，现存的教学与管理方式和方法也要改变。第六，在十分强调学生主体地位的今天，我们必须充分重视人的个体差异，包括他们的性格、兴趣、资质，这使高等教育要为他们提供足够多的选择余地，从而促进教育的多样性。[①]
一个显性的事实是，目前我国已经拥有 3300 多万高等教育在学生，普通全日制大学生已经接近 2400 万人，这些人不可能也没有必要都培养成科学家、教授这样的学术性人才。只有在多样化人才培养上下工夫，发展多样化的高等教育，实施多样化的办学实体，才能使高等教育改革和发展的健康趋势和正确道路。

张建新曾分析美国高等教育多样化的四个方面的主要体现：一是学生的变化。美国从 20 世纪 70—80 年代，学生的年龄结构、学习方式、入学动机、专业志向、学历水平等都发生了很大变化。二是高等教育机构的变化。由于高等教育规模的扩展，高等教育机构的种类、形态、水平标准等也多样化了，出现了诸如社区学院、广播电视大学、周末学院、网络学院等高等教育机构。它们承担着高等教育大众化的主要任务。三是入学选拔方式的多样化。诸如柔性化的开放入学方式、在职人员特别入学方式和外国人入学方式，等等。四是学习方式的变化。如开设非传统的学习方式，对成人教授方法的开发，教学计划的多样化和弹性学制，上课时间分配的

---

① 王义遒：《多样化——我国高等教育大众化的关键》，《北京大学教育评论》2003 年第 4 期，第 17—22 页。

灵活性、生活经验的学分换算以及日校部、夜校部的开放制等。① 我国厦门大学潘懋元、谢作栩教授也分析了大众化、普及化和精英化高等教育的区别（参见表1-2）。②

表1-2　　　高等教育发展三阶段的量的变化和质的 10 个维度变化

三段论 维度	精英阶段	大众阶段	普及阶段
高等教育规模 （毛入学率）	15%以下	15%—50%	50%以上
高等教育观	上大学是少数人的特权	一定资格者的权利	人的社会义务
功能	塑造人的心智和个性 培养官吏与学术人才	传授技术与培养能力 培养技术与经济专家	培养人的社会适应能力 造就现代社会公民
课程	侧重学术与专业，课程 高度结构和专门化	灵活的模块化课程	课程之间、学习与生活之间 的界限被打破，课程结构 泛化
教学形式与师 生关系	学年制、必修制 重视个别指导法 师徒关系	学分制 讲授为主，辅以讨论 师生关系	教学形式多样化、应用现代 化手段师生关系淡化
学生的学习 经历	住校、学习不间断	走读、多数学生的学习 不间断	延迟入学、时学时辍现象 增多
学校类型与 规模	类型单一 每校数千人 学校与社会间的界限 清晰	类型多样化 三四万人的大学城 学校与社会间的界限 模糊	类型多样至没有共同的标准 学生数无限制 学校与社会间的界限逐渐 消失
领导与决策	少数精英群体	受政治、"关注者"影响	公众介入
学术标准 （质量标准）	共同的高标准	多样化	"价值增值"成了标准
入学与选拔	考试成绩、英才成就	引进非学术标准	个人意愿
学校行政领导 学校内部管理	学术人员兼任 高级教授控制	专业管理者 初级工作人员和学生 参与	管理专家 民主参与 校外人士参与

　　王义遒教授认为，多样化可以理解为既包括高等教育机构类型、层次、形式、办学主体和服务面向的不同，又包含因满足不同需求和人的个体差异所带来的学校科类专业、培养目标、教育要求、教学方式、管理制

---

　　① 张建新：《社会文化对大学文化的影响——源于美国社会宽容文化的美国高等教育多元化》，《国际高等教育研究》2006 年第 3 期，第 12—17 页。

　　② 潘懋元、谢作栩：《试论从精英到大众高等教育的"过渡阶段"》，《高等教育研究》2001 年第 2 期，第 1—6 页。

度、师资组成等的不同。姑且可以把前者称为"机构多样化"，后者称为"管理多样化"或"组织多样化"；前者也可分为"纵向多样化"和"横向多样化"两种。由于高等教育机构的层次、形式、办学主体、隶属管理和服务面向以及地区与科类分布不同可以理解为结构性差异，在上述两者之中还可以有一种"结构多样化"。① 这一划分虽然有些粗疏，但还是具有较高的借鉴价值。

在多样化发展思想指导下，我国高等教育多样化取得积极的成效。从机构多样化来看。高等教育机构类型、层次、规格、形式齐全。以2015年我国普通高校为例，2560所普通高校中，本科院校1219所，高职（专科）院校1341所，全国共有培养研究生单位792个，其中高等学校575个，科研机构217个，办学层次从上到下一应俱全。另外还有开放大学、网络大学、成人普通高校以及高等教育机构等主要面向成人的继续教育的高等学校。从学校的投入体制来看，截至2015年年底，我国已有民办高校734所，占全国普通高校的28.67%，初步形成公办教育为主体，公、民办教育共同发展的完整的国家高等教育体系。从管理多样化来看，高校都相当重视学校的规划，根据办学实际，努力准确定位，选择适合自身条件的发展目标和发展方向，调整自身的学科结构、专业设置和人才培养类型，克服千校一面的趋同化、同质化倾向，扬长避短，办出特色。我国高等教育出现了良好的多样化势头，并正在不断深化。

第二，大学分类，已经成为多样化发展的必然产物。

毫无疑义，我国已拥有世界上规模最大的高等教育体系。世界各国高等教育发展的经验表明，分类管理，分类指导，是高等教育大众化条件下实现管理的有效途径。在大学大量增加、规模快速扩张、教育经费较为紧张的背景下，要实现资源的优化配置，以最小的投入实现最大的效益，就必须以大学效能发挥和合理定位为前提。而由于未能有效实施分类管理和指导，我国高等教育在大众化发展过程中一直存在难以克服的问题。如高校之间定位不准、分工不明，致使学校办学秩序混乱。扩招之初，大量的扩招任务都落在原有的全日制普通大学身上，重点大学也承担了沉重的扩招任务。许多重点大学本来就有完整的办学层次序列，不仅培养博士生、

① 王义遒：《多样化——我国高等教育大众化的关键》，《北京大学教育评论》2003年第4期，第17—22页。

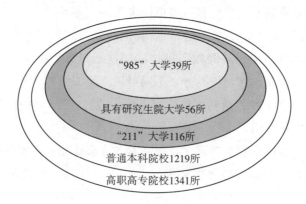

图1-3　2015年我国高等教育机构办学层次体系简图

资料来源：根据相关资料绘制

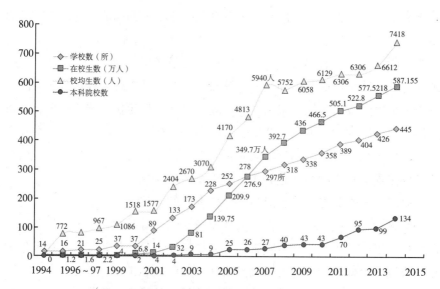

图1-4　1994年以来我国民办高等教育发展主要数据

资料来源：根据历年全国教育事业发展统计公报整理

硕士生、本科生和大专生，还开办成人教育和自学考试等，成为"全能
大学"；扩招之后，有的高校又增办高职学院、网络学院等，有些还纷纷
增办"独立学院"，构成完整而庞大的"大学系统"；同时，一些专科学
校则通过"联合办学"、"兼并小校"、"合作培养"等途径招收本科生，
实现"专本沟通"，时刻准备学校升格。包括一些新开办时间不长的高职
学院，也没有把主要精力放在提高已有定位的办学内涵上，而是"吃在

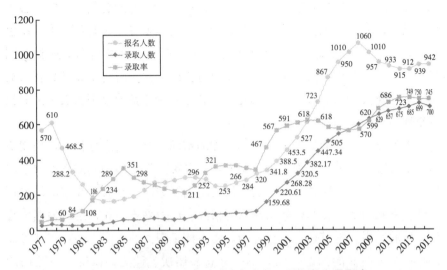

图1-5 1977年以来全国高考报名数、录取数和录取率

资料来源：根据相关资料整理

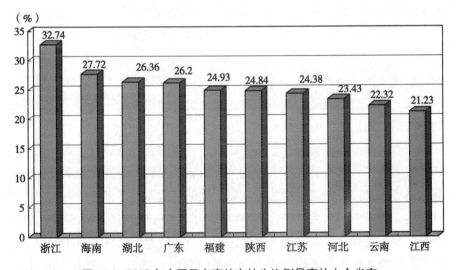

图1-6 2008年全国民办高校在校生比例最高的十个省市

资料来源：笔者根据相关年份全国教育事业发展统计公报整理

碗里，看在锅里"，费尽心机谋划提升学校办学层次，或者为拓展更高的办学层次做准备。这样的状态不仅造成了资源争夺和浪费，也在一定程度上导致教学质量的滑坡。"本科无本"、"高职不高"。另外，在盲目追求"大而全"的背景下，大学办学日益趋向雷同。不同类型的大学在办学模式、办学风格、质量要求上都呈现出一致性和单一性的趋同化倾向。各大学所培养的人才在规格和适用性等方面无太大的差异，可替代性强，特色不明显。从毕业生来看，由于学校之间定位雷同，培养趋同造成就业困难，结构性失业率居高不下，成为难以解决的顽症，阻碍了高等教育大众化、多样化的深入发展。这些问题对于高等教育体系的协调发展和高等教育整体质量的提高产生了不良的影响。

大学分类也是大学评价和大学管理的基础。有效的高等教育评估需要以科学合理的大学分类为基础，制定切合各类大学实际的不同类型大学评估标准和体系，以使各校在明确自己定位的基础上参与其所在层次的教育评估。从我国第一轮本科教学评估的情况和反映来看，在推进高校基本建设、检验和提高本科教学质量方面确实发挥了积极的作用。但在评估方面存在一个很明显的问题，就是不区分高校层次、性质，以统一、通用的"普通高等学校本科教学工作水平评估指标体系"的 19 项二级指标对所有的学校进行评估，即没有进行分类评估，也没有很好地考虑一些高校的特色，因此评估的针对性不强。在第二轮高校教学评估中，贯彻分类管理、分类评估的方针，突出分类指导、分类评估的理念，强调国家、省、学校分级分层评估的组织体系，体现低重心、常态化的教学质量保障机制，运用评估"指挥棒"的作用，积极引导各级各类高校做好规划，准确定位，明晰培养规格和服务面向，立足定位办出质量，得到了社会和高校的普遍欢迎。

有效的高等教育管理，也需要以科学合理的大学分类为基础。欧美国家早就实施了大学分类，这不仅是公开信息、方便社会选择的需要，更是政府高等教育投资和绩效考核的依据。英国早就实行了大学分类和评价拨款制度。美国卡耐基大学评价体系闻名于世，不仅为美国高等教育的管理提供指导，也为世界许多国家和地区所引用和借鉴。世界各国在积极发展高等教育的进程中，逐步形成大学分类的共识。制定出既符合中国实际，又能与国际接轨的大学分类标准，使各种类型和层次的大学合理分工、正确定位，办出自己的特色，为将来可能出现的新型大学留下发展的空间，实现整体上的可持续发展，已经成为我国高等教育界亟待研究和解决的问题。

从大学本身来说，分类的目的是根据国家要求和自身的办学使命、办学条件、办学优势，选择适合自身发展的类别，确定适合自身发展的目标定位，最大限度地获得社会资源的支持，加速学校的发展。大学分类是一定的社会历史情境和逻辑前提相统一的产物。大学分类首先是对现有情景下大学发展的一种归纳和整理，有着目的性和情境性，不同的人出于不同目的可以对自己所了解的大学进行类别的划分。因此，出于不同标准的考虑，大学分类可以有多种多样的分法并都有道理；但同时不管有多少分法，大学分类作为一种科学手段，本身必须遵循逻辑严密的原则，因为不管哪一种标准都必须明确与其他类别大学的区别和联系。如果过分强调情境和目的，相对会加大分类的任意性，从而使分类结果变得不科学和不可靠。

　　大学实行分类管理，更深层的意义在于缓解大学办学模式趋同与社会对高等教育多样化需求之间的矛盾，推进高等教育大众化的健康发展。随着经济和社会的发展，对人才的需求越来越呈现出多样化的趋势，要求大学加速培养多样化的人才。大众化和精英化教育的一个根本区别在于后者要求大学与社会联系更加密切，否则就难以做到健康有序发展。在高等教育大众化进程中，每每出现这样的情况，一方面，大量的毕业生就业困难，一些办学层次较高的传统大学更加严重；另一方面，许多企业招不到合适的员工。这就是所谓的"结构性失业"。时下许多大学都在高喊"应用型"的培养，但是措施不实，并不落实。大学人才培养与社会脱节的状况还很严重。近几年来，因应高等教育大众化深入发展的需要，我国政府确立了多样化发展的导向，因势利导，鼓励大学正确定位，立足于社会需求和学校实际，集中精力，专心致志，办出特色，办出质量。在具体政策中，逐步尝试分类管理，针对不同大学的发展使命、发展条件和发展方向，制定新的发展规划和评价标准，有条件、有针对性地进行培育，积极推进高等教育多样化发展，为高等教育大众化的深入健康发展和满足选择性高等教育的实现逐步创造条件。

二　主要概念界定

　　"给概念下定义是非常困难的事情，因为认识水平、看问题的角度、研究方法以及事物发展的实际等的不同，也就可能存在着多种定义。"①

---

　　① 柯佑祥：《适度盈利与民办高等教育的发展》，南京师范大学出版社2003年版，第14页。

而清晰地定义每一个概念是进行社会科学研究的首要条件。概念不清楚就难以把研究的现象与其他现象区别开来。概念和内涵是研究教学服务型大学首先必须解决的问题。

1. 大学与大学分类

大学亦称为"高校"或"高等学校"。《中华人民共和国高等教育法》第 68 条明确规定："本法所称高等学校是指大学、独立设置的学院和高等专科学校，其中包括高等职业学校和成人高等学校。"但就内涵而言，主要是指全日制普通高等学校，不包括成人高等学校。为了行文更加简洁，"大学"在本书中与"高校"或"高等学校"混用。在特定的语境下，"大学"也可以与"高等教育"等同，可用以指称所有的高等学校，如"中世纪大学"、"中国早期大学"等。

大学分类，亦称高等学校分类，即"对高等学校进行分类"，目前还没有完全确定的经典概念，而且许多时候高等教育分类是与高等学校分类混用的。比较典型的几种观点有：陈厚丰认为：所谓高等学校分类，是指在国家教育行政部门支持下，组织高等教育研究机构或专家、学者根据一定的标准（如高等学校的社会职能和高等学校的特点）将高等学校划分为不同的类别或能级（包括类型和层次）。① 这里把"国家教育行政部门"的支持作为先决条件，显然是指政府主导的大学分类。曹赛先认为：高等学校分类是指根据高等学校的共同点和差异点，采用一定的标准和方法，依据一定的分类原则，对高等学校进行全面、系统的划分与归类。可以看出，这里主要凸显的是"高校"的特点。高校分类原本是政府管理的统计归类需要，在大众化条件下，它逐渐成为政府管理的手段和高校办学的导向。从政府和主管部门来看，高校分类是从宏观管理的需要出发，制定比较明确的标准和原则，将所有辖区高校进行分门别类，并为管理工作提供依据。比如政府拨款和下达相关项目等。由于不同类别的高校承担不同的任务和要求，因此这些分类的标准和方法自觉不自觉地成为高校选择自身发展的向导。特别是在政府鼓励提升质量、特色发展的环境下，高校将借鉴政府确定分类标准和原则，进一步细化职能、能级和人才市场，从自身的办学使命、办学目标和办学条件出发，发挥优势，扬长避短，寻找和确定自己的办学类型和服务面向，最大限度地获得社会资源，提高自

---

① 陈厚丰：《中国高等学校分类与定位问题研究》，湖南大学出版社 2004 年版，第 32 页。

身的核心竞争力。

与高校分类相关的还有高等教育分类。潘懋元、陈厚丰提出："高等教育分类是指人们为了更好地认识、研究和引导高等教育发展而将高等教育系统划分成不同的类型和层次，从而确定高等教育系统中各子系统及各要素之间的相互关系（种属关系、并列关系、层次关系）的过程。"①"高等教育分类"是指人们为了更好地认识、研究和引导高等教育发展，而将高等教育系统划分成不同的类型和层次，从而确定高等教育系统中各子系统及各要素之间的相互关系（种属关系、并列关系、层次关系）的过程。高等学校是从事高等教育的实体机构或组织，高等教育是包含各种高等教育机构、制度、文化于一体的系统，可见高等教育分类与高等学校分类并不完全对应，特别是作为组织的高等学校有着多种组织形式，其目标或职能亦呈现出多元化的特征。高等教育和高等学校两者有着不同的划分维度和类型，不同维度的高等教育分类设计可为高等学校分类提供一定的指导和参考，但这种作用不能过度夸大，至少不能照搬高等教育分类体系来设计高等学校类型体系。

2. 大学定位

现代教育学中的大学定位概念有其特定的内涵，但至今在教育词典中尚没有明确的词条或注释，只是散落在有关的论文或著作中。综合归纳，关于"学校定位"大致上有以下几种描述：①学校的定位是办学者想把学校办成什么样子的一种表述，是对这所大学的理性认识和理想追求，并使之成为全校师生的共同理想和共同追求。②学校的定位是指学校根据自身条件、客观环境以及社会需要等所作出的自身角色的选择。③学校的定位是指根据经济和社会发展需求、自身条件和发展潜力，找准学校在人才培养中的位置，确立学校在一定时期内的总体目标，确定培养人才的层次、类型和人才的主要服务面向。④学校的定位是以社会需求为导向，以自身条件和客观环境为基础，对学校的办学方向、办学目标、办学特色、办学水平、办学类型、办学层次以及服务面向等作出的战略选择和科学设计。⑤办学定位是指"办学者"（经营学校的管理者）根据社会政治、经济、文化发展的需要及学校所处的环境，从办学条件、办学现状出发确定

---

① 潘懋元、陈厚丰：《高等教育分类的方法论问题》，《高等教育研究》2006年第3期，第8—13页。

的学校发展方向、奋斗目标、建设重点和办学特色等。⑥高等学校定位主要是指学校根据自身条件、职能、国家和社会需要以及学生需求，参照高等学校类型和层次的划分标准，在认清自己的优势和不足的基础上，明确自身在高等教育系统及同行中的位置，对学校在一定时期的办学方向、办学目标、办学特色、办学水平、办学层次以及服务面向等作出的战略选择和科学设计。⑦学校的定位是指学校向社会提供劳务的品种、数量和质量，并对学校在未来经济社会发展中战略地位和发展方向做出的战略选择。

总体来看，大学定位属于高等学校规划的顶层设计部分，是高等学校对自身在过去、现实和未来的高等教育体系与内外主体的关系中所处位置的战略性判断。一般来说，高等学校定位包括三个层面，即高等学校在整个社会大系统中的定位，一所学校在整个高等教育系统中的定位，学校内部各要素在学校发展中的定位。个体无论是在何种层面和对其何段时期的定位，都只是部分地成为高等学校分类的内容。定位的内容可以是对高等学校现实或者预期类型的认知，也可以是与其自身相比之下的归类，如发展目标的提升、办学实力的增强、办学特色的彰显等。只有类似前者的判断才能视为高等学校分类的范畴。

3. 服务

关于"服务"，《辞源》中没有这一词汇。《辞海》中的两个解释为：①为集体或为别人工作。②亦称劳务，不以实物形式而以提供活劳动的形式满足他人某种特殊需要的活动。服务是一种范围非常广泛的活动，通常是指以提供劳务来满足人们某种特殊需要的经济行为，是社会发展和人们生活必不可少的劳动。

经济学中最早给"服务"下定义的是17世纪中期的英国古典政治经济学创始人威廉·配第。他认为，在商品交换初期，服务依附于产品的生产和销售活动中，随着社会生产力的发展，生产日益社会化，服务才能成为一种专门职能和独立的经济部门而存在①。在这一发展过程中，人们开始了对"服务"一词的定义和概念的研究。

1960年，美国市场营销协会（AMA）也曾经给服务下过定义，1984

---

① 杨汉诚：《浅析服务过程中的主客体的依存性》，《企业导报》2012年第24期，第250—251页。

年该协会又对服务的定义重新进行了修改，认为"服务是可被区分界定的，主要为不可感知，却可使欲望得到满足的活动，而这种活动并不需要与其他产品或服务的出售联系在一起。生产服务时可能会或不会需要利用实物，而且即使需要借助某些实物协助生产服务，这些实物的所有权将不涉及转移的问题"。这一定义在很长时期里被学者们普遍采用。此后也有许多学者讨论服务的概念，如美国现代营销学之父菲利普·科特勒在《服务企业市场营销学》一书中指出：服务乃是一方能向另一方提供的、基本上属于无形的任何行为或绩效，并且不导致任何所有权的产生。服务的生产可能与物质产品相关，也可能不相关。可以看出上述两种定义差异性不大。

　　21世纪开始，我国学者也开始关注和探讨"服务"的概念问题。理论界有人认为："服务是指不以实物形式，而以提供活劳动的形式满足人们的某种需要。"也有人认为："所谓服务，就是指以提供劳务来满足人们某种特殊需要的行为，是和物质生产、精神生产共同构成社会生产，成为社会三大生产领域之一。"陈耀茂（1997）认为，"服务是属于整体性的，不只是供给产品，它还包括价格形象及评价等要素在内"。顾志远（1998）认为，"服务为一种可能会伴随有形物品的转移，满足人类需求的活动，透过这个过程，创造了比原先所提供的物品或服务更大的便利及价值"。杨锦洲（2002）对服务的定义为"服务是服务提供者提供其技术、专业、知识、信息、设备、时间或空间等给顾客，以期为顾客办理某些事情，解决某些问题，或者娱乐顾客，服侍顾客，让顾客心情愉悦、身体舒畅等等"。在诸多的"服务"定义中，黄少军（2000）的定义相对来说有一定的影响，他认为：服务是一个经济主体受让另一个经济主体的经济要素的使用权并对其使用所获得的运动形态的使用价值。冯俊等研究了服务的概念的多层次理解，认为学者对服务概念的解释存在巨大差异，主要原因是他们的行业背景和学科背景不同，因而侧重点不同。按照这一思路，他们把服务的概念划分为六个层次（见图1-7）①。

　　以上各种定义，作为一家之言，在一定历史条件下、在一定的范围内都是有一定道理的，但是缺乏权威性。

---

　　① 冯俊、张运来、崔正：《服务概念的多层次理解》，《北京工商大学学报》（社会科学版）2011年第2期，第110—117页。

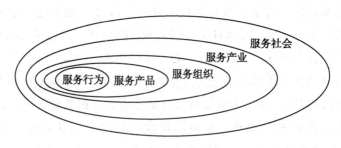

图 1-7　服务概念的体系

在我国国家标准 GB/T19004—1994 质量管理和质量体系要素中，对服务这一服务业中最基本、最主要的定义作了如下描述："为满足顾客的需要，供方与顾客接触的活动和供方内部活动所产生的结果。"据了解，这一定义与国际标准化组织的标准（ISO）是一致的，因此实际上具有世界标准的意义。

综合现有观点，结合我们的理解，可以认为，"服务"是一方为满足另一方需要而提供的活动、行为过程和结果的总和。

4. 服务科学

"服务科学"是近几年来正在兴起的一门新兴学科。"服务科学（Services Science）"的概念是由美国 IBM 公司阿尔马登（Almaden）研究中心与美国加州大学伯克利分校（UC Berkeley）组成的联合专家小组在 2002 年举行的一次讨论会上首次提出的。2004 年 12 月，IBM 公司首席执行官 Samuel Palmisano 在一份题名为《创新美国》的报告中认为，服务科学是一种通过整合不同学科的知识来提供服务的创新。该报告的发布，使服务科学开始受到广泛的关注。2005 年在英国牛津大学"服务科学"研讨会上，IBM 的代表吸纳了牛津大学、沃里克大学代表的想法，使"服务科学"演变到"服务科学、管理与工程（Service Science, Managementand Engineering，缩写成 SSME）"，用"服务科学（SSME）"作为其简称。

我国学者香赵政认为：服务科学是一门新兴的复合交叉型学科，它将计算机、运筹学、产业工程、商务战略、管理科学、社会认知行为学和法学等领域综合在一起推动创新，发展以服务为主导的经济中现代服务业所必需的相应技能，将人力和科技进行有效结合，帮助企业、政府等解决根本业务转型中各类复杂问题，同时为服务提供者、客户及所有利益相关方创造价值。①

从服务科学的定义看，它具有明显的学科整合性和交叉性。需要综合自然科学、工程技术科学、社会科学和人文科学的知识推动创新；需要在具体实践时运用学科交叉的方法开发和培养特定服务领域人才的专门技能，解决具体实践和服务创新所面临的现实问题。服务科学是技术与社会共同演进的科学，是一门应用性和实用性很强的学科，需要理解人的行为及人类行为相互影响的模式，厘清人、技术与商务的关系和价值等。服务科学通过培养具有自主创新能力的服务型人才推动服务创新，改进服务生产率和质量，从而提高企业和国家的竞争力及企业的赢利能力。服务创新为服务经济的发展提供了最直接的动力，服务科学通过人才培养和服务创新完成自己发展服务经济的使命。服务科学能为政府提供适用的概念、理论、方法和工具，提升政府"公共服务"的能力和水平，促进政府服务工作的科学化，成为构建和谐社会最有力的理论工具之一。2009 年初我国学界把"关于服务的科学、管理与工程（Service Science, Management and Engineering）"统称为"服务学（SSME，或 Service Sciences）"。"服务科学（SSME）"名称通用于国内外，"服务学（SSME）"更符合中文的传统和习惯。②

5. 教育服务

从广义来看，教育服务是与教育有关的各种服务的简称，包括教育物质产品服务、教育信息服务、教育技术服务、教育（服务产品）服务。从狭义来看，教育服务是专指教育作为一种精神活动产品的提供、生产和消费活动。③ 由于教育物质产品、教育信息、教育技术进入市场后，其教育的性质隐退，其服务的商品性质与其他物质产品、信息、技术没有什么区别，因而发展这些服务不会引起什么争议。"服务"这个名词，一般地说，不过是指这种劳动所提供的特殊使用价值，但是这种劳动的特殊使用价值在这里取得了"服务"这个特殊名称，是因为劳动不是作为物而是作为活动提供的服务。因此，教育服务的概念只能是从教育本身作为一种服务产品来理解。教育服务理论是以教育服务产品为基本概念，以其提供、生产、消费、交换为基本逻辑框架构建的。其基本观点是：教育提供

①　香赵政：《服务学及其特征》，《沿海企业与科技》2009 年第 9 期，第 22—25 页。

②　同上。

③　徐绪卿：《浙江省教育服务业发展研究》课题报告，浙江树人大学，2006 年，第 25 页。

的非实物劳动成果也是一种产品——服务产品，这种产品具有非实物使用价值，是教育服务产品的生产者（教师）的劳动力耗费的单纯凝结，是教育工作者劳动创造的，并非是从任何别的领域转移或再分配过来的。因为教育服务具有商品属性，所以，围绕教育服务发生的供求双方的交换关系形成了教育服务市场；在教育服务市场中交换双方的主体是学校（作为生产的组织及其生产者的教职员工的代表）和学生及其家长，学校是教育服务产品的生产者和供给者，学生、家长、企业、政府则是教育服务产品的消费者和需求者。学校和学生之间的关系，从经济学角度看是围绕教育服务产品所发生的商品交换关系；教育服务的生产是教育产业的核心，学校作为教育服务业的主要生产机构，其基本功能就是提供优质教育服务。

关于高等教育服务，我国学者刘俊学最早提出这一概念："高等教育服务是指高等教育机构利用教育设施设备、教育技术为教育消费者提供的用于提高或改善受教育者智力素质和思想观念素质，促进教育需求者人力资本增值的非实物形态的产品。主要表现为不同的专业和相应的课程体系以及教师的备课、教授、辅导、测评、批改作业等一系列循环的工作。"[①]随后，不少学者也开始探讨这一新问题。综合一些学者的看法，本书认为："高等教育服务"是高等教育机构利用教育设施设备与教育技术向教育消费者提供的由相关课程和服务复合而成的专业知识和技能，用于提高或改善教育消费者素质，促进人力资本增值的非实物形态的产品。它是高等学校的基本产出与最重要的产品，属于一种高度专业化的服务。作为一种服务形态的产品，它直接决定着高校人才培养的质量与水平，是高校存在与发展的根本。

6. 教学服务型大学

2007 年华中科技大学教育研究院刘献君教授明确提出教学服务型大学的概念。他在当年《教育研究》第 7 期上发表题为《建设教学服务型大学——兼论高等学校分类》的署名文章，提出"为了全面体现高等学校的社会职能，推动高等学校为地方经济社会发展服务，努力办出特色，应该建设一批教学服务型大学"的命题。文章阐述了建设教学服

---

① 刘俊学：《高等教育服务的双重属性及其对高等教育管理的影响》，《现代大学教育》2001 年第 3 期，第 43—45 页。

务型大学的必要性和重要性，提出了建设教学服务型大学之对策，认为
"教学服务型大学以本科教学为主，根据条件和需要适度进行研究生教
育；教学和科学研究以服务地方为宗旨，培养地方需要的应用性人才，
产出地方需要的应用性成果；大力开展以满足社会需要为目的的各种服
务活动，形成为地方全方位服务的体系"。文中没有直接阐明教学服务
型大学的概念和定义。在以后的几年时间里，对于教学服务型大学的研
究基本处于停顿状态。2010 年前后，由于各高校制定十二五发展规划
的需要，又开始探索教学服务型大学的问题，部分高校甚至将教学服务
型大学作为学校发展的目标定位，由此推动了新一轮教学服务型大学的
研究。

　　从迄今为止的研究成果来看，真正涉及教学服务型大学概念和定义
的论文并不多见。在少量概念和定义的观点中，大致上有两种情况。一
种是以刘献君教授的粗略概念理解为主，适当扩充。如黑龙江科技大学
校长赵国刚认为：教学服务型大学的内涵是以教学为中心，以育人为根
本，以服务为宗旨，坚持教学、科学研究、社会服务并重。通过强化服
务功能，构建起与区域经济和行业发展需要紧密结合的服务型办学体
系；通过服务的途径，着力提升办学质量和服务社会的能力，增强教育
与经济社会发展的适应性。[①] 浙江树人大学确定了中长期"建设一所质
量优良、特色鲜明的教学服务型大学"的目标，其学校下属的中国民办
高等教育研究院围绕学校需求，加强理论研究，发表了一系列文章，探
索教学服务型大学的相关理论问题，取得了积极的成果。该校徐绪卿教
授为代表的理论研究工作者，在进行大量的梳理和提炼中，提出了"教
学服务型大学，简言之，就是在尊重高等教育基本规范和基本规律的基
础上，以教育服务和服务科学的理念为指导来配置办学资源和运行、管
理的教学型大学"。[②] 徐绪卿认为：理解教学服务型大学的关键是"教
学"和"服务"。首先，教学是根本任务。选择"教学服务型"大学的
高校，相对来说科研实力还不太强，大部分为升格本科时间不长的新建
本科院校，学校的主要工作是教学，人才培养是学校的主要工作，教学

_____

①　赵国刚：《教学服务型大学转型发展初探》，《中国高等教育》2010 年第 24 期，第
14—15 页。

②　徐绪卿：《浅论教学服务型大学的若干问题　兼论地方院校和民办高校的发展定位》，
《教育研究》2012 年第 2 期，第 84—88 页。

始终是这类学校的工作重点。从办学内容来说，这些院校当属教学型高校。其次，"服务"是核心理念。"服务"源于高校的三大职能。但是作为教学服务型大学，"服务"在这里有了新的内涵和地位。教学服务型大学的"服务"含义，主要是遵循高等教育发展规律，运用"教育服务"的理念和"服务科学"的方法，吸取"服务"精华，以"服务"对象的需求配置学校资源，服务社会需求，布局学科专业，重视教学质量，彰显培养特色，创新管理流程，提高办学效益，实现跨越发展。就目前研究来看，主要的还是这两种观点。

第二节　文献综述①

一　文献总体情况

刘献君于 2007 年在国内首次提出教学服务型大学这一概念。截至 2013 年 5 月，在中国知网（CNKI）中，以"服务型高校"为"篇名"进行"精确"匹配检索，共检索到 47 篇文献，以"服务型大学"为"篇名"进行"精确"匹配检索，共检索到 29 篇文献。以"教学服务型"为"篇名"进行"精确"匹配检索，共检索到 25 篇文献（见表 1-2），其中，以第三种方法检索出来的 25 篇文献包含在第二种检索方法所检索出来的文献中。该领域所有高质量的文献都集中在 25 篇文献中，这也说明，"教学服务型大学"是一个更通用的概念。

25 篇文献的作者单位分布情况见表 1-3。分析发现，25 篇文献的作者单位分布十分集中。之所以如此，一个重要的原因是教学服务型大学还是一个不太成熟的概念，对很多学者而言，教学服务型大学还是一个比较陌生的概念，一般的学者很少涉及。相关论文的作者所在学校大都提出了建设教学服务型大学的定位。也有个别学者在其他媒体发表了关于教学服务型大学的论文，如徐绪卿在《光明日报》撰写过关于教学服务型大学的长篇署名文章。

---

①　本节为文献分析，相关引文只点出作者，未列出详细出处。

表 1-3 CIKI 中收录"教学服务型大学"部分论文截至 2014 年 12 月

建设教学服务型大学——兼论高等学校分类	刘献君	教育研究	2007/07
教学服务型大学转型发展初探	赵国刚	中国高等教育	2010/24
教学服务型大学教师发展研究*	张绣望	浙江水利水电专科学校学报	2011/04
教学服务型大学：背景、内涵及战略举措——以浙江树人大学为例*	郑吉昌	浙江树人大学学报（人文社会科学版）	2011/06
教学服务型大学构建内部质量保障体系初探	谭平	哈尔滨学院学报	2011/08
教学服务型大学：民办高等学校的新定位*	徐绪卿；周朝成	中国高教研究	2011/10
跳出"象牙塔"高度——聚焦地方高校与民办高校定位*	徐绪卿	光明日报	2011.10.27（15）
教学服务型大学：新建本科院校的重要发展趋向*	陈新民；王一涛	教育发展研究	2011/17
定位教学服务型大学 切实提升民办高校办学质量*	郑吉昌；周朝成	中国高等教育	2011/19
多元合作是教学服务型大学实现功能定位的必然选择	孙惠敏	职业技术教育	2011/33
浅论教学服务型大学的若干问题——兼论地方院校和民办高校的发展定位*	徐绪卿	教育研究	2012/02
基于教学服务型大学定位的高校人力资源管理对策研究——以黑龙江科技学院为例	夏秀营	佳木斯大学社会科学学报	2012/05
教学服务型大学人才培养模式构建初探	胡晓锋	经济师	2012/05
教学服务型大学：独立学院转型发展的战略选择	王鹏；王秋芳	河北师范大学学报（教育科学版）	2012/06
基于高等学校分类优化的教学服务型大学定位研究	胡晓锋	经济师	2012/06
教学服务型大学视野下的学困生教育和转化工作研究——以浙江树人大学为例*	陶恩前	科教文汇（下旬刊）	2012/06
网上办事大厅助推教学服务型大学建设——以浙江树人学院为例*	林华治；周卫华	中国教育信息化	2012/07
对我国教学服务型大学岗位设置管理相关问题的具体分析	韩大伟	黑龙江教育学院学报	2012/07
教学服务型大学人才队伍建设的探索与实践	赵景全	长春理工大学学报	2012/09
建设教学服务型大学 推行本科生导师制研究	陈静媛；毕强	黑龙江教育（高教研究与评估）	2012/10
《内部控制》课程"落地服务"模式探析——基于"教学服务型"本科院校的教学实践*	尉玉芬；沈春伟	商业会计	2012/17
如何建设地方高水平教学服务型大学	王骏飞	经济师	2013/02

续表

教学服务型大学的功能定位与发展路径	朱城	南通大学学报（社会科学版）	2013/03
教学服务型大学组织目标探讨*	魏钢焰；诸葛剑平；尚晓燕	浙江树人大学学报（人文社会科学版）	2013/03
教学服务型大学卓越人才培养模式探索	邓孝祥；孟娇茹	中国电力教育	2013/05
教学服务型大学的组织特性——兼论大学组织特性的划分依据*	魏钢焰；周翼翔；王秀秀	黑龙江教育（高教研究与评估）	2013/06
全国"教学服务型大学"建设研讨会综述	陈琼英	高等教育研究	2013/07
经济社会发展转型与教学服务型大学建设	刘献君	高等教育研究	2013/08
教学服务型大学与地方的矛盾关系及其发展要求	陈明	嘉应学院学报	2013/09
基于建设教学服务型大学新形势下对非测绘类专业测量实践教学改革的探讨	杨承杰赵威成	中国科技信息	2013/09
关于教学服务型大学建设与创新的思考	赵卫平	教育与职业	2013/30
以教学服务型大学建设为指向的地方师范大学的策略选择	林北平	当代教育科学	2013/11
论教学服务型大学的合法性和发展逻辑*	徐绪卿	浙江树人大学学报（人文社会科学版）	2014/01
教学服务型大学办学理念探析*	陈新民；高飞	浙江树人大学学报（人文社会科学版）	2014/02
基于人才分类和大学功能定位的教学服务型大学探析	沈云慈	浙江树人大学学报（人文社会科学版）	2014/03
教学服务型大学的"道"与"路"	沈云慈	高等教育研究	2014/03
地方高校应定位于教学服务型大学	尚钢	教育与职业	2014/04
教学服务型大学的六大基本特征——基于系统论视域的分析	陈明	江苏高教	2014/05
以应用性为特征的教学服务型大学建设路径探析	沈云慈	教育与职业	2014/14

注：题目后有"*"的为浙江树人大学时任员工撰写的论文

表1-4　　　　　教学服务型大学文献的作者单位分布

浙江树人大学	黑龙江科技学院	宁波大红鹰学院	其他院校
14篇	10篇	4篇	11篇

较早提出以教学服务型大学为建设目标的高校还包括武汉纺织大学，

但是该校并没有研究者发表关于教学研究型大学的文献。

　　教学服务型大学的论文在时间上的分布较近（见表1-5）。可以看出，从2011年以来，关于教学服务型大学的文献也在逐年增多。

表1-5　　　　　　　　　　教学服务型大学文献的时间分布

2007 年	2010	2011	2012	2013	2014
1 篇	1 篇	8 篇	11 篇	11 篇	7 篇

二　教学服务型大学的背景和意义

　　教学服务型大学这一概念的提出，具有深刻的经济、政治和社会背景，也是高等教育进入大众化时代的理性呼唤。

　　1. 完善对高校类型划分的需要

　　刘献君（2007）认为，随着高等教育的发展，对高等学校进行分类已经成为一个不可回避的问题。他进一步指出，高校分类的依据之一就是高校所承担的不同职能。教学、科研和社会服务是世界公认的高校的三大职能，我国《高等教育法》对高校的职能也作出了同样的界定，《高等教育法》第三十一条规定："高等学校应当以培养人才为中心，开展教学、科学研究和社会服务，保证教育教学质量达到国家规定的标准。"

　　刘献君认为，在我国现有高等学校的分类中，有的侧重体现教学，如教学型大学；有的侧重体现科学研究，如研究型大学；有的侧重体现教学、科学研究并重，如教学研究型大学。但缺少侧重体现社会服务的类型。"因此，在现有高等学校研究型大学、教学研究型大学、教学型本科院校、专科学校和高等职业学校的分类中，应增加教学服务型大学，列在教学研究型大学之后。"孙惠敏（2011a）指出，新建本科院校属于"教学型"高校，但是，"随着学校的发展，当其科学研究、社会服务的能力逐步增强时"，其功能定位需要做进一步的拓展，而"为地方经济发展服务应成为其使命"，所以新建本科院校可以将战略目标定为建设教学服务型大学。徐绪卿（2012）认为，一个国家的高等教育体系是多样的，多类型多层次的，才能适应国家的多方面需求。

　　2. 新建本科高校转型发展的需要

　　教学服务型大学一般都是新建本科高校。陈新民（2011）研究发现，在过去的发展中，"几乎所有新建本科院校在转型过程中都采用了知识本位或者说是学科本位的模式"。传统发展模式由于忽略了地方的需要，不但没有成为区域经济发展的动力，反而被许多地方政府看作是"负担"。教学服务型大学的提出，使更多的院校调整思路，目光向下，直接面向现代化建设主战场。与此同时，"这种模式培养出来的学生处于一个尴尬的夹层之中：在理论涵养和研究水平上，不能和老牌本科院校和研究型大学相比；而在实践技能方面，又无法和某些高职院校的毕业生竞争"。所以，新建本科院校的转型发展迫在眉睫。

《国家中长期教育改革和发展规划纲要（2010—2020）》指出，要着力提高高等教育服务社会的能力。这为新建本科院校的转型提供了转型的方向。赵国刚（2010）指出，高校在转型中，应该树立服务"客户"的思想。高校的"客户"包括"政府、学生、企业、各种社会机构和团体、地方部门，以及所有需要从高等教育中获得服务的组织和公民"。服务好这些"客户"，高校才能够实现"教育和社会经济之间协调发展"。"如果高校办学脱离服务对象的需求，封闭办学，其结果就是边缘化、被淘汰"。王鹏、王秋芳（2012）也基于"顾客及其需求"视角，论证了建立教学服务型的必要性，他们指出，学生是大学的顾客，必须树立以顾客为上帝的思想，满足学生的需求，促进学生的发展。

3. 民办高校谋求特色发展的需要

相比较于公办高校，民办高校对建设教学服务型大学这一目标表现出更大的热情，这有深刻的背景。我国民办高校发展始于改革开放。民办高校发展初期，教学计划和人才培养模式都模仿公办高校的做法。随着高等教育大众化的不断深化，民办高校办学实际与社会经济发展的需求逐渐脱离。与此同时，随着我国高等教育由卖方市场逐渐向买方市场转变，部分民办高校开始受到生源下降的冲击。在这种情况下，民办高校必须谋求特色发展，实施赶超战略，唯有如此，才能在激烈的教育竞争中彰显自身地位。民办高校特色发展的方向和路径目标何在呢？

在谋求特色发展的过程中，一些民办高校和独立学院逐渐树立起教学服务型大学这一发展目标。部分民办高校认识到，由于缺乏国家财政资金扶持，民办高校必须"从实际出发，以社会需求为导向，布局和设计教学工作，深化人才培养模式改革，提高办学适切性、应用型和针对性，增强社会的认可度"（徐绪卿、周朝成，2011）。另外，教学服务型大学通过"以人为本，以学生为中心"，服务学生，充分满足学生的发展需求，促进学生就业成才，从而提高对生源的吸引力，实现学校的不断发展。徐绪卿（2011）还认识到，"由于自身具有独特的体制和机制，民办高校更加有实施教学服务型大学发展目标的条件和优势。"

三 教学服务型大学的内涵

1. 几位学者对教学服务型大学的定义

刘献君（2007）认为，"教学服务型大学以本科教学为主，根据条件和需要适度发展研究生教育；教学和科学研究以服务地方为宗旨，培养地方需要的应用型人才，产出地方需要的应用性成果；大力开展以满足社会需要为目的的各种服务活动，形成为地方全方位服务的体系"。

孙慧敏（2011）认同刘献君教授的定义，并特别指出，教学服务型大学与当前普遍认可的"研究型"、"教学研究型"、"教学型"高校三大类型中的"教学型"大学最为接近，在此基础上格外强调了"服务"两字以突出此类学校赖以立足、发展的重要社会职能。

徐绪卿、周朝成（2011）则认为，教学服务型大学，"是在尊重高等教育基本规律和基本规范的基础上，以教育服务和服务科学的理念为指导来配置办学资源和运行、管理的教学型大学"。

2. 教学服务型大学的基本内涵

纵观不同学者对教学服务型大学的论述，学者们对教学服务型大学所具有的内涵，达成了如下共识。

第一，教学在学校中居于中心地位。不同学者在描述教学在学校中的地位时，虽然用了不同的表达方式，但是其实质含义是一致的。徐绪卿等（2011）认为，教学是教学服务型大学的"根本任务"。教学服务型大学"从办学层次上来说，当属教学型的高校，人才培养是学校的主要工作，教学始终是这类学校的工作重点"。孙慧敏（2011a）认为，"作为地方性本科高校，承担着培养地方经济建设需要的高素质应用型人才的重任，因此，人才培养永远是第一位的，办教学型院校是必然选择"。胡晓峰（2012）认为教学服务型大学应当"以教学为中心"。

那么，教学服务型大学应该培养什么样的人才呢？学者认识到，教学服务型大学应该培养应用型人才。赵国刚（2010）认为应该按照"区域经济与行业发展的需求"，用"倒推法"来设计人才培养体系，"以用导学，以用促学"，培养应用型人才。刘献君（2007）认为"人才培养方案和培养模式的制定，同样要适合地方的特点及其对人才的要求"，以培养"高级技术人才"，满足区域"经济社会发展的需要"。

第二，服务是教学服务型大学的核心理念。徐绪卿等（2011）认为教学服务型大学应当"服务社会需求，提高学校工作的针对性、服务性、应用性和适切性，在'服务'的过程中提高服务的质量，建立自身的形象和品牌"。王鹏等（2012）认为，"教学服务型高校就是要将服务的理念贯穿于学校的教学、科研、人才培养的全部事务中，做到'服务无处不在，服务无时不在'。高校要……满足不同顾客的不同需求，如政府的决策咨询需求，企业的产品研发需求，用人单位的用工人才需求，教学合作单位的技术发展需求及其他需要服务的非正式组织的多样化需求"。

服务地方应该成为教学服务型大学的主要服务面向。学者们普遍认识到，教学服务型大学属于地方性大学，因此，服务地方，服务区域经济和社会的发展，应当成为教学服务型大学的首要任务。刘献君（2007）认为"高等学校的现代使命不仅是人才培养和科学研究，也不仅是提供一般性社会服务，其使命还在于成为地方经济和社会发展的中心，推动、引领地方经济和社会发展与进步"。徐绪卿（2012）指出，教学服务型大学作为地方性院校，在大学使命、管理体制、经费投入、服务区域等方面都具有明显的"地方性"特征。因此，教学服务型大学应该以"服务当地经济社会建设是地方院校的主要任务。以服务增贡献，以贡献求发展"。胡晓峰（2012）认为，教学服务型大学要"认清自身发展的鲜明地域性……发挥自身特色与优势，遵循蓝海战略，瞄准地方需求……找准服务社会与自身发展的'结合点'"。

第三，科学研究，尤其是开展应用型的研究，是教学服务型大学服务社会的能力基础。教学服务型大学虽然以教学为中心，但是教学服务型大学不是不要科研的大学。徐绪卿（2012）深刻指出，"科研水平提升是服务地方经济发展的基础，缺乏科学研究的大学是缺乏真正内涵的大学"，"教学服务型大学的科研工作应该加强而不应该削弱"。孙惠敏（2011a）也指出，教学服务型大学应该成为"解决企业工程技术问题的研究基地"，"通过学科建设为学校拓展新专业奠定基础"。

在科研选题的方向和科研的内容上，很多学者都认识到教学服务型大学应该开展应用型研究。孙慧敏（2011a）认为，教学服务型大学应该充分"发挥学校知识、人才密集优势，将学校建设成解决企业工程技术问题的研究基地，企业发展研判、咨询、服务中心，使学校成为长三角地区中小企业在解决人才需求行思探理和智力、技术支持需求时首先想到的高校"。王鹏等（2012）认为，以教学服务型大学为目标的独立学院，其科研定位应为"应用性研究"，这意味着教学服务型大学应该"深入了解地方产业、服务广大中小型企业"。

四　教学服务型大学的建设路径

无论教学服务型大学的理念多新，都需要付出艰辛的努力才能够建设成功。对教学服务型大学建设路径的研究，是学者的研究重点。关于教学服务型大学的建设路径，徐绪卿、周朝成（2011）提出了一个很具包容性的分析框架，包括如下几点。

第一，确立服务理念，转变办学思想。

教学服务型大学作为一种新的办学理念和办学目标，要求在学校教职工中树立起以服务为中心的文化，所以，必须"通过多种途径和方法，组织学习讨论，凝聚共识，使服务理念人人皆知，明确服务的内涵，以进一步增强服务的自觉性和主动性"。如果教学服务型大学仅仅停留在学校的规划上，或者领导的口头上，就不可能建成真正教学服务型大学。

第二，确定服务面向，掌握服务主动权，提供高质量的社会服务。为区域社会经济发展服务，就必须了解服务对象的基本特点。只有了解服务对象的需求，才能有针对性地提供高质量的教育。

第三，努力做好教学和人才培养这一教学服务型大学的"主业"。教学服务型大学，"主要是以教学的形式、以人才培养为内容提供服务的。因此，人才培养是这些高校的服务'主业'"。为了培养高质量的"服务型"人才，必须"以服务满足学生健康成长的要求为依据"，在专业设置、教学内容、课堂管理等方面进行改革。

第四，完善学校职能，拓展服务空间。教学服务型大学在完成人才培养这一根本任务以外，还必须加强科研水平的提升，直接服务地方经济发展。"除了常规的教学工作以外，学校还要发挥优势，面向社会开展人才培训、科技开发和文化工程等等服务。"

第五，加强队伍建设，提升服务能力。徐绪卿认为，教学服务型大学师资队伍的总体要求是"观念新、会教学、能研究、肯实践"。赵景全（2012）以黑龙江科技学院为例，研究了教学服务型大学的人才队伍建设问题。陈婧媛（2012）研究了教学服务型大学的本科生导师制问题，指出本科生导师制能够更好地培养应用型人才，能够更好地使人才培养与区域经济发展相协调。

第六，优化服务流程，提高服务效率。教学服务型大学不仅要体现对外服务，而且要体现对内服务，在内部要"坚持以人为本，重新配置管理资源，优化管理流程，通过改善组织结构和职责划分，提高管理效能；要改变考核方式，从制度上营造教学服务型大学建设的氛围，同时注意总结、提升和积淀，最终形成教学服务型大学的文化，构建起整个学校教学服务型大学的特色体系"。

在教学服务型大学的建设路径上，孙惠敏（2011b）提出了"多元合作"的办学理念。所谓多元合作，是指合作对象、合作内容以及合作方式的多元化。合作对象的多元化是指"除了校企合作之外，也要积极发展校地合作、校校合作以及国际合作"，合作内容的多元是指"除了合作办学开展人才培养之外，也要加强在研究开发、生产经营领域的合作"。合作方式的多元是指"在厘清合作双方的责权利，在建立起互需、互惠、互动、互赢、长效的合作体制和运行机制的基础上，政府、高校、企业都可以成为合作的主体"。

此外，很多学者对教学服务型大学的其他方面进行了研究。韩大伟（2012）研究了教学服务型大学的岗位设置问题，陶恩前（2012）研究了教学服务型大学学困生的教育和转化问题，林华治（2012）研究了教学服务型大学的"网上办事大厅"问题，尉玉芬（2012）和董春游（2012）探讨了教学服务型大学的课程实施问题。这些研究从不同的角度深化了我们对教学服务型大学的理解。

五　教学服务型大学面临的挑战及今后的研究

1. 教学服务型大学是一类高校的办学理念和目标，还是一种高校类型

在学者现有的论述中，是将教学服务型大学作为一种办学类型来界定的，但是，教学服务型大学要作为一种高校类型的话，应该有其客观的判断标准。比如，对于研究型大学而言，其判断标准是基本清楚的，我们可以从研究成果的水平及影响、研究生在学生中的比例等情况来判断，但是，教学服务型大学的判断标准是什么呢？如果不能建立一个客观的、可

以量化的、为社会广泛接受的评价标准，则教学服务型大学很难成为一个被社会广泛接受的高校类型。所以，今后的研究中，可以尝试研究教学服务型大学的判断标准，教学服务型大学的判断标准可以从如下几个方面来考虑：

（1）具有实践技能的教师比例。

（2）订单学生的比例。

（3）研究成果的应用情况。

2. 教学服务型大学和应用型本科院校的关系

大部分学者都表示，教学服务型大学培养应用型人才，那么，教学服务型大学和应用型本科院校之间是什么关系？如果教学服务型大学和应用型本科院校的内涵基本相同，那么，教学服务型大学这个概念将会面临不小的挑战。政府、学者、高校师生对应用型本科院校这一概念已经较为接受和认同，在这种情况下，如果我们希望提出一个新的概念，而这个概念只是在"名"上是新的，而在"实"上却并不新，也就是说，存在"新瓶装新酒"的嫌疑。那么，我们要向社会解释、传播这个概念并以这个概念作为更深入的理论分析的基础时，就要面临更大的挑战。如果教学服务型大学和应用型本科院校的基本内涵不同，那么，区别是什么呢？这也是今后研究需要着力澄清的问题。

3. 教学服务型大学除教学和科研之外，"其他的"服务内容和服务方式到底是什么

孙慧敏指出，"不能将高校所应承担的'社会服务'功能的内涵仅仅理解为培养人才，而不去关注地方经济发展对学校的'其他需求'"，那么，这个"其他需求"除了科研之外，到底还有什么呢？在孙惠敏的研究中，教学服务型大学回应社会"其他需求"的方式包括将学校建成"解决企业工程技术问题的研究基地，企业发展研判、资讯、服务中心"。在刘献君的研究中，教学服务型大学"全方位的社会服务体系"包括：第一，为地方政府提供决策咨询。第二，形成地方研究群体，开展服务地方的科研活动。第三，为新农村建设提供智力支持。第四，建立合作机构与制度。但是，上述服务内容似乎都可以归为"应用型研究"的范畴。所以，这个问题可能还需要进一步的研究。

4. 对教学服务型大学的实证研究

应该说，目前关于教学服务型大学的理论框架已经较为完备，理论观

点也较为丰富。但是，少有学者围绕此问题进行过实证分析。比如，教学服务型大学的学生需求情况、学生（包括校友）发展情况等问题进行深入调查并与其他类型的高校进行调查。今后的研究中，要加大实证研究力度，连续性、跟踪性的实证研究不仅能够给学校领导决策提供参考，不断提高高对学生的服务质量和学校服务区域经济社会发展的水平，而且可以进一步丰富关于教学服务型大学的理论体系。

第三节　研究内容和方法

一　研究内容

本书以我国高等教育大众化和多样化为背景，以高校职能和组织能级理论为指导，系统梳理现有研究成果，从高校分类的逻辑依据和合法性入手，详细论述教学服务型大学的概念和内涵、阐明教学服务型大学建设的必要性和重要意义。在构建教学服务型大学基本框架的基础上，围绕教学服务型大学的理念、教学和人才培养、科研和学科建设、制度和组织设计、师生服务体系构架等问题展开研究，着力明晰教学服务型大学的建设路径，力图为有意建设教学服务型大学的院校，提供理论和实践的指导。

本书的主要内容为十章。

第一章，概论。主要阐述三个问题。一是提出问题。从当下高等教育大众化、多样化发展的问题中，延伸出大学分类发展和管理的必要性和重要性，提出研究的问题；二是文献综述。对现有研究成果的梳理和分析，凸显研究的空间和意义。最后是研究的内容和方法。阐述全书的写作框架和研究方法。

第二章，大学分类的逻辑发展。从分析现代大学的发展史中，回顾大学职能的产生、演进和发展的过程，从中深入了解大学发展的逻辑关系，从高等教育发展规律中加深对大学职能发展的认识。

第三章，教学服务型大学的内涵和合法性。叙述教学服务型大学分类的理论依据和现实合法性。深入挖掘教学服务型大学的内涵和基本特征，建立教学服务型大学自身的概念。从历史和现实的语境中，阐述教学服务型大学的存在和发展的逻辑、合法性以及研究的意义。

第四章，教学服务型大学的基本理念。任何一种新的高等教育机构产生，都代表了一种新的高等教育理念和新的制度形式、组织形式和资源配置方式。分类的不同首先是理念的不同。之所以成为教学服务型大学，首先就是与其他类型的大学之间存在明显的理念差别。通过分析教学服务型大学的理念，着重凸显"服务"从职能上升为理念的意义，从而为教学服务型大学体系构建奠定基础。

第五章，教学服务型大学的人才培养模式构建。从教学服务型大学的基本目标和培养定位出发，探讨如何设计教学服务型大学的培养方案。

第六章，教学服务型大学的科研和学科建设。阐述教学服务型大学科研工作的地位和作用，就如何确定教学服务型大学的科研重点、着力点和服务面向开展研究。

第七章，教学服务型大学的学生服务体系。这一部分，专门就教学服务型大学的"内部服务"作出分析。教学服务型大学，对外服务社会，对内服务学生，内外结合，相互支撑。

第八章，教学服务型大学的组织设计研究。大学的组织特性与组织目标是其组织设计的前提，对内部机构设置和职权划分、学科结构、制度设计具有重要意义。教学服务型大学具有独特的组织目标和使命，需要据此进行具有特色的组织设计，从而奠定教学服务型大学运行的制度载体。

第九章，教学服务型大学的文化建设。教学服务型大学能否立足，能否成为真正的"类"型，关键在于能否构建起自己独立的有特色的大学文化。尽管目前相关研究甚少，但是还是需要做出研究，提出观点。

第十章，教学服务型大学建设的发展战略。教学服务型大学是大学的目标定位，实质上解决的是教学服务型大学发展战略中的问题。

二　研究方法

教学服务型大学的研究，是一个新的课题，涉及方方面面的问题和理论，需要跨学科、宽视野、多维度，采用多种研究方法进行研究和论证。本书采用的主要方法有以下几种。

（一）调查研究法

调查研究是社会科学中应用最广泛的资料收集方法，它主要有两种典型方式：访谈法和问卷法。目前关于教学服务型大学的建设，研究少、成果少、研究人员少。一部分高校尽管也提出建设教学服务型大学的目标，但是没有开展研究，更不可能作为学校发展战略来贯彻。教学服务型大学中的一些基本理论问题，还有许多不同的观点和看法，没有形成共识，研究有一定的困难。本书一方面通过现场调查，采取与被访者面对面、一对一地访谈和召开小型座谈会形式，听取相关院校的情况分析、理论见解和内涵判断。在此基础上，邀请部分专业研究人员进行专题研讨活动，深入分析教学服务型大学分类和建设的必要性、合法性和可行性，进一步就理论本身的一些关键问题凝聚共识。

（二）文献研究法

文献研究法是本研究所用的基本方法。通过对书籍、期刊、报纸、数据库和网络等媒介，广泛搜集与本研究主题相关的国内外同类文献资料，并在详尽阅读文献的基础上，加以梳理、分析、归类和述评，服务课题研究。根据当下教学服务型大学研究成果稀少的实际状况，将适当扩大文献的收集和处理范围，尽可能多地为研究获取成果资料。其范围主要包括以下几个方面：一是当下高校分类的主要动机和依据；二是教学服务型大学的所有研究成果等；三是国外有关"服务型"大学的研究资料等，四是访问现有标称"教学服务型大学"的网站，获得与本书相关的院校特征信息，力求较为全面地掌握相关资料，然后对文献资料做进一步的"统计资料分析、历史比较分析和文献综述"，使收集的文献更好地发挥例证支持、观点佐证、背景比较、论点延伸和立论基础等作用。

（三）历史研究法

历史研究法是借助于对相关事物发展过程的史料进行分析、破译和整理，认识研究对象的过去和现在并预测其未来的一种研究方法。任何事物的特点、规律和本质，都是作为一个过程展开的，而已经发生的过程就是历史。通过研究历史来把握事物的走向，从而认识现在，预知未来，这就是历史研究法。历史研究法在于探求研究对象本身的发展过程和人类认识该事物的历史发展过程。在本研究中运用历史研究法，主要是通过对中世纪以来大学发展和分类现象发生、发展和演变的历史事实，加以系统客观地分析研究，揭示大学分类的发生、发展规律，从而从历史的规律中探寻教学服务型大学作为现代大学分类品种和类别的可能性。并且通过历史研究，有助于我们借鉴历史经验，预测未来教育大学分类的发展方向。

（四）比较研究法

比较研究法是对事物同异关系进行对照、比较，从而揭示事物本质的思维过程和方法。它是人们根据一定的标准或以往的经验、教训把彼此有某种联系的事物加以对照，从而确定其相同与相异之点，对事物进行分类，并对各个事物的内部矛盾的各个方面进行比较后，得出事物的内在联系，从而认清事物的本质。大学分类已经具有一定的历史，国外服务型大学的提出也有了几十年的历史。借鉴国外服务型大学、创业型大学等研究的思想和方法，进行比较分析，从中提炼总结值得借鉴与效仿的经验及做法，启发思考教学服务型大学的理念、框架和建设路径，也是我们研究工作的基本方法。

（五）逻辑分析法

逻辑分析法简称逻辑法，即以逻辑规律为指导，根据事实材料，下定义，形成概念，作出判断，进行推理，构成理论体系的方法体系。与历史研究法不同的是，历史研究法主要是根据历史事实的规律性来证明现有研究结论的正确性和合法性，逻辑分析法则是运用技术手段，推理结论的科学性。在本书中，对于教学服务型大学的概念、产生依据和可能，除了从大学分类的历史进程分析以外，还从大学分类的逻辑分析中进一步论述其合理性，使其结论更具可靠基础。

（六）专家会议法

专家会议法是指根据研究的内容和原则，选定一定数量的专家，按照一定的方式组织会议，发挥专家集体的智能结构效应，对所研究问题进行集中的讨论和研究，作出判断的方法。由于参加会议的专家都通过选择，因此专家会议研究层次较高，观点鲜明，交锋尖锐，通过互相启发，内外信息交流，产生"思维共振"，能够取得比较全面的观点和思想，在较短时间内得到富有成效的创造性成果。

本书充分利用笔者与各相关高校建立的广泛深入的交流和沟通的优势和资源，召开相应的国际学术专题会议和若干次小型的座谈会，邀请国内和日本、韩国、美国和我国台湾地区高校相关研究人员到会交流最新的理论成果和成功经验，吸取研究营养，扩大研究视野，围绕教学服务型大学的相关问题，听取意见，集思广益，进而努力提高本书的质量和水平。

第二章

大学分类的逻辑发展

第一节 大学起源的简要回顾

一 现代大学的起源

大学是世界上最古老、最悠久、最有影响的组织之一。美国加州大学前校长克拉克·科尔（Clark Kerr）曾经作过一个统计，1520 年之前全世界创办的组织，现在仍然用同样的名字、以同样的方式、干着同样事情的，只剩下 85 个，其中 70 个是大学，另外 15 个是宗教团体。[1] 作为一个纵贯人类文明千年沧桑变化历史的社会组织，它的组织建构权力、组织文化价值取向、组织资源获取方式、组织活动内容和方式等，都无不经受千年历史过程中整个人类社会政治、经济、文化以及知识进步等变化的影响。因此，当代学者对于大学诸多问题的探讨和理论演绎，都可能自觉不自觉地把大学起源问题作为探索问题的起点，力图从大学的本源上，探寻问题的产生原因和解决问题的各种关系。因为"观今且鉴古。历史是现实和未来的一面镜子，我们想知道一个东西的性质和未来，有一个很重要的手段就是弄清楚它的过去，也只有知道了大学的历史，才能知道自己所处的地位及应尽的责任，也才能知道大学未来应走的路"。[2]

"'高等教育'这个概念出现很晚，人类社会对于相对较高层次的学校教育的需求却很久远，并促成古代高等教育的出现。"[3] 在欧洲中世纪大学创办前，高等教育已经存在了数千年。古代埃及、印度、中国等都是

---

① 引自张维迎《大学的逻辑》，北京大学出版社 2004 年版，第 10 页。

② 宋文红：《欧洲中世纪大学的演进》，商务印书馆 2010 年版，第 8 页。

③ 潘懋元：《多学科观点的高等教育研究》，上海教育出版社 2001 年版，第 26 页。

古代高等教育的发源地；古希腊、罗马、拜占庭及阿拉伯国家都建立了较完善和发达的高等教育体制。虽然许多教育史家出于各种动机想方设法把上述地方的高等学府和教育活动也称之为大学和高等教育，但是呼者声嘶力竭，应者寥寥无几。公认的"大学"是拉丁文"universitas"一词的译名，是由中世纪在西欧出现的一种高等教育机构发展演变而来，这种机构形成了自己独有的特征，如组成了系（faculty）和学院（college），雇用了稳定的教学人员，开设了规定的课程，实施了正式的考试，规定了学习的年限（学制）。学习考核合格，将颁发被认可的毕业文凭或学位等。现代大学发源于中世纪的欧洲，这已经成为学界的共识。

据考证，现代欧洲语言中的"大学"一词，例如，英语的 university，德语的 die universitat，等等，都源于拉丁文的 universitas。它最初是罗马法律中的一个普通名词，其意为社团或行会。13 世纪时它还不是一个专有名词，凡商业、手工业的任何结社和组织，都用 universitas。直到 14 世纪末，它才专指为法律所许可建立的学术团体，也就是大学。据考证，巴黎大学的校戳，1241 年写的是"巴黎师生联合会"，到了 1252 年才称之为巴黎大学。

研究表明，世界上最早建立的意大利博洛尼亚大学至今已有千年历史，即使从 1088 年获得教皇的敕令开始，至今也已跨越 900 多年的漫长进程。在中世纪中后期，当手工业从农业中分离出来，新兴手工业者聚集在一起，新兴自由的工商业城市兴起，稳定有序的社会关系亟须建立，人们急需古典的罗马法的释法时；当理性主义生长，要求用"辩证的和批判的方式"阐释神学，改变过去对于宗教教义盲目和绝对的信仰，将科学纳入神学的轨道，把宗教教义发展成为科学的体系时；当战乱动荡、部分古希腊、古罗马璀璨文化回流欧洲，依赖翻译、写作、诠释这样的一些新理论为生的知识分子群体开始出现并逐渐集结，形成一个知识分子阶层，需要用自己的有组织的方式，来保护自己和争取新的权利的时候，大学就开始应运诞生了。

诚然，大学在中世纪的产生，也不是一蹴而就的，其经历了一个准备和积淀的过程，需要一定的经济、政治、文化条件等。现有研究成果表明，中世纪大学的产生原因主要有以下五个方面：

第一，城市崛起。城市崛起是大学形成的外部条件。中世纪欧洲是一个四分五裂、高度分权之地。世俗的与宗教的、帝国的与教皇的，神圣罗马帝国与罗马教皇管区，都是古代罗马皇帝的合法继承者。西罗马帝国灭亡后的五六百年间，文化日益禁锢，自由严重缺乏，被后世人们称为"黑暗时代"。到了公元 11 世纪，情况有了明显的改变。西欧社会在经济、政治和文化等方面得到初步的恢复，国家和教会的力量都在相互制衡、争权夺利中发展，新兴城市在皇权和教权争斗的夹缝中逐渐崛起。经济开始繁荣发展，出现了一个相对和平安定的环境。自给自足、相对封闭的庄园经济被新兴的近代农业所打破。纺织业、采矿、冶炼、金属制造业和建筑业开始兴起，社会的商业兴趣显著扩大。国家敞开了原料来源并向消费者开放，工业经济得到了君主的保护。教会使社会公众的精神需要得到了满足。这一切，为当时的民众提供了必要的自由和安全。最为重要的是，自治城市逐渐在手工业者和商人聚集、商品交换活动活跃的市集附近出现并形成，在教权和王权二元对立和彼此冲突中逐渐稳定，教堂、广场、市政厅和契约（宪章），成为城市化市民社会的重要标志。手工业者和商人组成的市民阶层逐渐占到城市人口的绝大部分，进而成为城市的主体。通过与教会势力、封建领主势力的长期斗争，市民阶层逐渐拥有了更多的城市管理权。自治城市的出现和发展对各类人才的急切需求，呼唤着大学的诞生。各种势力为了培养自己所属事业的接班人，以及管理日益错综复杂的社会事务的人才，需要并开始兴办大学，传授高深知识和实用知识，培养人才。大学的建立是城市化过程中一个非常重要的部分。从某种程度上说，城市的崛起催生了大学。

第二，宗教发展。宗教发展特别是经院哲学的发展，为大学的形成产生了积极的推动作用。经院哲学是基督教神学家和哲学家试图通过理性思考和抽象推论证明上帝存在和基督教具有永恒合理性的学问。公元 9 世纪，欧洲经院哲学兴起，作为论证基督教教义的教父学把希腊、罗马哲学视为异端，反对任何理性和思考，提倡绝对信仰，这种盲从的说教，并不能永远取信于人。而十字军东征（1096—1291 年），客观促进了东西方制度、法律、风俗、文化的交融，开阔了人们的眼界。人们逐渐对基督教的哲学产生了怀疑与动摇。同时，古希腊、古罗马文化的传播也动摇了人们原有的信仰体系。教会为了保持自己的权威地位，转而利用亚里士多德的哲学思想来解释神学的合理性，"经院哲学"盛行。随着生产力的发展和社会经济结构、政治格局的不断分解变化，代表各种不同阶层和不同利益的神职人员、哲学家对"圣经"的阐释和理解出现了分歧，也对"教父哲学"和原始基督教基本教义产生了疑问，掀起了多次大规模的辩论活动。辩论活动进一步动摇了基督教神学不可侵犯的理论权威，拓宽了人们的视野，启发和促使学者以一种更加理智的眼光和更为科学的思维方式对自然、对社会和神学进行进一步的思考和探索。同时，在一些哲学问题辩论的中心，聚集了大批来自西欧和其他地区的学者，其中一些比较著名的学者还各自设立了讲学机构，招纳弟子，传播自己的学术思想和观点。这样的讲学机构，正是现代大学的雏形。另一方面，西方社会教会和修道院教育功能的弱化，形成大学产生和发展的市场空间。教会和修道院在很长的时间里一直是欧洲教育职能的实际执行者。到了中世纪中期，修道院的功能逐渐发生了改变，开始转向一种隐居的生活，重视忏悔、修身等，客观上弱化了甚至放弃了它原有的对所有教民的那种具有济世意义的教育功能。在此情形下，教会学校被迫承担了弥补理智空白的更多责任。还有一点，社会迫切需要产生新的专门机构承担教育教学职能。这也给大学的发展留出了空间。

第三，学术复兴。学术复兴是大学形成的知识基础。古希腊和古罗马是欧洲文明的发源地，其文化辐射地域广大，在欧洲享有深厚的影响。公元四百多年的时候，日耳曼人等游牧蛮族的攻击和战乱的破坏，最后攻破了罗马帝国的防线。而那些老罗马帝国的残余部分，包括它的知识精英，权力精英，在罗马城即将被攻破以前，带着欧洲的文化流向了东方，聚集在君士坦丁堡，建立了东罗马帝国（拜占庭帝国），在这里保留了古希腊、古罗马文化的遗产。中世纪中期开始，随着边境的稳定和边贸的发展，流落到东方的古老文化开始缓慢回流。特别是 1204 年的第四次十字军东征、君士坦丁堡陷落以后，原来在拜占庭帝国的那些知识分子，带着古希腊、古罗马的知识文本又重新回到了欧洲。这些知识文本有托勒密的天文学、欧几里得的数学、盖伦的医学，还有亚里士多德的物理学、逻辑学和伦理学，等等。但是，经过数百年漫长的演变，欧洲人已经不再懂得希腊文了，拉丁文已经成为欧洲中世纪教会和学校的通用语言。这些从东方回流到欧洲的古老文化知识和思想，必须翻译成拉丁文才能传播。从伊斯兰国家引进的阿拉伯文原著、用阿拉伯文改写的古希腊著作以及希腊文原著，都需要翻译成拉丁文才能被当时西方学者所理解。这就催生了大量专门以翻译、写作、诠释这些新理论为生的知识阶层。大批法律文本的翻译需求和文化复苏，传承了一批成果斐然的著作。毕达哥拉斯、柏拉图、亚里士多德等的教育著作、思想与教育活动奠定了后来意大利、法国"七艺"教育、文科教育、医学教育等一些课程内容以及教育方式形成的基础。知识集聚推进了学科的形成和大量知识阶层的聚集，积淀了大学教育的学科基础。

第四，知识群体。在翻译、写作、诠释新理论、传承阿拉伯文化、重拾古希腊古罗马文化光辉的过程中，西方社会出现了许多以知识和学术为业的知识分子团体。他们中许多人以写作或教学为生计，更确切地说是同时以翻译、写作和教学为职业，以教授与学者的身份进行专业活动，并寻求职业发展。大量知识群体的出现和知识传播的影响，吸引着许许多多欧洲的年轻人翻山越岭，跨河越洋，来到当时最为著名的文化发达的城市求学，如巴黎、威尼斯、博洛尼亚等。而这样的一个阶层一旦形成后，它就需要用自己的有组织的方式，来保护和争取自身的权利。正是由于大量知识分子群体的劳作和创造，正是因为新生的知识群体生存和发展的需要，成就了大学的形成和发展。换句话说，知识分子群体是大学形成的实践主体。由于中世纪中、晚期"知识分子"作为一种自觉意识到自己身份的社会群体的出现，中世纪大学的出现才获得真实的可能性。

第五，行会启示。行会组织方式的日益成熟并向社会广泛渗透，是大学形成的组织参照。中世纪形成和出现的知识分子团体虽然代表了崭新的文化倾向、推动了西欧的文化发展，但它缺乏独立、世俗、专门的体制化支撑，偶然赖以依靠的修道院、教会学校等组织也难以从根本上支持和巩固学术的发展。新兴的知识分子必须建构新的组织机构，按照新型运行机制处理教学、研究等学术活动，保证自身合法权益。而在中世纪的欧洲，最流行、最有效、最富特征性和最具合法性的机构形式是行会。行会是中世纪的人倾向于置身合作架构的体现，也对欧洲政治思想的演进产生了深远的影响。中世纪大学是非常简单的组织机构，它没有董事会，也没有图书馆，没有建筑物，甚至也没有地产，有的只是志同道合的一批人。为了保护自己的权益，避免那些不自由的竞争，保持秩序的稳定，更好地立足社会，知识分子群体从行会组织中受到启迪，在探索学术组织架构的进程中，借鉴行会的形式并进行改造。知识分子所进行的组织创新在结果上导致了大学组织的建构，形成了大学组织特性的坚实基础。

总之，欧洲社会复兴、新兴城市出现和逐渐发展是大学形成的外部条件；西方社会专门教育机构缺失是大学形成的市场空间；西方社会的学术复兴是大学形成的知识基础；知识分子群体和知识需求群体的出现是大学形成的实践主体。行会组织形式是大学机构最初借鉴的机构外形。换一种说法，"基督教及其组织对中世纪文化的塑造和早期知识的累积、近代城市及其自治联盟的出现为大学奠定的物质基础和组织原型、古典翻译运动与文化传播奠定大学学术复兴的知识综合材料和基础、持续的文化复兴和知识价值认同，形成了智力活动凝聚的土壤，最终，教师和学生组成教学共同体，通过教学活动满足社会专业化及对专业人员、专业训练的需要，从而促成了大学的诞生"。[①]

二 最早的大学是博洛尼亚大学

中世纪大学也是逐渐形成的，早期更没有依据专门的法令作为依据来创办的大学，许多大学本身也经历了一个较长的演变过程，因此一些早期大学不可能找到一个确切的创建时间。尽管这样，人们还是费尽周折地寻找依据给予他们一个确定的时间点，以便做出比较和方便研究。从大学本身来说，所有的大学都必须有一个确切的时间作为自己的建校纪念日，因为这个日子往往是一个大学的精神符号和文化象征，一种表达大学凝聚力的方式，其作用更多地表现为社会学和心理学意义的校庆日。

现有研究表明，最早的大学诞生在意大利。据考证，博洛尼亚大学是延续至今的最古老大学，也是最早的大学之一。

意大利是古罗马的发祥地。前8世纪至前6世纪，希腊人向意大利南部移民，并建立城邦。公元前7世纪，以帕拉提乌姆为中心开始部落联合过程，由单一的拉丁人部落联合包括萨宾人和伊特拉斯坎人等三个部落组成罗马人公社。公元前7世纪末至公元前6世纪末，罗马人公社处于伊特拉斯坎人的统治之下。此时，完成了由氏族部落公社到城邦的过渡。公元前5世纪末，高卢人从阿尔卑斯山以北进入波河平原。这些部族经过长期融合同化，形成了意大利人的祖先。公元前509年建立起由罗马贵族掌权的罗马共和国。公元前27年元老院授予屋大维"奥古斯都"的尊号，建立元首制，从而屋大维确立了个人的专制统治，成为事实上的皇帝，罗马共和国结束，古罗马进入罗马帝国时代。公元1世纪前后，罗马扩张成为横跨欧洲、亚洲、非洲称霸地中海的庞大帝国。

---

① 宋文红：《欧洲中世纪大学的演进》，商务印书馆2010年版，第33页。

　　公元 2—3 世纪为古罗马帝国全盛时期，版图遍及整个地中海沿岸。公元 395 年，罗马帝国分裂为东西两部。西罗马帝国亡于 476 年。而东罗马帝国（即拜占庭帝国）则在相隔近千年后的 1453 年被奥斯曼帝国所灭。西罗马帝国灭亡后，作为古罗马发祥地的意大利，沿袭和承载了古罗马帝国的部分文化。黑暗时代的法律观念十分淡薄，连年的战乱和社会的退化使法律难有用武之地，当时天主教的教义又拒绝和排斥法律的作用，使法律和法学失去独立存在的意义；宣誓证据和神明裁判使明确的法律规定丧失权威性和必要性；由于当时盛行弱肉强食的法则，个人和集团之间的纠纷往往诉诸武力，既有判决也往往靠私力执行。罗马法，即使一些简本和摘要，很快就变得太深奥、太复杂了，事实上其中的学者法已被大众自发实施通俗法所变更和代替，天主教及其教义当时还没有太强的法律意义。当时对罗马法的研究虽未停止，却处于极度的沉寂之中。

　　随着罗马帝国的衰亡，封建领主的统治开始，外族入侵，领土被早期的欧洲国家瓜分，意大利被分割成多个自由城邦。在此期间威尼斯先期获得独立，建立威尼斯城，主要从事海上贸易，并最终垄断了东地中海上的交通。在经历了五六百年的缓慢发展以后，意大利在地中海沿岸由于自己得天独厚的地理优势，获得了较快发展，特别是北部城市的繁荣。同时，封建统治开始，封地竞争、君权和教权之间的竞争使得统治者逐渐认识到罗马法或民法的作用，意识到运用法律来解决纠纷、维护社会秩序安定的重要性。快速发展的城市管理导致了对罗马法学者的大量需求。

　　"很显然，地理因素是原因之一。……博洛尼亚的地理位置极佳，它是意大利北部通往罗马的一个天然十字路口，人口流动频繁，货物贩运集中，因此博洛尼亚很早就成为一个社会和经济上的国际性城市。"[①] 博洛尼亚方便的交通、良好的建筑、充足的食品供应、适宜的气候、丰裕的资金以及合理而稳定的环境等，使它在来自阿尔卑斯山北麓的商人与贩运拜占庭产品的意大利商人的贸易交流中，确立了战略性的显赫地位。大量流动人员的往来和聚集，包括大批经常到罗马的一些旅行者，使得博洛尼亚名声大振，显赫一时，成为一座著名的城市，这也为大学这个流动性极强的学术团体固定在博洛尼亚创造了良好的外部环境。

----

　　① A. B. Cobban. *The Medieval Universities*：*their development and organization*. Methuen ＆ Co Ltd. 1975. p. 49.

　　尽管地理因素对博洛尼亚大学的产生具有重要意义，"但学者和学术因素对博洛尼亚大学成为最早的中世纪大学更为重要"。① 在大学出现之前，博洛尼亚地区就云集了众多法学学者，他们在博洛尼亚法律学校所从事的教学活动也初具规模，当地的法律学校也多以罗马法的研究与教学为主要内容，具有明显的自治与世俗特征，教育内容注重语法和修辞的教学，对实用法律技能（如法庭辩论和官方文件的编撰等）的训练在学校教育中占有很大比重。特别是中世纪早期最著名的法学学者、被誉为注释法学派的创始人和"法学泰斗"的伊尔内留斯（Irnerius），早在 1088 年就在博洛尼亚大学讲授罗马法，随后在这里从事专门的教学活动。《民法大全》是 6 世纪由罗马皇帝君士坦丁编撰的罗马法汇编，伊尔内留斯成功地对罗马法作了合理的阐析，使其既适合职业性的需要，又适合作为高等教育的一门专门学科而进行学术研究，从而使博洛尼亚法律学校的研究、教学水平和影响远远领先于意大利的其他学校，博洛尼亚大学一时学术昌明，人才辈出，学生云集，成为著名的具有革新精神的罗马法教学中心。继伊尔内留斯之后，他的学生们——最著名的是"四博士"马尔体努斯（Martinus）、雅科布斯（Jacobus）、胡戈里努斯（Hugorinus）和布尔加鲁斯（Bulgarus）继续执教，名声不减。正是由于这些著名学者在法学上的声誉，大批教师和学生从欧洲各地涌入这座城市，博洛尼亚大学学生一度超过万人，这在当时的人口总数和交通条件下是难以想象的。在12 世纪 40 年代和 50 年代，由于引入了教会法的研究以及作为罗马法重要的研究中心的快速发展，博洛尼亚具有了鲜明的世俗性质。随着博洛尼亚法律学校的日益兴盛，到 12 世纪中期，博洛尼亚已经成为欧洲教会法和罗马法研究与教学最重要的中心，教皇亚历山大三世（Rolando Bandinelli）和英诺森三世（Innocent Ⅲ）都曾是博洛尼亚大学的学生。在12 世纪博洛尼亚大学得到了市政当局一定程度的保护，具有了合法的资格。1158 年，经神圣罗马帝国皇帝弗里德里克一世批准，博洛尼亚法律学校成为正式的大学。1988 年该校建校 900 年之际，在 430 所欧洲大学校长共同签署的"欧洲大学宪章"中，博洛尼亚大学被正式宣称为欧洲所有大学的母校。当然，由于中世纪大学都没有一个确切的建构时间，这里强调的是博洛尼亚大学建校历史悠久、获准敕令时间早以及对后来大学

---

① Alan B. Cobban. *Universities in the Middle Ages*, Liverpool University Press. 1990. p. 8.

创建和运行的影响之大。

除了罗马法讲授的特色之外，博洛尼亚大学的另一个特色是管理中的"学生大学"。即由学生主持和管理的大学，学生担任校长，主持校务，教授的选聘、学费的数额、学期的时限和授课的时数等，均由学生决定。学生通过行会选举学校领导，当选者要接受学生行会的监督和制衡。

实际上，博洛尼亚大学最初也是由从事教学的博士们管理的，他们自然对学生具有管理权，但情况很快发生了重大变化。

博洛尼亚的学生来自欧洲各地，不同民族、不同地方，大多是中产阶级的代表，主要出身于富裕家庭。他们尽管年轻，有权论政，但按照博洛尼亚城市的法律，他们被当作侨民对待，这意味着不论一个人在本国的家庭背景如何优越，他在这里都要面对苛刻而不公平的法律和税金，此外，还有贪婪的地主、沉重的地方税及义务兵役制等。出于自己政治地位以及在求学过程中不放弃公民身份的考虑，他们迫切渴望一种组织来进行自我保护。而当这些外地学生在博洛尼亚生活发生麻烦与纠纷时，博士们往往站在城市当局的政治立场上，无法给这些学生提供充分的保护。为了保护自己，这些学习法律的外地学生仿照意大利当时盛行的手工业、商业行会形式等，建立了旨在自我保护、自我管理的学生联合体。学生们联合起来首先是对付市民、教会和王权——房租、学习和生活必需品的价格以及学生自我保护的需要使他们集体的博弈力量和能力更为强大。为便于管理，组织内部成员推选出一名领导者管理（相当于今天的校长），在学校管理中取得主导地位。除此之外，他们最重要的"对手"就是教师，于是诸多约束教师的规则被制订出来。通过罢课、课程内容与进度的确定、薪酬的谈判、上课质量的评价等，为了使他们的学费"物有所值"，这些学生型大学的基本管理制度逐渐生成。特别是12世纪后半期开始，学生行会开始谋求对大学事务以及教学博士更多的管理权。1182年，学生行会试图强迫博士们宣誓，承诺在两年之内不会到博洛尼亚大学之外的地方从事教学活动。这次努力并未成功，不过到1189年，学生们的要求成为现实，博洛尼亚大学的博士们被迫向学生行会宣誓。这次事件成为博洛尼亚大学的一个重要转折点，博士们被剥夺了独立的地位，而学生则开始通过自身的行会以管理者的姿态出现在大学之中，学生及学生行会在博洛尼亚大学中管理控制大学事务的主导地位逐渐确立。从教师来看，起初，在博洛尼亚大学从事教学的一般是博洛尼亚公民，他们不具备学者行会会员资格。

他们对学生的管理行为不满，对于其管理越权的行为的忧心使得冲突不断，而在学生行会与教师权力的斗争中，学生行会侵犯了教师行会行使的职权，成为了大学的管理阶层。在博洛尼亚，大学教师的俸禄大部分来自学生的学费，使得大学教师的从属地位得到了巩固。大学学生强迫教师对校长宣誓效忠。可以看出，博洛尼亚大学是由学生为主导构建的大学。

博洛尼亚大学的学生对教师的管理十分严格。一般在学期开始前几个月由学生选举讲师，被选择的讲师必须宣誓，保证遵守学生管理者制定的有关学校事务的所有规定。在大学的会议上教师没有表决权，但是所有的教学人员必须遵守由学生会议制定的法令。几乎每项活动都须经过学生的允许，讲师请一天假须得到学生和学生负责人的同意。如果讲师按照规定的时间上课迟到一分钟或延长一分钟就会被罚款。如果忽略了难点或在学期末到学生规定的日期没有讲到课本上已有的要点，也要被罚款。为了确保教学的进行，讲师必须在学年初到城市的银行中存入一笔钱，以备罚款之用。教师唯一可以完全控制的领域是考试制度。[①] 这种状况一直延续到16 世纪前。因此，博洛尼亚大学成为名副其实的"学生大学"。

三　巴黎大学与宗教

巴黎大学是由巴黎圣母院的附属学校演变而来，是公认的中世纪早期著名大学之一。并且由于其独特的历史和发展，建立了在世界高等教育史上的崇高地位。

中世纪的欧洲，教会学校教育有着悠久的传统。欧洲从混乱到形成秩序的过程中，教会起到了很大的作用。遍布欧洲大陆各地的修道院，其实就在执行着学校教育的功能。最早的修道院学校大约出现在公元 6 世纪，到了 7 世纪，在修道院教育基础上发展起来的主教学校，就已经成为较为正规的教育机构了。公元 787 年，法兰克国王查理曼大帝曾下令所有教堂和寺院开办教会学校，训练神职人员。主教学校和僧侣学校教育的发展，需要产生一种新的机构，大学就这样应运而生。

公元 11 世纪中叶，巴黎还不是一个自治的城市，而是法国君主国的首都和一个重要的主教职位的所在地。当时的法国国王尽管拥有具有威严的称号，但实际上只控制了巴黎周围的一小块叫做"法兰西岛"的地方。

---

① 中世纪两种大学，http: //blog. sina. com. cn/s/blog_ 56a84e810100ri22. html.

周边大多地方实际上仍由许多具有强大势力的亲王分割管理。经过一个多世纪的治理，到12世纪之初，法兰西岛才逐渐成为法国真正的中心。而腓力二世时，法国扩张王室领地，财产扩张，势力增大，并加紧对公爵和伯爵的控制，摧毁和控制了其他对自己潜在威胁的国家，这样法国就逐步成为13世纪的大国。也就是这个时期，法国王室才在以往迁移动荡中逐渐安定下来，巴黎真正成为法国王室所在的首都。由于独特的地理位置和资源，以及相对安定的政治环境，使得巴黎经济迅速发展，成为全国的中心。而随着经济社会的发展和城镇本身追求特权的需要，坐落于巴黎的主教堂学校越来越多地分享了特权。作为主教职位所在地——巴黎，成为学者们流动过程中具有吸引力的地方。许多著名的学者，如中世纪的阿伯拉尔在其发表演说和讲授课程时，凭借自身的个人素质，将精深的辩证法造诣、理智的信仰、宗教的狂热和求知的激情融为一体，成为社会各界共同仰慕的偶像，也吸引了大批慕名前来的学生，这些学校成为巴黎大学的雏形。这些学生不仅是为了来追求高深学问，更多的是为担任高层神职人员做准备。在这种情况下，由于学生的数量增长快速，教师数量不得不成倍地增加。原有的圣母院学校已经显得拥挤而不够用，大量教师开始把授课地点转移到私人宅邸、自家居所、巴黎城岛乃至塞纳河的桥上。大批来自不同国家、不同地区的教师与学生为了学术研究聚集到一起。为维护自己的利益，免遭当地教会和世俗封建主的破坏，学生们按原籍组织成"同乡会"。随着学生的增多，从事教师职业的人员也日益增多，所以教师职业从业人员竞争变得异常激烈，这促使了教师从业人员资格的提高。为维护教师群体利益，其教师也组织成教师会，对于符合一定资格和水平的人授予教学许可证。

巴黎大学获得的第一个特权是1208年的教皇特权敕令。资料记载，1200年巴黎发生了学生与酒吧老板冲突事件，此事引起市民的愤怒，在市长带领下，市民们杀死了巴黎大学的几名大学生，引起师生们强烈不满，师生集结向国王菲利普·奥古斯特提出申诉，获得国王授予的特权证书，国王承认巴黎大学的学者具有合法的牧师资格，具有世俗当局的司法豁免权。1208年，罗马教皇伊隆桑三世给巴黎大学颁发敕令，批准巴黎大学师生可制定自己的章程，规定巴黎大学师生可以免于城市官员的审判、法官和市长不能参与涉及大学师生及其侍从的案件，更不能逮捕未定罪的师生、市民必须尊重大学师生的特权、市长就职时必须发誓保护大学师生的特权等。这一敕令给予巴黎大学独立的司法权，意味着巴黎大学获得了当时社会的承认，所以也被认为是巴黎大学正式建立的标志。①

13 世纪初期，巴黎出现了一批由慈善家们筹办的客栈，专门用来接待求学的学生。后来客栈就慢慢转变成学校。当时办得最好、最有名的是索邦神学院。索邦神学院 1257 年由法国国王圣路易九世的忏悔教士索邦创办，专门招收贫困子弟攻读神学，培养神职人员。学校办起来后，由索邦出任院长。索邦神学院的开办受到罗马教皇的赞赏，并两次颁布谕旨恩准学校。不久神学院就允准开始授予神学博士学位，获得学位的人才有资格被任命为神职人员。由于考试非常严格，神学院授予的学位在社会上认可度极高，学院的影响也越来越大。1261 年开始，索邦神学院正式使用巴黎大学的称谓。

巴黎大学被视为"先生大学"的代表，大学教师是学校管理的主体。教师行会掌握着大学的内部管理并且负责维护大学外部的权力和利益，在该大学具有权威性的地位，学位的要求、课程、教师的任用等是由教师做出决定。有关大学内部管理问题的全部决策，几乎也都是由教师做出的。

巴黎大学成为"先生大学"有其特殊的原因。巴黎大学一直以来深受其教堂规范的影响，原来所有的教学活动都在教堂和修道院内进行，教师成为学校的主导，而教师的数量也由宗教方面的权威机构来管制。随着大学教师人数不断增加，地方主教就把教师的准入权委托给一名专门的教士，而这名教士一般是从主教属下全体教士中挑选出来的，称之为掌校教士（ecolatre）。由于学校的人数增加，主教逐渐不再有能力承担掌管学校的职责，因而一般主教将挑选和任命教师的权利交给了掌校教士。掌校教士有权授予合格者教学的权利，并有权把学校的日常事务处理再委托给其他人。这样一来，掌校教士的主要职责，慢慢地就演变为对自己所属教会或教堂控制下的整个地区教学职业候选人进行审查，根据审查情况决定是否授予执教权，甚至拥有开除申请者教籍的权力。在巴黎，当一个人要求开办学校或成为一名教师时，就必须获得执教权，并经过就职礼。而教师具有掌管就职礼的权利，即教师可以挑选符合自己群体利益的教师职位继任者。可见，教师的权力相对来说是比较大的。为了保护自己的群体地位

① 刘佳楠、李化树：《巴黎大学发展历程中的几次重大事件及启示》，《牡丹江大学学报》2012 年第 2 期，第 71—72 页。

与身份免遭外来者和宗教权威机构的侵犯，教师自发地组织成为一个联合会，与学生的联合会进行谈判，最后实现了大学管理中的教师地位。因此，巴黎大学成为由教师为主导构建的大学。

公元1213年，大学与教会之间发生了冲突，主要是教师法团抵制经由主事执教授予执教权的人员的就职，拒绝他们加入法团，举行罢课，引发的一连串动荡。在这样的冲突中，教师集体以法团的名义进行谈判，最终取得了胜利，1212年，新颁布的教皇诏书赋予了教师更多的权力。1215年，教皇特使为巴黎大学制定了第一个章程，取消圣母院主事对巴黎大学的控制权，巴黎的教师协会获得了合法团体的必要资格，至此完成了由习惯认可的大学到被法律承认的大学的转变。1229年，巴黎大学学生与警察发生流血冲突，引起学潮，大学宣布罢课，学生各奔东西，投往牛津、剑桥、图卢兹、奥尔良等地，持续两年多时间。1231年，教皇出面调停，同意颁布新的章程，使巴黎大学最终摆脱了主教的控制，并拥有结盟权和罢课权，具有授予学士、硕士和博士学位的权力等。同时，国王圣路易承认巴黎大学具有法人资格，郑重承认大学的独立，使巴黎大学完全摆脱了被监护的地位。也使得巴黎大学"先生大学"的组织形式得以确立与稳固。

以巴黎大学为代表的"先生大学"，在世界高等教育史上具有重要影响，欧洲北部的大学，如英格兰、苏格兰、瑞典、丹麦、德国等地的大学，则多采用这种模式，特别是英国的牛津大学、剑桥大学和美国的哈佛大学等。因此，巴黎大学也被称为欧洲"母大学"。

作为一所产生于教堂之中、并深受主教控制的学校，巴黎大学与宗教之间的关系是不言自明的。即便后来大学以行会的身份自居，摆脱了宗教"座堂学校"的雏形，但并不影响它与宗教的关系，这点从教会对大学的物质资助中便可得到印证。中世纪由于受到"科学是上帝赐予的礼物不能被出售"这种宗教观念的影响，学生缴纳的费用都是屈指可数的。这就使部分教师不得不加入教籍以寻求教会薪俸的资助。同样，这种资金方面的互动也惠及学生，到14世纪，学术机构定期向教皇通报学生和毕业生的名单，教皇通过发放薪俸资助学习的方式形成了一种固定的制度形式，此即教会奖学金制度。除资金要依靠宗教以外，大学在政治制度上同样需要宗教的庇护。大学诞生之初由于缺乏良好的社会根基与认同，加之社会环境的动荡不安，所以急需外界给予特权保护。1215年，教皇特使库尔松的罗伯特为巴黎大学制定了第一个章程，明确规定了巴黎大学所享有的特权，包括"为那些受到严重不公对待的学者准备辩护词，确定旅舍房间的租金，设定上课的时间和辩论的程序等"。可见，从巴黎大学诞生到各种特权的获得，大学与宗教的互动贯穿始终。作为回报，巴黎大学始终把培养神职人员作为重要职责，把神学作为教学的重要内容。神学院一直是巴黎大学的重头戏。由于特殊的创建经历，巴黎大学最初设置了神学学科，尔后为兼顾世俗的需要，才逐步开设了法学、医学、文学等学科。

细加分析不难看出，最早的中世纪大学在建立之初，也都是以满足社会发展需要为目的的。博洛尼亚大学是由于城市经常性的贸易纠纷、商业争端问题不断，为了更好地处理人与人之间的关系而发展起了以法学、尤其是罗马法而著称的大学，培养了众多律师和官吏；巴黎大学则为了解决人们的信仰问题，满足宗教活动的需要而成为牧师、教会管理者等神职人员的培养地。法学科培养的律师是直接服务社会的，而神学科培养的神职人员则是为当时的实际统治者——基督教会服务的。可见，早期大学创办活动具有极强的功利价值取向。正是围绕着知识活动和社会需求而形成的这种统一性，激发大学深得社会支持而迅速发展，逐渐走入社会的中心。

四　中国现代大学也源于欧洲中世纪大学

尽管有些偏题，这里还是将中国高等教育的起源做个交代。实际上，中国古代高等教育也很发达，中国古代的高等教育机构可以追溯到公元前两千多年。《礼记·王制》有言：大学在郊。天子曰辟雍，诸侯曰泮宫。中国古代类似于大学的高等教育机构还有国学（太学、国子监）以及后来的高等书院等。我们认为中国高等教育历史悠久，资源丰厚，但并不能否定，现代大学毫无例外地起源于欧洲，并且在我国现代大学最关键性的转折是在清廷手中完成的。

1. 甲午战争之后：中体西用

清末甲午战争之后，在内忧外患的严酷现实面前，中国社会到了变革图存之际，高等教育的变革首当其冲，废科举、兴学校成为当务之急。近代意义上的高等教育以洋务运动时期各类新式学堂的创办为契机，先后历经晚清、民国初期和南京国民政府时期逐步发展起来，形成了覆盖南北的大学群和知识共同体。

中国近代高等教育发轫于洋务运动时期。西方列强的坚船利炮打开了中国闭关锁国的大门，清朝统治者从"天朝大国"的迷梦中惊醒，兴起了一场"师夷长技以自强"的洋务运动。中国近代高等教育也伴随着洋务运动以及洋务学堂的兴办而开始。洋务派本着"中体西用"这一原则兴办了大批的同文馆、外国语学堂、军事学堂和专业技术学堂。著名的外国语学堂有京师同文馆（1863年）、上海广方言馆（1863年）、广州同文馆（1864年）、福建船政学堂（1866年）、天津水师学堂（1880年）、天津电报学堂（1880年）等。从1862—1895年，清政府先后创办了23所洋务学堂。当然，洋务学堂虽然开启了中国近代教育和高等教育的先河，但它们只是中国近代新教育的萌芽，还不属于严格意义上的大学，但可视为中国近代高等专门学校的雏形。

2. 清末民初：学堂兴起

甲午战争惨败后，伴随着民族危机的日益加深和民族资本主义经济的发展，资产阶级的启蒙思想应运而生，维新运动登上了历史舞台，中国第一批真正意义上的大学应运而生，这些大学均以"学堂"冠名。第一所正式的新式高等学堂是1895年天津海关道盛宣怀奏请设立的"天津西学学堂的头等学堂"。1900年停办，1903年复校后更名为北洋大学堂（今天津大学）。1897年盛宣怀奏请在上海设立南洋公学（今交通大学）。而京师大学堂（今北京大学），可视为中国第一所国立综合性大学。与洋务学堂相比，这一时期的高等学堂在体制规模、课程设置等方面都有了很大扩展。1902年设立山西大学堂，这是中国第一所省立大学，以后各省相继仿效。1911年设立了留美预备分校"清华学堂"，1925年该校大学部成立，1928年改名为国立清华大学。截至1911年，清末的高等学校，除了清华大学堂、北洋大学堂外，还有各省设立的高等学堂27所。

除公立高等教育机构外，清末高等教育还包括私立高等教育机构和教会高等教育机构，有中国公学（1905年立）、复旦学院（1905年立）；教会也开始在中国建立高等教育机构，1864年美国北长老会传教士狄考文创办登州文会馆，1876年改称"文会馆"，1881年开设大学预科，1882年纽约长老会总部批准以Tengchow College（登州学院）为学校英文名称，以"文会馆"作为中文名称。登州文会馆1882年开始提供大专课程。到1911年，全国共建立起10多所教会高等教育机构。

3. 五四之后：大学形成

中国现代大学是在向日本学习的过程中开始创建的。日本向西方学习，使明治维新改革获得了巨大的成功，对中国具有巨大的震撼和极大的诱惑作用。声势浩大的留日、学日活动迅速开展起来，而其成果很快就被清政府以《壬寅·癸卯学制》的形式确定下来。新学制几乎是日本学校教育制度的翻版，与日本学制所区别的只是名词的不同。这一学制虽然仍以"中学为体，西学为用"为立学宗旨，但教育体系完全不同于封建旧制度，中国近代意义上的高等教育制度开始确立。为保证新学制的实行，1905 年 8 月清政府宣布废除科举考试，这样长达 1300 年之久的科举制度寿终正寝，中国近代高等教育进入了新的发展时期。

20 世纪 20 年代前后中国大学兴起了一股仿美热潮。一方面，1872—1881 年中国首批留美幼童归国，宣传了美国的先进文化思想；另一方面，民国建立后，中日关系开始淡化，"二十一条"的无理要求更恶化了两国关系，留日生数量大为减少。同时，美国的庚款方案掀起了中国学生的留美热潮。仿美运动形成了 1922 年制定的"六三三四"新学制，1924 年又颁布了《国立大学校条例》，规定大学采用选科制，实行教授治校，培养社会需要、重个性发展的资产阶级新人。这一时期的大学显示了美国高等教育的强大影响。"五四"以后直至 1949 年，中国大学基本上就是按照美国大学的模式一步步发展起来的（见表 2-1、表 2-2）。

表 2-1 1949 年前中国 13 所基督教教会大学现址

大学名称及创办时间	所在城市	现址单位及创立时间	校史追溯
燕京大学（1864）	北京	北京大学（1898）	否
齐鲁大学（1864）	济南	山东大学（1901）	否
金陵女子大学（1893）	南京	南京师范大学（1902）	不涉及
金陵大学（1888）	南京	南京大学（1902）	否
东吴大学（1900）	苏州	苏州大学（1900）	是
圣约翰大学（1879）	上海	华东政法大学（1952）	否
沪江大学（1906）	上海	上海理工大学（1906）	是
之江大学（1845）	杭州	浙江大学（1897）	否
福建协和大学（1915）	福州	福建海王福药制药有限公司	不涉及
华南女子文理学院（1908）	福州	福建师范大学（1907）	不涉及
岭南大学（1888）	广州	中山大学（1924）	否
华中大学（1871）	武汉	湖北中医药大学（1958）	否
华西协和大学（1910）	成都	四川大学（1896）	不涉及

表 2-2 　　　　　　　　　　　3 所天主教大学今昔

大学名称及创办时间	所在城市	现址单位及创立时间	校史追溯
辅仁大学（1925）	北京	北京师范大学（1902）	不涉及
震旦大学（1903）	上海	上海交通大学医学院（1952）	不涉及
天津工商学院（1921）	天津	天津外国语大学（1964）	否

第二节　大学职能的发展进程

一　中世纪大学的规模发展

大学是一个开放的组织。作为一个纵贯人类文明几千年沧桑变化历史的社会机构，她的组织建构权力、组织文化价值取向、组织资源获取方式、组织活动内容和方式等，都无不经受几千年历史过程中整个人类社会政治、经济、文化以及知识进步等变化的影响。随着社会的发展和演进，大学也在发展、变化，不断地适应新的环境。在漫长的历史长河中，大学的传统虽然大部分被继承下来了，但是也有许多方面被打破、被改变、被摒弃，或是被拓展和创新。

中世纪大学的产生和发展，是欧洲经济社会发展的必然结果，同时又反过来对社会发展起了积极的推动作用。至少在最初几个世纪中，大学所产生的影响主要是积极的、正面的。在教会权力至高无上、压迫一切的黑暗时代，大学代表着自由；在宗教愚昧人民的年代，大学象征着科学和理性；在中世纪后期的几百年间，大学代表的是自由思想之家。由于独特的组织形式和功能，能为社会各界培养精英人才，大学迅速成为欧洲文化复兴和传承的中心，成为思想的产生和传播、培养教廷和城市精英的核心机构，更是随后进行的文艺复兴、宗教改革和近代启蒙运动的重要阵地，因而引发各界的关注和重视。在王（皇）权和教权的较量中，大学成为双方争夺的对象，大学也在两权争斗的夹缝中起步成长。

首先是学校增加。创办大学需要条件。尽管中世纪初期的大学不像当下大学这样，需要宽敞的校园、豪华的建筑、足够数量的图书设备，创办大学不需要今天这样巨额资金的投入，但是优质的师资和声誉、敕令许可和能够招收到一定数量的学生也是创办大学的必备条件。因此，在中世纪初期，大学的增加还不是十分容易的。尽管这样，在欧洲，大学开始缓慢地发展。13 世纪意大利萨勒诺大学、巴勒摩大学，西班牙的萨拉曼加大学，德国的海德堡大学，法国的奥尔良大学等相继成立，扩大了大学的阵营。大学在欧洲大陆慢慢发展起来。

英国牛津大学的创建有些偶然，甚至有些戏剧。英国在 12 世纪之前是没有大学的，人们都是去法国和其他欧陆国家求学。一种说法是，1167 年，当时的英格兰国王同法兰西国王发生争吵，英王一气之下，把寄读于巴黎大学的英国学者召回，禁止他们再去巴黎大学。另一说法是，法王一气之下，把英国学者从巴黎大学赶回英国。不管如何，这些学者从巴黎回国，聚集于牛津，从事经院哲学的教学与研究，人们开始把牛津作为一个"总学"，这实际上就是牛津大学的前身。学者们之所以会聚集在牛津，是由于当时亨利二世把他的一个宫殿建在牛津，学者们为取得国王的保护，就来到了这里。牛津被称为"师生大学"。1201年，它有了第一位校长。1213 年，该校从罗马教皇的使节那里得到第一张特许状。[1]

大学的兴起原因是多方面的，大学迁徙也是原因之一。由于有了迁徙权，当大学与市政当局发生冲突时，便迁往别的城市，重新建立新的大学。而当时大学本身的简陋条件和统一的拉丁语教学也为随时行使这些权利提供了方便。迁移权的运用，对大学本身来说，目的是为了保护自己的利益，但在客观上却产生了两个重大的后果。一是促进了学者、学术之间的交流，从而增长了大学的活力；二是由于一些设立较早的大学的迁徙，促进了更多大学的产生。

1209—1214 年间，在市长和国王下令处死了一些学生之后，牛津大学的部分师生逃离自己的大学来到剑桥，而后在那里创建了剑桥大学。与此类似的还有从博洛尼亚大学分离出来的帕多瓦大学（1222 年）、维切利（1228—1244 年间帕多瓦大学师生迁徙的结果）等。诞生于 13 世纪上半叶的大学，多数是在位于欧洲大陆南端亚平宁半岛上的意大利（11 所）和伊比利亚半岛上的西班牙和葡萄牙（5 所），其次就是法国和英国的几所大学，因为东西文化的接触和传播最早影响到这里。这些大学基本上是由博洛尼亚或巴黎大学的师生迁移而建立起来的衍生型大学（见图 2-1、表 2-3）。

---

[1]　牛津大学，http://baike.baidu.com/view/9720.htmJHJ3。

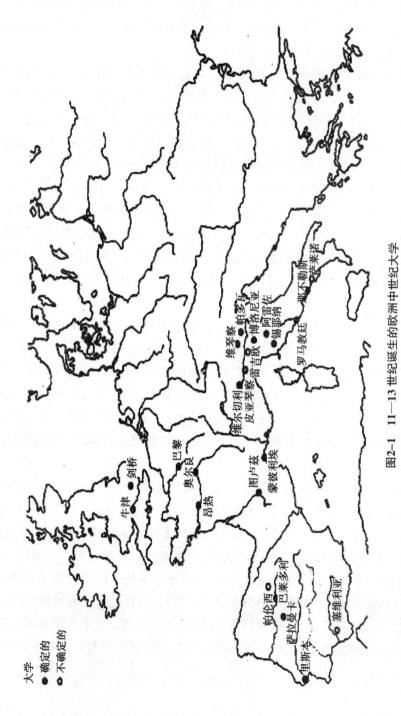

图2-1　11—13世纪诞生的欧洲中世纪大学

资料来源：Hilde de Ridder-Symoens, A History of the University in Europe, Vol. 1, Cambridge University Press, 1992:69。

表 2-3　　　　　　　　　　**因迁移而产生的大学一览表**

迁移产生的大学	在中世纪延续的时间	迁移的原因或方式
雷吉纳（Regio）	1188—14世纪初	推测是由于一批博洛尼亚的教师和学生迁移所产生的。
维琴察（Vicenza）	1204—1210	因一些博洛尼亚教师和学生的迁移产生。
阿雷佐（Arezzo）	1215—15世纪中叶	由一些早期脱离博洛尼亚的教师建立的。
帕多瓦（Padua）	1222—	因大批博洛尼亚学生的迁移所产生。后又多次迁移来此。
维尔切利（Vercelli）	1228—14世纪中叶	因帕多瓦的学生迁移而产生，签订了整体迁移8年的合同。
锡耶纳（Siena）	1246，1357—	因博洛尼亚学生的迁移而产生。1275年博洛尼亚学生移民回去，1321年又迁移来一批学生，1357年获得查理四世颁布的敕令。
牛津（Oxford）	1168—	英法两国交恶，英国召回了在巴黎的英国籍学者，回国后选择了牛津校。
剑桥（Cambridge）	1209—	牛津的部分教师和学生迁移而建立。
奥尔良（Orleans）	1231—	1229年巴黎的教师和学生迁移之后建立
昂热（Angers）	13世纪—	主要是巴黎的师生迁移的结果。自1219年巴黎对民法的禁令始，就陆续有迁移者。

资料来源：宋文红：《欧洲中世纪大学的演进》，商务印书馆2010年版，第67页。

　　世俗当局和教会出于自己的目的创建大学，成为大学兴起的一个来源，并且随着大学职能的开发和影响，世俗当局和教会越来越热衷创建大学。1224年，腓特烈二世创办那不勒斯大学，意在展开与博洛尼亚大学之间的竞争，培养所需要的法学人才。在法国，国王创建了图卢兹大学（1229年）。1245年，教皇英诺森四世也在罗马教廷创办了一所大学。葡萄牙国王于1288年创建了里斯本大学。随着民族国家的出现和大学的民主化，许多国家开始建立新大学，这些新大学越来越注重从本民族招收学生、甚至只从本地区招生，有的国家或地区开始禁止学生到其他国家和地区求学。到14世纪，意大利有大学18所，法国有大学16所，整个欧洲共计有47所大学，但是获得特许的大学却只有25所。到16世纪，欧洲一共有75—80所大学。其中意大利20所、法国19所、德国14所、英国5所、西班牙4所、葡萄牙2所等（见表2-4、表2-5）。在这些大学中，有的长盛不衰，有的在兴盛一段时间以后就消失了。

从某种意义上说，世界范围内从一国到另一国的学术迁移是殖民地带来的结果——美国建立的大学直接受到英国的影响就是例子。1636 年，一批剑桥学子在美洲大陆建立了哈佛大学，哈佛大学初建时就称为剑桥学院，足以见得深受剑桥大学的影响。随后出现的耶鲁大学（1701 年）、宾夕法尼亚大学（1740 年）、普林斯顿大学（1746 年）、哥伦比亚大学（1754 年）、布朗大学（1764 年）、达特茅斯大学（1769 年），都在不同程度上受到了英国大学的影响。非洲和亚洲的大学深受英国和法国学术影响也是由于殖民主义。

其次是规模的扩大。

关于中世纪大学学生规模的资料很少。研究分析，"在 13—15 世纪，如果一个人不在乎路途的遥远和路途中数不尽的艰难险阻，那么他进入大学并成为一名大学生实际上是相对容易的"。[①] 中世纪欧洲大学对入学不做国籍、社会地位、智力和语言的规定，甚至没有年龄的限制。就今天的理解来说，大学规模应该不会小。但是现实中的中世纪大学规模，无论是总规模和校均来说都比较小，这主要是因为当时欧洲的人口稀少，加上交通不便，信息闭塞，要想有今天的大学规模，是难以想象的。据资料统计，欧洲人口自 1000 年起迅速增长，1150—1300 年间，人口从 5000 万增加到 7300 万。从 14 世纪初开始，在经历了 1316 年的大饥荒、1347—1351 年的黑死病后，到 1350 年时，欧洲人口只有 5100 万了，到 1400 年时只有 4500 万；城市人口则到处都有停止增加的迹象，一些城市的人口少得可怜，14 世纪初城市的人口状况是：最大城市的人口为 50000—100000，一个拥有 2 万人口的城市，就算是一个大城市，而在大多数城市里，居民人数一般介于 5000—10000 人之间。在如此少的人口中，大学生的数量难以激增，就不难理解了。

① ［比利时］希尔德·德·里德—西蒙斯（H. De Ridder-Symoens）：《欧洲大学史》（第一册），张斌贤等译，河北大学出版社 2008 年版，第 187 页。

表 2-4　　　　　　　　　　　中世纪意大利的大学

大学		诞生的时间
萨莱诺（Salerno）	12 世纪	最早的中世纪大学，1231 年得到皇帝敕令
博洛尼亚（Bologna）		1088，1158 年得到皇帝敕令
雷吉纳（Reggio）		1188，生存到 14 世纪初
维琴察（Vicenza）	13 世纪	1204，1209 年之后消亡
阿雷佐（Arezzo）		1215
帕多瓦（Paclua）		1222
维尔切利（Vercelli）		1228
锡耶纳（Siena）		1246，1357 年重建，根据皇帝敕令创办
那不勒斯（Naples）		1224，根据皇帝敕令创办
罗马教廷（Roman Curia）		1245，根据教皇训令创办
皮亚琴察（Piadenza）		1248，根据教皇训令创办
罗马（Rome）	14 世纪	1303，根据教皇训令创办，14 世纪末消失 1431 年重建
佩鲁贾（Perugia）		1308，根据教皇训令创办
特雷维索（Treviso）		1318，根据皇帝敕令创办，14 世纪末消失
比萨（Pisa）		1343，根据教皇训令创办，约 1360 年消失 15 世纪初重建
佛罗伦萨（Flore nce）		1349，根据教皇训令创办，因迁到比萨而于 1472 年关闭
帕维亚（Pavia）		1361，根据皇帝敕令创办，1398 年迁到皮亚琴察，1412 年重建
费拉拉（Ferrara）		1391，根据教皇训令创办，1394 年消失，1430 年重建
都灵（Turin）	15 世纪	1405，根据教皇识创办
卡塔尼亚（Catania）		1444，根据教皇训令创办

宋文红：《欧洲中世纪大学的演进》，商务印书馆 2010 年版，第 70 页。

　　对于中世纪大学生的数量，实际上也不是一开始就留存统计数据的。有的大学从招收学生开始就注意统计注册学生的人数，但是有的学校比较粗疏，相关数据特别是早期的数据零散无序，残缺不全，难以统计确切的人数。从趋势来看，大学生的数量是在快速增加的。仅在欧洲，从 14 世纪中期到中世纪晚期，大约有 25 万人获得了学生身份，保守估算，同一时期欧洲大约有 75 万学生进入了大学。[1]

---

[1] ［比利时］希尔德·德·里德—西蒙斯：《欧洲大学史》（第一册），张斌贤等译，河北大学出版社 2008 年版，第 204 页。

表 2-5　　　　　　　　　　　　中世纪法国的大学

大学	诞生的时间	
巴黎（Paris）	12 世纪	12 世纪末
蒙彼利埃（Montpellier）		1180
图卢兹（Toulouse）	13 世纪	1229，根据教皇训令创办
奥尔良（Oleans）		1231
昂热（Angers）		约 1250
阿维尼翁（Avignon）	14 世纪	1303，根据教皇训令创办
卡欧尔（Cahors）		1332，根据教皇训令创办
格勒诺布尔（Grenoble）		1339，根据教皇训令创办
奥朗日（Orange）		1365，根据皇帝敕令创办
埃克斯（Aix-en-provence）	15 世纪	1409，根据教皇训令创办
多勒（Dole）		1422，根据教皇训令创办
普瓦蒂埃（Poitiers）		1431，根据教皇训令创办
卡昂（Cane）		1432，根据教皇训令创办
波尔多（Bordeaux）		1441，根据教皇训令创办
瓦朗斯（Valence）		1452，1459，根据教皇训令创办
南特（Nantes）		1460，根据教皇训令创办
布尔日（Bourges）		1464，根据教皇训令创办

宋文红：《欧洲中世纪大学的演进》，商务印书馆 2010 年版，第 71 页。

　　但是，由于各个地区大学的数量不同，各大学的地理位置和影响力也不一样，因此，地区间大学生的数量和规模也不尽相同。博洛尼亚大学凭借有利的地理位置和著名的法学学科影响，一度成为大学的中心。巴黎大学则享有"哲学家的天城"的美誉，在随后的发展中逐渐成为欧洲各国学生云集的胜地，鼎盛时期师生达 5 万多人。但是就大多数学校来看，规模都不大。按中世纪的标准，大型大学是指最少有 1000 名学生、每年注册人数至少为 400—500 名的大学。[①]并且受人口因素制约，大学招生经常有"大小年"。受城市变迁的影响，每年各大学的招生数都会发生一些变化（表 2-6）。

---

　　①　［比利时］希尔德·德·里德—西蒙斯：《欧洲大学史》（第一册），张斌贤等译，河北大学出版社 2008 年版，第 206 页。

表 2-6		中世纪大学部分时段的学生人数举隅
大学	时间	学生人数（人）
博洛尼亚大学	12—13 世纪	6000—7000（最后不超过 10000）
	15 世纪	3000
巴黎大学	13—14 世纪	5000—7000（最多不超过 10000）
牛津大学	1209 年	3000 以上
	1315 年	1500—3000（或 2000 左右）
	1348 年	1000 以下
剑桥大学	14 世纪	不超过 3000
布拉格大学	1409 年前	1500 左右
维也纳大学	14 世纪末	3600 人
其他大学	15 世纪	80—1000 人不等

宋文红：《欧洲中世纪大学的演进》，商务印书馆 2010 年版，第 123 页。

二　中世纪大学的职能演进

所谓职能，就是人、社会组织（或系统）、机构（或部门）等所应该承担的工作的能力。由于某一社会或机构的职能是其存在与发展的根据，因此，可以说职能就是它本身所具有的。职能一词中的"职"有职务、责任、职位的含义，是说明主体（人或者机构、组织）在基于一定社会分工之上而具备的某项职责、任务或使命。"能"有能力、功能的含义，指主体所应发挥的作用与功能，也就是说明要做什么的问题。"职能"是需要功能做基础的，没有功能也就无法履行职能。"职能"一词的含义就是指主体因特定的社会分工而被赋予的功能、功用和作用。顾名思义，大学的职能即是大学对某些特定的社会任务承担的义不容辞的职责，以及由此而产生的相应功能。职能是由大学性质与社会分工所确定的。因此，大学职能的演变不但反映大学的本质特征，更反映社会的时代特征。

大学职能是一定历史时期国家和社会需求的集中反映，也是大学对外部社会变化的必然选择，是社会进步与大学内在逻辑发展相统一的产物。大学的职能是大学联结社会的纽带，也是其赖以存在与发展的直接依据。众所周知，大学承担着教学、科学研究和社会服务三大职能，它们是随着社会经济和科技的发展，社会对高等教育需求的变化与大学不断满足这种需求变化而逐步发展和变化的，是在不同历史时期被社会赋予的。

教学工作是大学的第一个职能，人才培养是大学的根本任务。中世纪大学产生的原动力，首先在于社会经济发展对知识和人才的需求。大学最初只是为培养人才而设立的。中世纪大学产生的年代，正是自由城市兴起、经济开始复苏，人才极其匮乏的年代。社会需要大量神学、法学、医学方面的人才，来主持宗教事务、维护法律、管理市政等，城市管理、世俗王权和宗教事业的延续，都对人才培养提出了要求。修道院教育职能的弱化，急需另外的机构来承担人才培养职能，给大学创造了发展空间，也赋予大学人才培养的重担。因此，中世纪大学的主要任务，就是人才培养。中世纪的欧洲所出现的大学如意大利的博洛尼亚大学，法国的巴黎大学，英国的牛津大学，其专业为神、文、法、医，主要任务是培养受过博雅教育的贵族接班人。

中世纪大学教学职能的确立，既有外部原因，也有内部因素。教权和皇权对大学的控制是大学教学职能确立的重要外部因素。虽然，中世纪大学的出现是一些学者以研讨社会问题为初始目的的，但很快就被统治君主或教皇所控制而最终成为他们的附庸。大学的职能也仅限于为政治、宗教等意识形态领域工具性人才的储备。如管理城市的官吏、法官以及牧师、医生等。大量人才培养和使用，使得教会和王权对大学人才培养职能价值的认识加深，统治君主或教皇更加看重的是大学人才培养的职能。随着国家主义的盛行和各国对大学控制的加强，大学又日渐为教会或王室所控制，导致早期大学曾经提倡的发展科学、发展知识的积极作用逐渐消失。从大学内部来看，由于当时教权和皇权的威严，大学模式是在严格的封闭状态下运行的，本身就与社会生活实践严重脱离。随着社会的发展和变化，受中世纪社会的影响，大学开设的课程主要有神学、哲学、文学和法律等，并由大学法规或教皇固定下来，不能随意更易。原本以"自由研讨"为出发点产生的大学，也很快就转向以教学为主，习诵古典成风。这种教条教学极大地损害了研究的环境和学术的发展。14世纪和15世纪，欧洲教条之风日盛，大学教学日渐禁锢思想，鼓动社会保守主义，更加忽视对社会的关注。这种特定历史条件和环境形成的大学以教学为主和人才培养作为主要职能的特殊阶段。

中世纪大学主要有文、法、神、医四大科门，通常亦设四大学院，学生学习神学、哲学、医学、生物学、天文学、数学、物理学、文学、逻辑学、法学、政治学、伦理学等课程，授予学士、硕士、博士三种学位，培养社会所需要的神职人员、政府官员、法官、律师、学者、医生等社会精英人才。传授知识，培养专门人才是大学最早、最基本的职能。从 11 世纪至 17 世纪末，各国大学也一直保持着比较单一的培养人才的基本职能。意大利博洛尼亚大学的前身是法律学校，1158 年成为正式大学后主要教授罗马法和教会法，培养法学人才，并以法学见长。从 14 世纪起又增设了医学和神学，满足社会对医学和神职人才的需求。法国的巴黎大学最初是建立在三所教会学校基础上的，以神学最为著名，主要培养医学和神职人员，随后又增设了文学、医学和法律学科，后来成为欧洲大学学习和效仿的榜样。中世纪大学是在满足专业、教会和政府对各类人才需求的过程中不断改革，发展壮大起来的。"大学是一个教授普遍知识的场所，一个所有知识和理智发展的王国，应吸收人类所有艺术、科学、历史和哲学方面的知识，并使其适得其所。"[①] 正像英国教育家纽曼所言：大学真正的使命是"培育良好的社会公民"——将学生培养成为文明社会的绅士，进而促进社会的和谐发展。[②] 正是人才培养这样一件具有重大而深远意义的任务，奠定了大学产生、存在和发展的实实在在的价值基石。中世纪大学的实质，说到底就是专门培养专业人才的职业学校。牢固的教学理念和人才培养的责任传承至今，使大学成其为"大学"。大学的人才培养职能成为大学的本质职能。培养人才是现代大学的根本使命，无论是哪一种类型或层次的大学，培养人才始终居于中心地位。可以说，从现代大学诞生之日起到 19 世纪初德国的大学开始改革之前，大学的主要职能仍是单一的培养统治阶级工具性人才，主要是培养人才和传播思想文化知识。

　　中世纪大学不可避免地也进行一些研究活动，也有一些学者、教授从事某些研究工作，甚至还出现了著名的"大师"和科学家，如但丁、哥白尼、伽利略等。但是作为大学的科学研究还相当不普遍、不经常和不被重视，也从未作为大学的基本任务和计划内容，研究力量单薄，团队松散，属纯粹的个人活动。研究活动也主要局限于教学内容本身的研究，自然科学研究在大学中地位不高，大学教师普遍没有从事自然科学研究的义务，自然科学研究主要在大学以外的研究机构及有关场所进行。在大多数地区，大学的科研在它所在的国家的创造性知识生活中并不起大作用。科研不属于高等学校体系的成分，而且教授很少是有创见的学者。……在这

---

　　① H. Newman. *The Idea of A University*, *Defined and Illustrated* ［M］. Longdon：Longmas, Green and Co. 1919, p. 437.

　　② 纽曼：《大学的理想》，徐辉等译，浙江教育出版社 2001 年版，第 23 页。

创造性的历史时期，大学并不包括在重大的学术进展之内。① 由此可见，早期的中世纪大学的重要职能只能是人才培养。"从本质上讲，大学是教学的场所。"②

大学发展的第二个职能是科学研究。有的研究认为，大学的科学研究职能也是大学与生俱来的。我们认为这一观点偏差的关键是混淆了"功能"和"职能"的差别。按照《现代汉语词典》的解释，功能是指事物和方法所发挥的有利的作用。职能是指人、事物、机构应有的作用。功能体现的是一种实然的能力，职能体现的是一种应然责任。本研究认为，大学的科学研究功能是与生俱来的，从诞生之日起大学就具有了科研的能力。博洛尼亚大学就是由从事罗马法研究的学者共同形成的。谁能说当时的博洛尼亚大学没有科研功能呢？事实上，当时不少教师首先是从事高深学问研究的学者，其次才是从事教学的教师。教师对某一学科高深学问的深入研究是开展教学必不可少的学科基础，是获得大学执教资格的基本条件。如果连教师资格都难获得，那么从事教学更从何谈起呢？但是中世纪大学科学研究的功能确实没有得到有效的开发，没有成为大学的"主业"，也没有被重视而上升到职能的地位。我们说教学是中世纪大学的唯一职能，并不否定大学中科研活动的存在，无非是地位不突出，作用不明显，社会影响小。大学的科学研究从功能上升到职能，是德国教育家洪堡首创的，由此认为洪堡就是现代大学之父，也不无道理。

17 世纪末期到 19 世纪中期，是欧洲现代大学的成长时期。资本主义的经济、政治获得长足发展，思想文化领域经历着人文主义思想、宗教改革思想、启蒙思想、文化民族主义思想、科学革命思想的洗礼，大学也在剧烈的社会变革中前行，努力适应社会的需求，扩大在社会中的影响，为近代大学的形成奠定基础。特别是天文学、生物学、地理学、物理学、化学上大量新发现、新知识在社会上引起了极大的反响，使大学越来越落伍于科学文化的发展前沿，感受到来自社会的挑战。迫使大学改弦更张，探寻开展科学研究的道路。这一时期欧洲各国出现了大量的新型大学，这些大学的基本职能由单一培养精神贵族转向培养人才和进行纯科学研究并

①　陈保平：《大学职能的演进与现代大学的创新责任》，《天水师范学院学报》2006 年第 5 期，第 1—5 页。

②　方虹：《"正部级大学"何时会出现》，科学时报，2006 年 2 月 10 日第二版。

举。如 1694 年勃兰登堡选帝侯按照虔敬派原则成立的哈勒大学，自创立之日起就主张教学与科研相结合的原则，倡导学术自由和教学自由，成为大学开展科学研究的开拓者。1734 年时为英国国王及汉诺威大公的乔治二世决定委派其重臣冯·明希豪森在哥廷根创办一所大学，旨在弘扬欧洲启蒙时代学术自由的理念，哥廷根大学也因此一开欧洲大学学术自由之风气，紧随哈勒大学，在开办之初就设有神学、法学、哲学、医学四大经典学科，尤以自然科学和法学为重，并且还设立了专门从事自然科学和医学研究的研究所。突出的自然科学成就让哥廷根成为世人瞩目的科学中心，尤其是数学。被称为"最重要的数学家"的高斯就于 18 世纪任教于此并开创了哥廷根学派。此后，黎曼、狄利克雷和雅可比在代数、几何、数论和分析领域做出了贡献，由此确立了哥廷根大学数学研究的国际地位。整个 18 世纪，哥廷根大学因其极为自由的科学探索精神和氛围而居于德国大学中心地位。

　　19 世纪，民主、工业和科学的革命在西方兴起，使"正在兴起的德意志国家，急于在工业发展上赶上英国和法国，便将大学作为进行技术革新的力量"。1810 年以威廉姆·冯·洪堡为代表的新人文主义者奉行理性主义和新人文主义思想创办柏林大学，主张"必须振兴文化以弥补物质方面的损失"，而振兴文化就是要把科学作为培养人才的方式引入大学。不但重视人的全面自由发展，而且更强调人类理性对于真理的追求创造。洪堡推行"大学自治与学术自由"、"教学与学术相统一"、"教授治校"的原则，确立了大学培养专门人才与学术发展两大基本职能，以此为基础形成柏林大学的办学模式。从此，大学不仅要保存和传递知识，同时还要创造新知识；科研不仅要服务于教学，也要以发展科学为目的。柏林大学开创了教学与科研相统一的模式。洪堡的大学思想是现代大学形成时期大学思想的经典，对后来的大学理论与实践产生了巨大的影响。近 100 年后美国教育家弗莱克斯纳还在坚守并发展洪堡的大学思想，他在 1928 年的著作《现代大学论——美英德大学研究》中认为，大学的职能有四："保存知识和观念、解释知识和观念、追求真理、训练学生以'继承事业'。"①

　　柏林大学及效法柏林大学的德国其他大学是与欧洲古典大学显著区别

---

① ［美］亚伯拉罕·弗莱克斯纳：《现代大学论——美英德大学研究》，徐辉译，浙江教育出版社 2001 年版，第 4 页。

的现代新型大学，它们迅速超越了欧洲其他大学的发展而成为世界上最先进的大学。19世纪初叶至20世纪初叶百年间德国大学人才辈出，大师如云，科学研究成绩斐然，遂成为世界近现代大学效仿的楷模并获普遍赞誉。德国哲学家、教育家雅斯贝尔斯是推崇德国大学的著名代表。他在《大学的理念》一书中指出：大学是一个由学者和学生共同组成的追求真理的社团，是研究和传授科学的殿堂，是教育新人成长的世界，是个体之间富有生命的交往，是学术勃发的世界。

大学科研职能的确立，不仅促进了德国科学技术和国家经济的发展，而且使德国成为19世纪继法国之后的世界科学和高等教育中心。20世纪初，美国向德国学习，强化了大学的科研职能，逐步建立了一批在世界上具有很大影响和重要地位的研究型大学。特别是20世纪中期以来，科研创新成为各国核心竞争力的重要组成部分，大学科学研究的地位大大加强，各国普遍将大学作为国家科技创新体系中的主体之一。一方面，大学是国家基础性研究的主要力量，要求在科技原始性创新研究方面做出成绩；另一方面，要求大学加强科技成果转化与产业化工作，增强为社会发展和经济建设服务的意识，使科技成果的开发和应用与市场紧密结合，为企业技术创新提供保障。科研已经成为大学水平的重要标志，一所大学科研水平的高低，决定了人才培养质量的高低，也决定了为社会服务能力的强弱。如果没有创新研究，就很难培养出高素质的创新型人才，就没有为社会生产、生活提供多种服务的技术和能力。今天，大学的科学研究，已经成为国家和社会对大学的基本要求，成为大学使命的内涵。

德国大学的办学模式亦有其局限性。大学的模式只适用于当时社会条件下以精英教育为目标的模式。其表现在于①：（1）培养精神贵族。在新人文主义者看来，能够进入大学学习，并能够达到自由全面发展的只是社会中的少数优秀分子。德国哲学家雅斯贝尔斯认为大学生是与仅仅身系豪门、拥有政治与经济地位的社会贵族迥然不同的精神贵族。（2）研究纯学术问题。德国大学推崇真理，尊重理性思维，强调科学研究。其特点是坚持培养具有高级抽象思维能力的学者、推进学术的发展就是大学科研的终极目标。因此大学只研究理论不注意实际，重视理论思维能力而较蔑视

① 张荣：《大学职能的历史发展及其规律性》，《云南行政学院学报》2012年第5期，第150—155页。

实践经验，高扬纯学术学科而贬斥应用性学科，探求真理，超越眼前利益，反对大学单纯地为经济的、社会的、国家的需求所左右和牵制。在与社会的联系性方面，大学是自我隔绝、自我封闭的。大学被称为象牙之塔。

大学科研职能的确立，也大大改变了大学的教学工作。以往的古典大学都很注重教学职能，其所传授的内容也是以古代经典和已有知识为主，这种教学总体上是面向过去的，是继承性的。"而承担科学研究职能后，大学就开始面向未来，因为科学研究是探索未知的事业。当科学研究与教学结合起来后，大学的整体功能就实现了改造，也带来了大学教学方式的革命，即传统的师傅带徒弟的方式让位于新的研讨班方式。与新的教学方式相伴随的还有新的学习方法，这就是通过直接的实验法来学习，这种学习方式实际上已经把教学与科研结合在一起了，是一种探究性的学习。这种变化带来了一系列变化，无论是师生关系还是成才方向都发生了深刻的变革。"①

大学发展的第三个职能是社会服务。"社会服务"职能的内涵具有广义与狭义之分。广义的社会服务是指教学、科学研究、社会服务职能的延伸，即大学的一切活动都归结为"社会服务"，与"教育服务"相通。这种界定能够全面、系统地描述其"社会服务"的内涵，但是又与大学的教学和科学研究职能有重叠。狭义的社会服务就是指大学发挥自身特色和优势，直接为社会经济建设和发展提供的服务，人才培养或科研成果转化这些间接的服务不在此范畴之内。这种界定能够明确地突出"社会服务"功能的对象、手段、内容及实现路径的特殊性。②

开发光大大学社会服务职能、引领这一趋势的是美国的大学。19世纪20—30年代，欧美国家就出现大学与社会结合并服务于社会的趋势。美国大学在学习德国大学的过程中，根据本国国情借鉴德国大学模式，又对大学职能的发展做出了新的贡献。19世纪中期美国在资本主义工业迅速发展和农业的现代化推进过程中，要求高等学校为其培养的大量工农业专业技术人才。1862年美国通过的著名的《莫雷尔法案》

① 王洪才：《大学"新三大职能"说的缘起与意蕴》，《厦门大学学报》（哲学社会科学版）2010年第4期，第5—12页。

② 李凡：《高校社会服务职能评价指标体系的构建》，《中国高等教育评估》2011年第1期，第38—41页。

（Morrill Land-Grant Act）规定，凡是有参议员的地方，由政府按照参议员人数每人拨给 3 万英亩的国有经营性土地。各州应当将这类土地的出售或投资所得收入，在 5 年内至少建立一所"讲授与农业和机械工业有关的知识"的学院，后来这类学院被称为"农工学院"或"赠地学院"。国会以赠地形式鼓励举办农工学院，培养专门人员，为农业生产服务，更好地帮助农民。这既发展了大学，又为经济特别是农业机械化、现代化提供了人力资源的支持，现今许多美国大学都是当年农工学院演变而来的。虽然《莫雷尔法案》没有要求赠地学院直接为社会服务，但直接为社会服务却成为赠地学院的目标。在康乃尔大学获得特许状的庆典上，康乃尔大学的创建者伊兹拉·康乃尔指出："这所学院将使科学直接服务于农业和其他生产行业。赠地学院不但培养工农业生产需要的专门人才，而且研究工农业生产的新技术、新方法、新问题，推广科学知识和技术。"

进入 20 世纪后，美国的工农业生产正处于转型期，工业生产由传统工业向现代机器大工业转型，农业生产则由传统的种植业向养殖业、农副产品加工业转变。为了促进工业的发展和农业经济的繁荣，社会需要大学提供有效管理的知识和专门化的技术知识，进一步密切大学与社会的联系势在必行。赠地学院运动中兴起的直接为社会服务的大学理念在作为赠地学院之一的威斯康星大学、康乃尔大学等大学中得到弘扬，终于酿就了威斯康星理念的产生。威斯康星大学始建于 1848 年，在莫雷尔法案后成为赠地学院之一，因此从一开始办学就渗入了服务的理念，体现着赠地学院为社会服务的精神。学校董事会和校长，逐渐达成了对社会服务的共识。1904 年，查理斯·范·海斯出任校长，他在就职典礼上指出，威斯康星大学应该为实现威斯康星州的改革目标服务，成为全州所有人的大学。他个希望威斯康星大学成为一座瞭望塔，在改革社会中发挥积极的作用，在这个普及知识的时代，不惜一切代价，加强各种创造性的工作。与加强大学与社会的联系的呼声相呼应，范·海斯指出，州立大学的生命力在于它和州的紧密关系中。州需要大学来服务，大学对本州负有特殊的责任。他认为，威斯康星大学要在一个农业大州的主要生产项目奶牛场中生存和发展，教授的皮靴上不能不带有牛粪。大学必须把整个州作为大学的校园。范·海斯指出："教学、科研和服务都是大学的主要职能。更为重要的是，作为一所州立大学，它必须考虑每一项社会职能的实际价值。换句话说，它的教学、科研、服务都应当考虑到州的实际需要。大学为社会，州立大学要为州的经济发展服务。"他认为，教育全州男女公民是州立大学的任务，州立大学还应促成对本州发展有密切关系的知识的迅速成长。州立大学教师应用其学识与专长为州做出贡献，并把知识普及全州人民。他要求威斯康星大学成为本州人民的头脑，要给人民信息、光明和指引。范·海斯是如此强调大学的社会服务，以至于他甚至宣称"服务应该成为大学的唯一理想"。这些思想成为"威斯康星理念"的核心内容，即把大学的资源和能力直接用于解决公共问题，直接为社会服务。

通过一系列的实践和完善，范·海斯倡导的社会服务办学理念以威斯康星理念迅速在美国传播开来，并对其他州立大学产生了重要的影响。正如美国高等教育学家布鲁贝克和鲁迪所说："范·海斯在任威斯康星大学校长期间所取得的巨大成功，激励其他州立大学也采用类似的政策，服务的理念成为越来越多的大学的办学原则之一。民主的高等教育开始尝试探索越来越多的服务美国民主需要的新方式。"从此，社会服务逐渐成为美国大学的一个重要职能。社会服务的大学理念也跨过大洋传播到欧洲、亚洲和世界其他地方，成为一种具有世界影响的大学理念。威斯康星大学也通过推广技术和知识、专家服务，推动了威斯康星州的发展，同时也促进了大学自身的发展。威斯康星大学不但经费成倍增加，规模日益扩大，而且在诸如畜牧科学、生物科学和细菌科学等学科方面迅速处于全美领先地位，从一所普通的州立大学成长为美国有影响的大学之一，成为大学社会服务的典范和旗帜。

强调社会服务是美国大学的贡献。它要求大学必须打破与社会之间的边界，并确认从事社会服务也是大学的重要使命。美国大学的模式就是以社会服务为中心的，其科研风格也以应用研究为主，从而在教学上也带有明显的"重术轻学"的特征。直接服务社会职能的确立，改变了几百年来大学与世隔绝的"高楼深院"形象，把走出"象牙塔"的大学生带进了工农业生产第一线，解决了教学、科研和应用相互脱节的问题，使大学更深入更广泛地融入社会生活。大学功能发展的历史表明：只有适应社会的变化，不断实现职能内涵的更新与外延的拓展，大学的作用才能充分地发挥，大学的发展才会获得有力的社会支持。大学的社会服务职能大大加强了大学与社会的联系与关系，使得大学的教学工作和人才培养更能贴近社会需求，并一步步走入社会中心，在服务社会的进程中不断吸取营养和发展壮大。

　　研究中国大学的发展史，也可以发现一个事实，那就是"服务"也是中国大学的优良传统。纪宝成等认为，中国传统教育一以贯之的就是"以天下为己任"的精神。从春秋战国时的"士不可弘毅，任重而道远"，到宋代范仲淹的"先天下之忧而忧，后天之乐而乐"，张载的"为天地立心，为生民立命，为往圣继绝学，为万世开太平"，再到明清之际顾炎武的"天下兴亡，匹夫有责"；从汉代太学的学生运动到宋代的太学生上书，直至明代东林书院的"风声雨声读书声，声声入耳；家事国事天下事，事事关心"，中国古代教育都表现出强烈的"入世"精神和"以天下为己任"的情怀①。中国大学是在中国本土借鉴西方大学的基础成长起来的，不能不受到中国传统教育的影响。中国大学诞生于民族危亡、国衰民弱之时，解救民族危机、教育救国成为举办大学的最初驱动。中国大学自创建之日起，"就被赋予承载国家、社会、民族期望的重任，而密切联系政府与社会、满足国家和社会当前发展的需要则成为大学义不容辞的责任"。② 中国大学在发展初期，尤其是在 20 世纪 20 年代，偏于学习美国大学模式，而其时正值美国大学实用主义掀起、社会服务职能扩大影响之际。这一理念由一些留学归来人士引入国内，产生了较大的影响。如北大教授陶孟和撰写的《吾之大学教育观》中，就称赞美国大学"其直接服役于社会，使社会获大学教育之实益"。陶是留美归国人员，对此有切身体会。而一向主张学术独立的蔡元培校长，在考察美国大学回来后，对教育与社会的关系认识更进一步，认为"美国人服务社会之精神，不可多得。……中国社会事业，可办者正多，学生应有此种服务精神"③。开始力倡"学校为社会开门，教授为社会服务"。④ 浙江大学校长竺可桢认为，大学不是超脱于现实社会的象牙塔，它的任务就是培养德才兼备的英才服务于社会，回报

---

① 纪宝成、李立国：《近代大学校长和教育家对中国教育传统的认识》，《清华大学教育研究》2006 年第 4 期，第 1—7 页。

② 周谷平等：《中国近代大学的现代转型——移植、调适与发展》，浙江大学出版社 2012 年版，第 313 页。

③ 高平叔主编：《蔡元培教育论著选》，人民教育出版社 1991 年版，第 347 页。

④ 蔡建国主编：《蔡元培先生纪念集》，中华书局 1984 年版，第 200 页。

于社会。① 在这些理念的影响下，当时东南大学、南开大学、复旦大学等都明确了"为社会服务"的办学思路。据资料记载，1920 年，东南大学筹建之初，就明确要求各系科都要注意面向社会，为社会服务。该校订立的《国立东南大学大纲》明确要求设立"推广部"，并明确了职责。1926 年颁布的《修正国立东南大学组织大纲》明确规定社会服务在其办学宗旨中的地位，指出该校"以研究学术、发扬文化、培养通才，以应社会需要为宗旨"。② 南开大学创始人张伯苓办学之初就排除干扰，坚定社会服务理念，大力发展应用学科。他提出"余信中国新教育最要之目的，即为训练青年人服务社会心。先是社会上以家庭为单位，故个人服役之动作，恒不出家庭之范围。今者是种情形已过，余等应教青年人，不仅服役其家庭或与其相关系者，而且应服役其国"。③ 20 世纪 30 年代，复旦大学也明确提出大学为社会服务的理念。校长吴南轩认为，纯科学的研究，为知识而求知识的研究，在大学中诚然也占有一个位置，然而我们的学校将特别重视国家社会的迫切需要。可以看出，尽管表达不同，但是大学服务社会的理想和理念已成共识。中国早期大学受传统教育理念和美国大学职能的影响较深。大学社会服务理念的建立和职能的完善，也是顺理成章、符合逻辑的发展进程。

社会服务是中国现代大学的基本职能之一。早期的中国大学在服务理念指导下，主要在推广农业技术和医疗技术、开展国民教育、提高国民素质和培养社会新人等，做了大量的服务工作，取得了明显的成效。并且由于历史条件的限制，培养人才是中国早期大学的主要服务内容。尽管在精英化条件下"服务"的理念和实践并没有像今天这样的彰显和影响，但是中国大学一开始就具有了"服务"的意识、理念和追求，这是非常难能可贵的。中国大学"服务"的优良传统，为我们建设"教学服务型大学"提供了启示，奠定了大学的传统基础。

----

① 周谷平等：《中国近代大学的现代转型——移植、调适与发展》，浙江大学出版社 2012 年版，第 315 页。

② 同上书，第 317 页。

③ 梁俊生：《张伯苓的大学理念》，北京大学出版社 2006 年版，第 4 页。

第三节　大学的分化和分类

一　高等教育系统的分化

分化是现代大学发展的特征之一。在中世纪大学刚刚诞生的年代，大学与高等教育同义，大学制度尚未成熟，需要形成一些"大学"的统一规范，如学制、课程、校园、学位、教师资格等。从某种意义上说，大学的发展实际上加快了"趋同"的步伐。但是，趋同是有条件的，事物的变化是绝对的，大学的创建也不可能完全同模，每一所大学都会有自己的特点和情况，因此也不可能做到完全的一致。尽管当时没有人对大学进行分类，但后人还是根据各个大学的不同特点进行归类，以便于研究（见图2-2）。

事实上，自从中世纪大学产生以后，分化就成为与发展相伴而生的自然现象。"这些纷繁多样的大学尽管复制着同样的基本属性，在很大程度上只是同一范型的不同摹本，但是彼此之间的差异却是那么地大……这种一致性与多样性确凿无疑地证明了，大学在多么大的程度上属于中世纪生活的自发产物，因为只有活生生的事物，才能够以这样一种方式，在充分

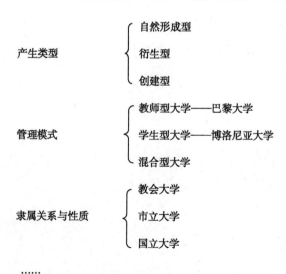

图2-2　欧洲中世纪大学的类型

http://wenku.baidu.com/view/53561affba0d4a7302763ac4.html。

维持自己的同一性的同时，还能顺从于、适应于各种各样的具体情势和环境。"①

　　陈厚丰曾经对中世纪大学的分化作了梳理："具体地说，从中世纪大学与外部的关系来看，经历了一个师生自治→教会控制→国家甚至地区控制的演进过程；从课程特点来看，中世纪大学具有实用性特征，并经历了实用性→理论性和实用性并存的过程；从学生的来源和服务的面向来看，中世纪大学经历了面向欧洲各国→面向本国本地区招生和服务的过程；从形成和创立途径来看，中世纪大学可归纳为自然形成型、教会或国家创立型和繁殖衍生型三种基本类型；从内部权力配置看，中世纪大学大致分化为教师型、学生型和混合型三种类型；从内部构成看，中世纪大学分化为欧洲大陆型和英国型；从规模和学生成分看，中世纪大学仅服务于少数人，且只限于男生，学生大多数在 200—800 人，少数大学（牛津大学、巴黎大学）学生数在 1000—3000 人之间；从系科设置来看，中世纪大学起初均为单科性大学，例如博洛尼亚大学为法学科，巴黎大学为神学科，萨莱诺大学为医科；从性质看，中世纪大学成为满足当时社会需要的服务机构，且大多数是职业性机构；从培养目标来看，中世纪大学主要是培养市政和教会管理人员、律师及医生，而不是哲学家、纯科学家或文学学者；从学位制度看，中世纪大学学位的最初含义是任教执照，学生毕业时经考试合格获得'硕士'、'博士'、'教授'，这三个头衔为同义语且无高低之别，后来'学士'才用来表示取得学位候选人资格的学生，'硕士'表示低级学院的成员，'博士'则用于医学、法学、神学三个学部的成员"②。这些情形，今天已经发生了巨大的变化。

　　以上分析虽详细且琐碎，但足以说明一个事实：中世纪大学也处在不断分化中。当然，在精英化教育时代，大学的这一变化进程非常缓慢，显得不易观察，以至于没有引起人们的关注。

　　在 18—20 世纪，大学继续发展，也继续分化。随着大学数量的增加和办学探索，大学的类型不断齐全，传统大学、专门学校、高等师范等一些大学的新品种逐渐发展起来；层次也逐渐规整，学士、硕士、博士齐

---

　　① ［法］爱弥尔·涂尔干：《教育思想的演进》，李康译，上海人民出版社 2003 年版，第 226—227 页。

　　② 陈厚丰：《高等教育分类的理论逻辑与制度框架研究》，广东高等教育出版社 2011 年版，第 51—52 页。

全；职能不断丰富，人才培养、科学研究和社会服务作为大学的重要职能，在大学中得到重视和关注；培养学制多样，有四年制、五年制，还有二年制等等；服务面向不断深入，逐步走进平民社会。特别是20世纪中叶开始，世界范围内掀起了一股高等教育大众化的浪潮，部分国家先后进入高等教育大众化和普及化，高等教育机构数量和规模的扩大突破了原有高等教育系统的平衡，不同办学规模的学校在办学理念、定位、课程设置、教学方法等方面开始出现分化。

随着高等教育大众化、普及化趋势的发展，高等教育系统不断分化和重组，横向上出现了教育类别的分化，纵向上出现了教育层次的不断增加，并日趋复杂化和多样化。"高等教育结构的多样化，特别是高校的层次、类型、能级、形式由单一走向多样、已经是不可逆转的全球趋势了"，"希望由一大批无差别的高校来适应多种多样的社会需要，那是极不现实的。"① 从纵向结构（即教育层次）上看，高等教育层次出现了向上发展和向下延伸的趋势，在原有的专科、本科、研究生教育的基础上，向上"漂移"到"博士后研究项目"，向下延伸到高等职业技术教育，或者说职业技术教育向上"高移"到高等职业技术教育。从横向结构（教育类别）上看，高等教育分化出普通高等教育和职业高等教育两种类型；其中，普通高等教育又分化为学科型高等教育和专门型高等教育。

高等教育大众化背景下，一方面，大学的快速发展满足了社会接受高等教育的需求，支撑社会经济发展，另一方面也在大学间引发了越来越激烈的竞争。知识的分化推动了大学功能的发展和分化，大学之间分工逐渐细化，办学多样化，市场被分割。巨大的社会需求囊括了所有的学科、专业和层次，但是就一所学校而言显然无法满足社会的所有需求，只能在浩瀚的多样化人才需求中选取某一段面，作为自己的服务对象，而这有赖于分类理论的指导和实践的探索。因此，大学逐渐走向理性，关注分类，加强规划，从社会需求和自身条件的结合上，寻找发展空间和方向。由此带来的是高等教育系统的进一步分化。而对于政府和管理部门来说，分类是高等教育系统重建秩序的方式。高等教育规模的扩大在某种程度上造成了系统的混乱，以往精英教育阶段的规则被打破，"大发展"留给了高等教育机构更多的发展机会和空间。因此对整个高等教育系统来说，它需要对大学进行分类，以便重建大学

---

① 胡建华等：《高等教育新论》，江苏教育出版社1995年版，第283页。

系统的秩序。就我国的情况而言，大学分类日益受到关注的原因可能有两点：第一，随着高等教育规模的扩大，高等教育机构间的差别越来越明显，已经初步形成了不同的类型，需要通过分类进一步明确不同类型高等学校的职责和使命。某种适度的分级可使各高校和各类高等教育机构按其被觉察到的素质获得相应的地位，并鼓励它们在此基础上进行竞争；第二，由于高等教育系统内资源分配方式、政策、观念等多方面的影响，目前我国高等学校存在着趋同发展的现象，一些学校不顾自身条件争办研究型大学、盲目提高学校"层次"，对我国大众化高等教育系统秩序的建立以及发展产生了不良影响①。可见，庞大的高等教育系统，需要将其划分若干类别，以做到分类管理，分类指导，甚至是分类配置资源。

二　高等教育分类的基础理论

因应分类的需要，高等教育分类理论应运而生。综合来看，目前这一理论体系主要由以下几个理论组成。

1. 组织能级理论

"能级"一词缘起于物理学。在20世纪初，量子物理学家发现了原子核外运动的电子，只能处在一系列不连续的、分立的稳定状态。这些状态分别都有一定的能量，但数值各不相同，按其大小排列，就像梯级一样，物理学家把这种现象称为"能级"，指的是能量（即物体在一定状态下所具有的做功本领）随物体运动状态的变化而产生不同级别的特性。现代管理学从中得到启示，认为"管理的能级是不以人们的意志为转移的客观存在"，管理中的机构和人同样有能量问题，而且有大小之分。"机构与人都是能量的集合，既有能量，就有大小，可以分级。"每一个人由于所处的环境和接受教育等诸多因素的不同，他们所具有的能量和水平存在着差异性。每个单位组织由于不同的岗位和不同的职能，也有不同的能级水平。正是这样的能级构成了管理的"场"和"势"，促使管理有规律地运动，使管理活动动态地处于相应的能级中。

管理学上的能级原理又称能级相称原理，即根据机构和人的能力大小，建立起一系列的合理能级，赋以相应的责任和授以相应的职权，使有

---

① 赵婷婷、汪乐乐：《高等学校为什么要分类以及怎样分类？——加州高等教育规划分类体系与卡内基高等教育机构分类的比较》，《北京大学教育评论》2008年第4期，第166—178页。

不同才能的人都处于相应的能级岗位上，各显其能，各尽其职、各负其责，各施其才，实现能级对应，充分发挥机构和人的最佳效应，以保持和发挥组织或团体的整体效能。

马陆亭认为，从不同的视角，可以将高等教育的结构分为若干子系统。他们在一定条件下分别决定着高等教育某方面的功能，又相互关联，构成高等教育的整体结构。高等学校层次结构即是其中之一，在国际上被称为高等学校的能级结构，它是指具有不同办学条件和目标、处于不同办学层次的高等学校的构成状态，主要侧重于按高等学校的办学和学术层次及其任务和目标的不同进行学校类别结构的分析。①

高等学校作为一种教育机构，必然具有能级特性，其能级可以根据高校的整体水平来确认。高校能级水平是一种综合素质及其地位与作用的表征，主要表现为高校功能水平，即高校的人才培养与培训水平、科学研究与开发水平和社会服务水平。

2. 伯顿·R. 克拉克的院校分工理论

伯顿·R. 克拉克教授，历任美国耶鲁大学和加州大学高等教育学和社会学教授、比较高等教育研究中心主任，被公认为美国当代最杰出的高等教育学者。从 20 世纪 60 年代开始，他率领的研究小组系统地研究了英、美、法等十多个国家的高等教育，建立了高等教育研究的分析范畴，1978 年主编了比较高等教育专著《学术权力——七国高等教育管理体制比较》，1983 年撰写了《高等教育系统——学术组织的跨国研究》，1984 年又主编了《高等教育新论——多学科的研究》等名著，这些著作都涉及了高等教育系统的一个核心问题——权力的分享、运用和监督问题，而分权其实是对权力的一种分工，通过分工明确各自责任，以便互相制衡，共同完成使命。当代先进国家对高等教育的管理所采用的分权模式，其实质是一种对高等教育管理的职能分工，是一种行政管理的技术性手段，它不涉及国家权力的性质及所属问题。高等教育的实践经验证明：在规模较大的高教系统中，分权且具有竞争性的高教系统比集权且不具有竞争性的高教系统更有利于科学的进步。②

伯顿·R. 克拉克在其 1983 年出版的专著《高等教育系统——学术组

---

① 马陆亭：《高等学校的分层与管理》，广东教育出版社 2004 年版，第 44 页。

② ［美］伯顿·R. 克拉克：《高等教育系统》，杭州大学出版社 1994 年版，第 287—291 页。

织的跨国研究》第一编第三、第四节中，专门探讨了"院校分工"问题。他指出："对各高等院校进行分工已经变得越来越有必要，因为这有利于不同单位全力投入不同的工作。"他认为，不同层次的专业培训，不同类型的、适合不同学生的教育，复杂程度不等的研究（从最基础的理论研究到最侧重应用的研究），都可以因院校分工而得到承担。高等教育的种种功能也可以因院校分工和各司其职而得到最大限度的发挥。他研究了院校分工的作用，认为"一个包容不同部门和不同程序的综合结构有这样几个好处：第一，它能立即对几种不同的需求同时作出较好的反应；第二，在出现未曾预料到的情况以后能够作出相应的调整；第三，提供较大的回旋余地，以便分别以正义、能力、自由和忠诚的名义采取的不同行动都有用武之地。每一个价值体系都不会因和其他体系直接摩擦而付出沉重的代价，因为每一组价值观念的忠实信奉者至少有那么一块属于自己的地盘，可以避开他人的锋芒而迂回前进"。① 这些经典的论述，为院校分工提供了理论依据。

3. 马丁·特罗的高等教育理论

美国著名的教育社会学家、加利福尼亚大学伯克利分校公共政策研究生院教授马丁·特罗（Martin A. Trow）博士，在二战后欧美发达国家先后掀起的高等教育大众化热潮中，发表了一系列有关高等教育大众化的论著，引起了欧美学者，以及亚洲、拉丁美洲学者的关注，并得到广泛的流传。

马丁·特罗的高等教育理论对于大学分类有两个方面的影响。

首先是分层理论。马丁·特罗在伯顿·R. 克拉克主编的《高等教育新论——多学科的研究》第五章中，专门以"地位的分析"为题，运用社会学理论，重点研究了作为一个分层的高等院校系统如何正式或非正式地按照地位、名望、财富、权力及影响进行分类等。他认为，每个国家都客观存在的高等教育分层的状况是：大学和学院的地位千差万别，有的世界闻名，而有的则鲜为人知。这些高等院校等级体系的形状各不相同。②

马丁·特罗把高等教育系统的分层分为三种形式：（1）高等教育部门的分层；（2）高等教育各部门内部的分层；（3）各院校内的基层单位

---

① ［美］伯顿·R. 克拉克：《高等教育系统》，杭州大学出版社1994年版，第121页。

② ［美］伯顿·R. 克拉克：《高等教育新论——多学科的研究》，浙江教育出版社2001年版，第146页。

和系的分层。大学的发展历史是影响大学发展的要素之一。马丁·特罗认为每个国家的院校至少可以分为三种类型：（1）第二次世界大战前的大学；（2）第二次世界大战后的"新"大学；（3）非大学性质的高等院校。他指出，第二次世界大战以后建立的大学的地位都低于第二次世界大战前的大学。对于那些新的非大学性质的高校，马丁·特罗认为："不管在数量上还是在地位等级上，所取得的成功都是有限的。"马丁·特罗认为，院校从国家政策与法律中获得的特权也是大学分层的要素。出于政治地位或经济发展的考虑，许多国家通过政策或法律让某些院校拥有其他院校所没有的特权，这些特权包括：获得政府特别经费资助、灵活控制自己的预算、无偿或廉价获得大片土地、拥有授予某些学位和证书的权利等。马丁·特罗指出，"证据表明，大多数国家的出类拔萃的最有名望的大学既保持了名列前茅的地位，也保持了它们的特权和自由"，原因是"政府越来越难把过去尖子大学所享有的特权和自治给予所有的大学。这就导致了比较有名望和不太有名望的大学之间的政策差别"。高等院校地位的形成受到主客观两方面的影响：客观上，主要是国家的法律、法规和政策，规定某些类型的高等院校在一些方面"优于"其他高校；主观上，主要是由高等院校的声誉和名望的差别所致①。

其次是高等教育大众化理论。马丁·特罗以战后美国和西欧国家高等教育发展为研究对象，探讨了这些国家高等教育发展过程中量变与质变的问题，接连撰写了《从大众高等教育向普及高等教育转化的思考》（1970）、《高等教育的扩张与转变》（1972）、《从精英向大众高等教育转变中的问题》（1973）等长篇论文。逐步深入地阐述了以高等教育毛入学率为指标将高等教育发展历史分为"精英、大众和普及"三个阶段的基本观点。马丁·特罗的高等教育大众化理论，其价值不仅仅在于对高等教育量的扩张的阶段划分作出界定，更重要的是，透过各个阶段高等教育的变化，阐述高等教育多样化的趋势。而多样化既是大学分类的依据之一，也是大学分类管理的主要推动力。高等教育大众化理论就是高等教育发展阶段理论，表面看只是简单地表现入学率高低的变化，而实质在于教育机制、高等学校办学理念与定位重构。伴随入学率的提高，高等教育进行不同阶段的跨越，随

---

① ［美］伯顿·R. 克拉克：《高等教育新论——多学科的研究》，浙江教育出版社 2001 年版，第 146 页。

之带来教育观念演变、教育结构重组、教育资源配置、教育规模膨胀、教育开放程度加速、教育与社会联系更加密切等方面的根本变化。

4. 劳动力市场分割理论

劳动力市场分割理论（labour market segmentation Theory），也被称为双重劳动力市场模型，是美国经济学家多林格尔和皮奥里于 20 世纪 60 年代提出的。劳动力市场分割是指，由于社会和制度性因素的作用，形成劳动力市场的部门差异；不同人群获得劳动力市场信息以及进入劳动力市场渠道的差别，导致不同人群在就业部门、职位以及收入模式上的明显差异。

双元结构论引述最多并成为劳动力市场分割理论的代表。这种理论认为：劳动力市场存在主要和次要劳动力市场的分割；主要劳动力市场收入高、工作稳定、工作条件好、培训机会多、具有良好的晋升机制；而次要劳动力市场则与之相反，其收入低、工作不稳定、工作条件差、培训机会少、缺乏晋升机制；对于主要劳动力市场的劳动者而言，教育和培训能够提高其收入，而对次要劳动力市场的劳动者而言，接受教育和培训对于提高其收入没有作用；并且，主要劳动力市场和次要劳动力市场之间的流动较少。

我国学者认为，总体上看中国主、次劳动力市场的工作特征差异较大，其中受教育程度和收入差别最明显，而工作年限和年龄差别相对较小。经典的二元制劳动力市场分割理论认为受教育年限和工作年限的增长能够提高主要劳动力市场劳动者的收入，而对提高次要劳动力市场劳动者的收入则没有作用。中国的劳动力市场分割状况则不能完全支持这个观点。验证的研究结果表明：在中国，无论在主要劳动力市场还是在次要劳动力市场，教育与劳动者的收入具有显著正相关关系，但主要劳动力市场受教育年限的增加对提高收入的作用要大于次要劳动力市场；而工作年限的增加对提高收入的作用在主、次劳动力市场没有显著区别。

劳动力市场分割理论最重要的思想是"认为劳动力市场不是一个统一的连续体，而是由相互分割的子劳动力市场构成。这对于我们进行高等学校的层次分类，面向各子劳动力市场培养相应人才，有着基础性的理论价值"。[1]

三　世界高等教育主要分类方法

高等学校分类是一个世界性的难题。世界各国都有自己独特的高等教

---

[1]　马亭陆：《高等学校分层和管理》，广东教育出版社 2004 年版，第 43 页。

育系统和高等学校类型，对于大学分类，由于高等教育的文化背景与历史传统的不同，不同国家都有自己独特的高等学校分类，对高等学校实行分类管理，以保证高等教育的健康发展。本部分主要介绍世界主要国家大学分类的具体做法。

（1）美国卡耐基教育促进基金会的分类法

在美国，最具有影响和代表性的高等学校分类当数卡耐基高等教育机构分类（The Carnegie Classification of Institutions of Higher Education）。该分类的目的是找出美国高校的基本类别，使同类高校在功能（职能）、学生和教师方面比较接近，而不同类别的高校则在这些方面有着明显的区别"[①]。自从 1971 年问世、1973 年首次公开出版其分类标准和结果以来，卡耐基基金会已经根据美国高等教育系统的实际发展与变化，将分类标准先后四次修订，根据相应年度有关高校各方面的现实数据所揭示出的有关其目标定位情况进行分类，从而为有兴趣对各高等学校的发展状况、师生特征及整个高等教育系统运行状态进行分析的研究人员和机构提供一个及时更新的有用工具。目前，它已成为美国高等教育界普遍接受并广泛采用的方法。

卡耐基 1973 年正式公布的第一个美国高校分类，按照高校功能和师生特征，把美国高校分为以下五种类型：博士学位授予大学；综合性大学和学院（实际为硕士学位授予大学）；文理学院；两年制学院和学校；专业学院和其他专门教育机构。每类院校又分成若干种，五类院校共分 18种，以表示同类院校之间的差异，见表 2-7。

表 2-7   卡耐基 1973 年美国高校分类

学校层次	种类
博士学位授予大学	研究型大学 I 类
	研究型大学 II 类
	博士学位授予大学 I 类
	博士学位授予大学 II 类
综合性大学和学院	I 类
	II 类

---

① 陈厚丰：《高等教育分类的理论逻辑与制度框架研究》，博士学位论文，厦门大学，2009年，第 196 页。

续表

学校层次	种类
文理学院	Ⅰ类
	Ⅱ类
两年制学院和学校	
专业学院和其他专门教育机构	神学院及其他与宗教信仰有关的专门院校
	医学院与医学中心
	其他独立设置的医疗院校
	工程与技术院校
	工商管理院校
	艺术、音乐与设计院校
	法学院
	师范院校
	其他专门院校

数据来源: The Carnegie Classification of Institutions of Higher Education, 2000 Edition。

　　卡耐基 1973 年以后的美国高校分类，如 1976 年和 1987 年，基本保持了 1973 年版的框架和结构，只对部分内容做了修改。卡耐基 1994 年版的分类出现一些较大的变化：在高校类型上，"综合性大学和学院"改成了"硕士学位授予/综合型大学和学院"，并细分为Ⅰ类，Ⅱ类；"文理学院"改成了"学士学位授予学院"，并细分为Ⅰ类，Ⅱ类；"两年制学院和学校"改成了"副学士学位授予学院"，并细分为Ⅰ类，Ⅱ类；新增加"部落学院"。

　　2000 年，卡耐基根据美国高校每年授予博士学位以及学科数量的变化，对 1994 年美国高等教育机构的分类层次进行了再次修改，1994 年的研究型大学（Ⅰ类、Ⅱ类）、博士学位授予大学（Ⅰ类、Ⅱ类）合并为博士学位授予/研究型大学，并细分为 Extensive 型和 Intensive 型两类，较好地解决了高校之间横向比较的问题，使得同一类型的高校进行比较的标准基本相同。在分类标准方面，2000 年版与 1994 年版及其以前各版也有一个较大的不同，即 1994 年及其以前各版本，均关注了研究型大学获得联邦资助研究经费的情况，而 2000 年版舍去了这一标准，而代之以授予博士学位的学科分布情况。导致这一变化的原因是，"卡耐基教学促进基金会不希望把大学引向过度注重研究经费的方向，因为一方面联邦研究资助经费并不是资助所有的研究活动，也不是所有的研究活动对联邦经费都有同样的依赖性；另一方面是获得这个数据的可靠性较差"①。

卡耐基 2005 年版高校分类研发出一系列全新的分类方法，从多种维度来展示高校间的异同，具体表现在以下三方面：（1）最重要的变化是由系列分类取代了原有的单一分类。除基础分类（Basic Classification）外，还有本科教育分类②（Undergraduate Program Classification）、研究生教育分类③（Graduate Program Classification）、学生结构分类④（Enrollment Profile Classification）、本科生特征分类⑤（Undergraduate Profile Classification）、规模与设置分类⑥（Size & Setting Classification）和社会服务分类⑦（Community Engagement Elective Classification）。（2）采用大量的分类指标，包括学制、规模、隶属、地理位置、学位授予、学科布局以及各层次学生的构成、学生性质、学生质量、学生来源等。（3）使用单年数据。卡耐基原有分类中的大部分指标都是选用三年数据的平均值，2005 年版分类使用的指标统一采用最近一年的数据，这样做可以保证数据的精确性和实效性，及时地将高校的变化体现在分类中（见表 2-8）。

---

① 陈厚丰：《中国高等学校分类与定位问题研究》，湖南大学出版社 2004 年版，第 16 页。

② 本科教育分类主要考虑高校三方面的指标：在第一个层次首先分析比较副学士学位和学士学位的授予比例，其次比较文理学科和职业学科授予的学士学位比例，最后考察本科专业和研究生专业的重合程度。

③ 研究生教育分类首先根据高校在研究生学位中是否授予博士学位进行划分，其次按照学位授予的学科数量、布局和各学科所占比重进行归类。

④ 学生结构分类是按照各层次学生的构成和各级学位的授予比例进行划分。

⑤ 本科生特征分类首先按照高校的本科教育中是否授予学士学位进行分类，然后按照各种性质（全时制、部分时制）的本科学生比例进行划分，对于授予学士学位且全时制学生比例较高的院校，再根据学生的入学成绩和转入生的比例进一步细分。

⑥ 规模与设置分类首先按照高校的本科教育中是否授予学士学位进行区分，接着按照学生数量进行划分，对于授予学士学位的院校，再按照本科学生中住校的比例和全时制学生的比例进一步划分。

⑦ 该分类实行高校自愿参加的办法，由高校填写统一的自述报告，一个全国性的评审委员会负责审查这些报告。自述报告的内容主要包括高校的课程设置和其他方面与社会的结合程度。在课程设置方面，主要考虑与社会需求的结合程度，对学生公民意识和社会责任感的培养，对促进社会福利的贡献，以及社会对学校的学术发展的帮助等。其他方面主要有应用学校的资源为社会服务，学校与社会其他组织如何开展合作研究等等。

表 2-8 **2005 版卡耐基高等教育机构分类之基本分类**
(Basic Classification)

机构类型	总数（个）	占机构总数比例（%）
博士学位授予机构	282	6.40
硕士学位授予机构	690	15.80
学士学位授予机构	735	16.80
副学士学位授予机构	1811	41.30
特别中心的机构	806	18.40
部落学院	32	0.70
其他	26	0.60
总计	4385	100

资料来源：刘玲、柏昌利：《美国 2005 版卡耐基"基本分类"的内容解读与方法启示》，《复旦教育论坛》2007 年第 5 期，第 76—80 页。

这种分类法囊括了除无学位授予权的职业学校和技术学校之外的所有类型的高校，用比较客观的标准对全美的高等教育机构进行了分类。这种分类法所依据的标准并不是单一的，其所倚重的主要指标是所授学位的等级和数量、联邦科研经费的获得情况以及学科的覆盖情况。目前，卡耐基分类法已经成为世界上很多国家大学分类的参照标本。

（2）日本的大学分类

日本著名高等教育问题专家天野郁夫从多个不同的角度尝试对日本的高等学校进行分类。最初，他以国立大学为对象，综合三个指标，即传统（前身校的创办年份）、组织形态（讲座制、学科目制或有无设大学院）和教育机会的区域性（入学者的出生地类别结构），将日本的大学分为中央大学、全国性大学和地方性大学三种类型。此后，他以传统或历史渊源和在学人数的规模作为指标，将日本的大学分为国立综合性大学、国立地方性大学、巨型私立大学和规模小的私立大学四种类型。天野郁夫[①]对日本大学分类的最全面、最独到的论述是在其论著《高等教育的日本构造》中，他将研究功能的强弱作为大学分类的重要依据，主要采用两个指标：一是有无设大学院研究科的设置，包括硕士和博士两种课程，并用大学院在学人数或大学院在学人数与学部在学人数之比作为研究活动的指标；二

① ［日］天野郁夫：《试论日本的大学分类》，陈武元译，《复旦教育论坛》2004 年第 5 期，第 5—10 页。

是大学的学科构成，他把学部归纳为四大类：人文科学类、社会科学类、自然科学类和牙医类，其中把拥有3—4类的大学称为"综合性大学"、由两类构成的大学称为"多科性大学"，仅有一类的大学称为"单科大学"。根据这两个指标，他把日本的大学分为五种类型[1]：（1）研究型大学（research-R型）：进入这个范畴的是在有授予学位的大学中具有特别强的研究功能的大学，所有学部都有博士课程大学院，大学院在学人数与学部在学人数之比，国公立大学为9%以上，私立大学为6%以上，医齿类的单科大学为20%以上。（2）大学院大学（doctorate granting 1-D1型）：这一类大学在所有或大多数学部之上都设有博士课程大学院，大学院在学人数与学部在学人数之比低于研究型大学的指标。（3）准大学院大学（doctorate granting 2-D2型）：这一类大学仅在一部分学部之上设有博士课程大学院，大学院在学人数与学部在学人数之比低于研究型大学的指标。（4）硕士大学（master granting-M型）：这一类大学仅设有硕士课程大学院。（5）学部大学（college-C型）：这类大学没有大学院，只进行本科生教育。根据这个分类方法对截至1979年的443所大学进行分类，研究型大学有24所、大学院大学121所、准大学院大学35所、硕士大学85所、学部大学178所[2]。

　　（3）国际教育标准分类

　　联合国教科文组织所制订的"国际教育标准分类"（International Standard Classification of Education，简称ISCED）关于高等教育类型的划分，值得重视。联合国教科文组织要充分考虑到世界各个国家（包括发达国家和发展中国家）教育发展不平衡的情况，而不只是某一个国家的高等教育现状，因此，改分类法基本涵盖了世界各国所有教育的类型和层次，能适用于不同国家的高等教育分类，具有广泛的普适性。1976年，联合国教科文组织公布第一个"国际教育标准分类法"，1978年进行部分修订。最近的一次比较大的修订是在1997年。该分类法将教学计划划归某一教育级别的规则已日趋完善，其划分标准也更加明确、具体和严格。特别是其中对适用范围的界定、对"教育"、"教学计划"、"交叉分类可变因素"等概念具体、细致的规定，对"教育的大类与学科划分"的修

　　① ［日］天野郁夫：《试论日本的大学分类》，陈武元译，《复旦教育论坛》2004年第5期，第5—10页。

　　② 同上书，第5—10页。

改和完善等，有效地防止了该分类法被无限制地滥用或误用的倾向。

1997 年重新修订的新的标准分类法，作为各国教育分类的指导与教育统计的依据，具有更为广泛的普适性。该分类法是以教学计划为主要标准的分类法，特别是其"所依据的主要标准是专门人才的类型而不只是层次的高低与科研规模的大小"[1]，例如：5A 与 5B，所着重的是培养人才类型不同；5A1 与 5A2，也无层次高低之分。

"国际教育标准分类" 1997 年版将第三级教育（高等教育）分为两个阶段，详见图 2-3。第一阶段（ISCED5）相当于专科、本科和硕士生教育，第二阶段（ISCED6）相当于博士生阶段。第一阶段分为 A、B 两类，A 类是理论型的，B 类是实用技术型的；ISCED5A 类又分为 A1 与 A2，A1 一般是为研究做准备的，A2 一般是从事高科技要求的专业教育。ISCED5A 类学习年限较长，一般为四年以上，并可获得第二学位（硕士学位）证书，"目的是使学生进入高级研究项目或从事高技术要求的专业"[2]。ISCED5B 类学习年限较短，一般为 2—3 年，也可以延长至四年或更长。学习内容是面向实际并适应具体职业内容的，"主要目的让学生获得从事某个职业或行业，或某类职业或行业所需的实际技能和知识"，即获得"劳务市场所需要的能力与资格"。第二阶段（ISCED6）则是"专指可获得高级研究文凭（博士学位）的旨在进行高级研究和有创新意义的研究"[3]。

（4）德国的大学分类

与美国不同，德国大学之间的水平的差异不是很明显，高等学校的分类特点主要体现在大学与高等专业学院的分工上。德国目前拥有 300 余所高等学校，根据学术导向和人才培养取向不同，被分成两大系统或类型[4]：

学术型大学（wissenschaftliche Hochschulen）。这类大学通常是规模庞大的综合大学，几乎包括所有的专业领域（但一般不含工程技术专业）。其中，根据颁发博士学位和教授资格与否、人才培养规格、课程设置和学

---

① 潘懋元、吴玫：《高等学校分类与定位问题》，《复旦教育论坛》2003 年第 3 期，第 5—9 页。

② 同上。

③ 同上。

④ 曹赛先：《高等学校分类的理论与实践》博士学位论文，华中科技大学，2004 年，第 88 页。

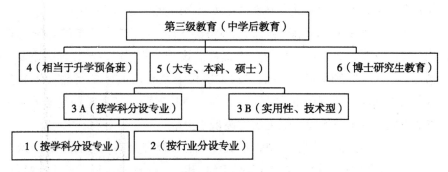

图 2-3   第三级教育（中学后教育）示意图

资料来源：潘懋元、吴玫：《高等学校分类与定位问题》，《复旦教育论坛》2003 年第 3 期。

制长短等又细分为传统型大学（Universitaten）、工科大学（Technische Hochschulen）、综合制大学（Gesamthochschulen）、神学大学（Thelolgische Hochschulen）、艺术大学（Kunsthochechlen）和其他大学。

非学术型院校。这一类别主要是 20 世纪 60 年代末期由各类商业、农业、职业和专业技术学校升格而成的高等专科学校（Fachhochschulen），它们注重培养实用型人才，为学生的职业实践做准备。根据设置形态和培养目标的不同，还可以将它们分为高等专科学校和行政高等专科学校（Verwaltungs fachhochschulen）。

（5）欧洲高校分类

欧洲高校分类始于 2004 年，并分别于 2005 年和 2008 年发布了第一阶段的《机构概况：开展欧洲高校分类》（*Institutional Profiles：Towards a Typology of Higher Education Institutions in Europe*）和第二阶段的《描述多样性：欧洲高校分类》（*Mapping Diversity：Developing a European Classification of Higher Education Institutions*）的报告。分类的运作组织机构成员包括理事会（Board）、科学咨询委员会（Scientific Advisory Committee）、利益相关者咨询委员会（Stakeholder Advisory Council）等①。同时，欧洲高等教育质量保障网（European Network for Quality Assurance in Higher Edu-

① The Center for Higher Education Policy Studies （CHEPS）, University of Twente, the Netherlands in partnership with the University of Strathclyde, Glasgow, Scotland, The University of Aveiro, Portugal; and the German Rectors Conference （HRK）. Mapping Diversity-Developing a European Classification of Higher Education Institutions. 2008. 7—8, 34, 10, 7, 12, 4, 16, 56—76.

cation）在此过程中也发挥着重要作用①。

《描述多样性：欧洲高校分类》认为分类（Classification）是"基于相似性对个体进行分组的过程"。分类的目标是提高复杂系统的透明度，在这样一种系统中抓住多样性——从而，改善我们对现象和系统的理解，进而促进有效的沟通②。分类最关键的要素是判断谁是潜在的或者是分类的目标用户也即利益相关者（Stakeholders），他们使用分类的目的是什么。分类是一个包含多个步骤的过程：首先是确定要分类的对象，接下来是界定分类标准。标准选择的维度必须能够使得使用该分类的人能根据自己的要求对高校进行再分类。分类指标设计必须是用户导向的（User-oriented）。最后一步是计算各被分类的对象在各指标上的得分。

欧洲高校分类主要关注不同高等教育机构之间的差异，即不同机构之间的多样性（外部多样性）③。分类的目的是为了更好地理解欧洲高等教育系统中的多样性。当前欧洲许多政府部门已经开始采取措施来提高其高等教育系统的多样性。如弗兰斯·范·富格特（Frans van Vught）④所言高等教育多样性将产生多种积极影响：包括满足学生的需求、促进社会流动、满足劳动力市场的不同需求以及提高高校的效率（Effectiveness）和为创新带来机会等。

欧洲高校分类中只包含那些已经通过认证或者官方机构认可的高校。因此，从这个角度来说，只有声誉较好的高校方可进入分类体系中。此举是分类开展者为了与质量保障欧洲局（European Register of Quality Assurance Agencies，EQAR）建立明确的关系。

---

① Institutional Profiles towards a typology of higher education institutions in Europe. 2005. 5, 8. http：//www. fulbright. nl/cache/ce/ce4e8a37da5a3aaf412e09f5bb4672b6/Institutional_ Profiles,_ towards_ a_ typology. pdf. Retrieved April 9, 2009.

② Carnegie Classifications Data File. http：//www. carnegiefoundation. org/classifications/index. asp? key＝809. Retrieved May 10, 2009.

③ The Center for Higher Education Policy Studies（CHEPS），University of Twente, the Netherlands in partnership with the University of Strathclyde, Glasgow, Scotland, The University of Aveiro, Portugal; and the German Rectors Conference（HRK）. Mapping Diversity-Developing a European Classification of Higher Education Institutions. 2008. 7—8, 34, 10, 7, 12, 4, 16, 56—76.

④ Frans van Vught. Diversity and Differentiation in Higher Education Systems Challenges for the Knowledges Society. Oslo, 13 November, 2007, 2. http：//www. uhr. no/documents/Fran_ van_ Vught _ text. pdf. Retrieved April 9, 2009.

　　鉴于对欧洲高校分类和质量保障之间的关系的思考，欧盟给该分类的定位是①：首先，分类不应该被看作是大学排名的工具。分类的多维度（多指标）和非等级的特征能够实现不同高校间的比较。然而，分类工具不能阻止分类的用户从各个维度（指标）对高校进行排名，且这样的排名似乎比整体的大学排名更为有用和合理。"欧洲高校分类"开展者强调，基于多指标的分类的目的是帮助高校树立自身的整体形象、提高欧洲高等教育的透明度，而绝对不是在各种类型的机构之间建立等级制度。其次，分类不是评价高校质量的工具。分类并不对高校的质量进行评价，也不对高校的教学和科研进行评价。尽管分类能够用于质量评价和保障过程，但分类是在客观、实证和可靠的数据基础上描述高校的"整体形象"。通过提供"客观"的数据，高校根据自身的目标和理想在分类中给自己定位。《描述多样性：欧洲高校分类》报告描述了 14 个一级、32 个二级指标的指标体系（见表 2-9）。

表 2-9　　　　　　　　欧洲高校分类的指标体系

一级指标	二级指标
1. 授予学位类型	1a. 授予的最高层次学位
	1b. 各类学位的授予数
2. 学科领域涵盖范围	2a. 高校所涵盖的学科领域数（UNESCO/ISCED 学科领域划分法）
3. 学科专业	3a. 满足已有职业要求的专业数占专业总数的比例
	3b. 满足市场或职业特定需求的专业数占专业总数的比例
4. 终身教育	4a. 各类学位中成人学习者占学生总数的比例
5. 科学研究	5a. 师（学术人员）均论文经过同行评审的师（学术人员）均论文发表数
	5b. ISI 中的引用指标
6. 创新与转化	6a. 孵化的高科技企业数
	6b. 专利申请数
	6c. 成果转化的年收入数
	6d. 横向科研经费占科研经费总量的比例

　　① The Center for Higher Education Policy Studies（CHEPS）, University of Twente, the Netherlands in partnership with the University of Strathclyde, Glasgow, Scotland, The University of Aveiro, Portugal; and the German Rectors Conference（HRK）. Mapping Diversity-Developing a European Classification of Higher Education Institutions. 2008. 7—8, 34, 10, 7, 12, 4, 16, 56—76.

续表

一级指标	二级指标
7. 国际化：教学和教师	7a. 国际学生占总学历教育学生总数的比例
	7b. 接收的参与欧洲交换项目的新生占总新生总数的比例
	7c. 送出的参与欧洲交换项目的学生总数
	7d. 国际教师占教师总数的比例
	7e. 在海外提供的项目/专业数
8. 国际化：科研	8a. 通过欧洲科研项目获得的科研经费占科研经费总量的比例
9. 规模	9a. 在校学生总数
	9b. 聘用教师总数
10. 知识传播方式	10a. 远程教育专业占专业总数的比例
	10b. 部分时制（part-time）专业占专业总数的比例
	10c. 部分时制（part-time）专业学生占学生总数的比例
11. 公/私立特征	11a.（竞争性和非竞争性）政府经费占总收入的比例
	11b. 学费收入占总收入的比例
12. 法律地位	12a. 法律地位
13. 对文化传播的贡献	13a. 由高校独立或合作组织的官方音乐会/演唱会数
	13b. 由高校独立或合作组织的官方展览数
14. 对所在地区的贡献	14a. 从欧盟结构性拨款中获得的经费占总收入的比例
	14b. 留在本地的毕业生占总毕业生总数的比例
	14c. 为本地区的劳动力市场提供的培训课程
	14d. 本地/地区的收入来源的重要性

资料来源：The Center for Higher Education Policy Studies（CHEPS），University of Twente, the Netherlands in partnership with the University of Strathclyde, Glasgow, Scotland, The University of Aveiro, Portugal; and the German Rectors Conference（HRK）. Developing a European Classification of Higher Education Institutions.

指标体系是分类的核心要素之一，指标体系的特点几乎决定了整个分类结果的特征。总体上，欧洲高校分类指标体系具有以下两方面的特点：

一方面，以相对客观的指标为主，内容丰富。欧洲高校分类指标体系较为全面地反映了高校的职能，内容涵盖了教学、科研、知识转换、终身学习、创新、国际化程度、高校的属性与高校的社会服务及欧洲高等教育自身的特色。从涉及相关内容的指标的数量看，欧洲高校分类注重从高校满足社会需求与为社会服务、人才培养和高校的国际化等角度考察高校。值得注意的是科研在该分类中并没有起决定性作用。分类中的不少指标体现了欧洲高等教育独有的特点，如参与欧洲交换项目的新生占总的新生的比例和参与欧洲交换项目的学生总数等指标。

另一方面，若干指标的可行性有待进一步提高，以增加认同度。调查后发现，并不是所有的指标都具备可操作性，即不是所有的指标都能得到被调查者的认同。这种认同主要源于指标体系自身的有效性、指标提供的信息的可靠性和指标体系操作的可行性。

欧洲高校分类机构在开展分类的过程中与美国卡耐基高校分类机构建立了富有成果的合作关系。无论是分类的理念还是技术路线上，欧洲高校分类或多或少都受到卡耐基分类的影响。与欧洲高校分类与美国卡耐基高校分类的相似之处，也有差异之处。相似之处表现在：

首先是目的相似。欧洲高校分类的主要目的是为高校的利益相关者提供透明化的信息、为政策制定提供依据、为科学研究提供方法与工具。而卡耐基分类实际上是一种用于政策分析和高等教育研究的工具，其目的是为高等教育领域的研究者服务，包括学者、院校研究人员和政策研究人员。

其次是理念相似。欧洲高校分类和卡耐基分类最新版（2005 年版）的一个共同点就是：重视高校的多样性。如前所述，"多样性"是欧洲高校分类的灵魂。而自从 1973 年首次公布其分类标准和结果以来，随着美国高等教育系统的不断发展变化，卡耐基 2005 年版分类试图通过增加分类类别的办法解决原有分类过分强调高校的学术研究而忽视人才培养和社会服务的问题，使得新的分类系统对高校的职能有比较全面的反映。不难发现，卡耐基 2005 年版分类的最重要变化是由系列分类取代了原有的单一分类，不同类型的高校采用不同的分类指标，高校的多样性特点得以凸显。

再者是基础相似。欧洲高校分类与美国卡耐基分类具有相似的基础，即高等教育系统相对都比较成熟，高校自身已呈现出多样性特征。成熟与多样性的高等教育系统是开展有效分类的基础。在相对不成熟的高等教育系统中，要开展高校分类，有可能对高等教育系统自身意义不大，也难以为相关政策制定提供依据。

最后是定位相似。欧洲高校分类指标体系与卡耐基分类指标体系都只对高校现状的较为客观的描述如学位授予情况、专业设置、学科分布及所属地区等，进而在此基础上开展分类，并无判别高校优劣之意。这两个分类对高校的真正意义在于指引它们朝着各个方向发展，即朝着多样性道路前进。提供系列分类可以提醒人们从多角度看待高校的多样性,从而淡化把分类作为层级衡量标准的做法。这样的分类才是对高校系统整体发展有价值的。

与欧洲高校分类与美国卡耐基高校分类的差异之处表现在:

从数据采集的角度看,与欧洲高校分类所有指标对应的数据很难在一个国际性的数据库中找到。国家型数据通常比较容易获得,但此类数据由于各种实践的、法律的和方法论上的问题而存在诸多局限。因此,"欧洲高校分类"的研究者欲在已有数据库的基础上通过调查问卷获得更多相关数据。而卡耐基分类的数据基础则显得更为坚实。

从指标设置的机制看,欧洲高校分类虽然设置了量化的指标体系,但仍以柔性机制为主,分类并没有对指标设置硬性的数值标准;而卡耐基分类指标则相对较刚性,对每一指标都设置了具体的数值或赋予了具体的价值判断标准。欧洲高校分类的用户可以根据自身需要选取其中任一指标对高校进行再分类。而卡耐基分类用户则难以对已经分类后的高校根据某一指标进行再分类。

从指标体系背后所反映的教育理念或对教育的关注点看,欧洲高校分类与卡耐基分类间差异显著。欧洲高校分类更加注重教育的社会服务功能,而卡耐基分类则主要集中关注学校自身的发展与变化。如欧洲高校分类强调了高校对文化传递与所在地区的贡献,而卡耐基分类则没有。

四 我国大学分类的主要方法

长期以来,我国高等教育发展滞后,学校数量少,高校规模小。在世界各国相继进入大众化,大学分类大量兴起的时候,我国大学分类还没有引起政府、社会和大学的关注。当然也提到相关的一些分类说法:

我国出现的关于高校分类的描述,最有代表性的有以下五种:①

a. 根据办学形式进行分类。我国高校的办学形式包括全日制和非全日制,根据这一标准,我国高校被分为以下几种:全日制普通高等院校(大学、学院、高等专科学校、高等职业学校)及其夜校部、函授部;独立的函授大学(学院)、广播电视大学(学院);管理干部学院;职工、农民大学(学院);教育学院、教师进修学院;高等教育自学考试机构等。随着科

---

① 刘莉:《不同类型大学的分类与定位研究总报告》,全国教科规划课题研究报告,2009年。

技的发展和教学手段的改进，高校的办学形式越来越多样，比如与公司企业或与国外高校合作办学、设立远程教学点、开办多媒体学院、网络学院等，但这些变化并没有在我国高校分类中及时科学地反映出来。

b. 根据国家建设重点，确立全国重点高校。我国有两类重点大学：一类是我国政府及有关部门根据不同时期教育发展的需要，先后于1954、1959、1960和1978年四次确定全国重点大学。到1981年底，全国共有97所高校被确定为重点高校。另一类是指国家重点投资建设的大学，主要是指经国家计委批复立项、列入"211工程"建设项目的高校，这类高校原来有99所，后有8所被调整和合并，现在实际上为91所。这两种意义上的重点高校虽然有很大一部分相重合，但也不完全一致。重点与非重点的差异主要体现在实力和声誉上，重点大学在财政拨款和招生、教学管理、教师职称评定、办学自主权等方面都与非重点大学不一样。这种等级分明的分类方法在某个特定的时间内满足了国家重点建设的需要，促进了某些高校的发展，并带动了全国高等教育的发展；但另一方面也挫伤了其他高校的办学积极性，不利于高校之间的自由竞争，影响了教育资源的合理分配和有效利用。

c. 按学科门类划分高等学校。依据学科的分布情况，全国高校主要分为综合大学、理工院校、农业院校、林业院校、医药院校、师范院校、语文院校、财经院校、政法院校、体育院校和艺术院校，基本上与文科、理科、工科、农科、林科、医药、师范、财经、政法、体育、艺术、管理等学科门类相对应。这种分类便于对学科专业进行统筹和管理和资源的分配。但是由于大部分高校学科单一、文理分家、小而全，因而不利于人才的培养和学科的交叉融合，不利于各高校突显自己的特色，不同学校同一专业的学生可替代性太强。经历20世纪90年代的合并之后，很多原来的单科性或多科性大学都在朝综合性大学发展，按学科门类划分高校的做法面临着新的尴尬。

d. 根据高等院校的管理隶属关系进行分类。根据这一标准，我国高校被分为教育部部属院校、中央其他部委所属院校和地方院校。这种分类能说明高校的隶属关系，但却在很大程度上影响了教育资源的分配，地方高校在资源的争夺中往往处于不利的地位。这是我国过去"分行业办学、条块分割"留下的影响，通过近几年的共建、合并之后，这种状况已经有了明显改善。

e. 根据办学体制进行分类。随着市场经济的进一步繁荣和发展以及教育需求的高涨，我国对社会力量办学采取了积极鼓励、大力支持的方针，民办学校已经成了一股不可忽视的力量，成为我国高等教育的一个重要组成部分。基于这一体制，我国的高校又可以分为公立高等院校和民办高等院校。

总体来说，以上这些分类往往只是在某种特殊时期为了某种特殊需要而进行的。在特定的时期，这些分类法都曾经发挥过积极的作用。但是这些分类在方法上都过于简单，标准也缺乏科学性，因此不能对科学研究起到真正的指导作用。

1999 年，国务院批转教育部的《面向 21 世纪教育振兴行动计划》，吹响了向大众化高等教育进军的号角。国家实施积极发展高等教育和高校扩招的政策，迈开了高等教育大众化的步伐。2002 年，我国高等教育毛入学率超过 15%，跨入国际公认的高等教育大众化门槛。通过十多年的努力，我国高等教育毛入学率达到 30%，高考录取率达到 75% 以上，在学大学生达到 3200 余万人，初步建成了世界上规模最大的高等教育系统。在高等教育体系规模日益庞大，高校之间高等教育机构日趋复杂背景下，普遍存在着分工不清、定位不明、目标雷同、特色迷失等问题，使高校之间的竞争出现无序化倾向。"很多高校不立足于自身水平和条件，盲目攀比，追求办学'大而全，高而尖'、拼规模、争升格，纷纷提出了大同小异的发展目标"[1]。部分大学不根据自己的实际情况，都把"综合性、研究型、国际化"作为自己的办学目标，这不仅造成了教育资源的巨大浪费，也阻碍了我国大学系统的高效运转和协调发展。

高等教育的层次和类型，只有在整体上适应和满足社会发展与人的发展的客观需要，才能充分发挥出系统自身的整体功能，并最大限度地促进经济社会和人的发展。反之亦然，高等教育只有在整体上表现出对社会与人的发展需要的层次和类型的适应性，才能在最大限度地促进经济社会与人的发展的同时发展壮大自身。在高等教育快速发展的同时，大学分类开始引起学界和管理部门的关注。如何合理分类，科学管理，引导大学多样化发展，逐渐进入政府视线和议事日程。经过多年探索和实践提升，初步形成了我国特色的大学分类理论。

① 陈厚丰：《中国高等学校分类与定位问题研究》，湖南大学出版社 2004 年版，第 13 页。

　　概括起来，目前我国国内最有代表性的高校分类法主要有四个：

　　一是潘懋元教授的"培养类型和层次分类法"。我国著名高等教育学家、厦门大学教育研究院名誉院长潘懋元教授，在其论文"高等学校的分类与定位问题"、"建立高等职业教育独立体系刍议"、"21世纪国家的核心竞争力——'教育—人才的合理结构'"中，根据高级专门人才的培养类型和层次，提出了由综合性研究型大学，多科性或单科性专业型大学或学院，多科性（单科性）职业技术型或技能型专科学校（学院）三种基本类型及其体系的构想。

　　二是武书连的"大学分类法"。2002年"中国大学评价"课题组负责人武书连研究员，为服务于大学排行榜，提出将我国大学分为研究型、教学研究型、教学型、专业型四种类型的设想。随后，他又对这一分类框架进行了完善，并分别在《科学学与科学技术管理》和《中国高等教育评估》上发表了题为"再探大学分类"的论文，提出了新的大学分类法。其基本内容是：按学科门类及其比例将现有大学划分为综合类、文理类、理科类、文科类、理学类、工学类、农学类、医学类、法学类、文学类、管理类、体育类、艺术类13类；按科研规模大小将现有大学划分为研究型、研究教学型、教学研究型、教学型4型。每个大学的类型由上述类和型两部分组成，类在前、型在后。

　　三是陈厚丰的"高校综合分类法"。2004年，湖南大学陈厚丰在《中国高等学校分类与定位问题研究》一书中，以教育的内外部关系规律、马丁·特罗理论和高校社会职能理论为基础，以学科和专业覆盖面作为分类依据，将高校从横向上分为单科类、多科类和综合类三类；以履行社会职能的产出比重为依据，将高校分为研究型、教学科研型、教学型、应用型四型，并从理论上组合成12种中国高校的基本类型，构建起了一个纵横向结合的综合性分类框架。

　　四是马陆亭的"高校结构分类法"。2004年，国家教育发展研究中心马陆亭在《高等学校的分层与管理》一书中，将劳动力市场分割理论和学校能级理论作为分类的理论基础；以学术水平作为层次分类标准，即根据学术性指标值的集中度进行聚类分层，其中主变量包括博士学位授予数集中度、科研经费获取数集中度两个指标；辅变量包括硕士学位授予数集中度、在国外及全国性刊物发表学术论文数集中度两个指标。在此基础上，提出了21世纪前期中国普通高校的层次结构，确定了研究型大学、教学科研大学两类高校的边界条件。2005 年，他又在题为《我国高等学校分类的结构设计》的论文中，对其分类法进行了修正，提出了按两个维度划分高校类型的新方案。

　　政府的管理对大学分类的选择是大学分类的风向标和指挥棒。对于各种大学分类理论的探讨，有利于理论的研究和比较优化，但是真正发挥作用的是政府认可的分类，因为它将最后决定政府资源配置的方向。从我国当下的大学管理和评价中，只有"985"、"211"的选拔和培育制度，对于其他面广量多的大学分类，还没有明确的标准，但在实际工作中，大多采用了"研究型"、"研究教学型"、"教学研究型"和"教学型"的四分法。尤其是在当前大学自身的规划和目标中，采用以上分类的占多数。[①]

---

　　① 陈厚丰：《中国高等教育分类研究现状述评》，《大学教育科学》2010 年第 1 期，第 34—48 页。

第三章

教学服务型大学的发展逻辑与合法性

第一节　教学服务型大学的概念

一　教学服务型大学的概念

概念是反映对象的本质属性的思维形式。人类在认识过程中，从感性认识上升到理性认识，把所感知的事物的共同本质特点抽象出来，加以概括，就成为概念。表达概念的语言形式是词或词组。概念都有内涵和外延，即其含义和适用范围。概念随着社会历史和人类认识的发展而变化。

一种新的大学概念和形态的产生，首先体现的是一种新的高等教育理念，但更重要的是创造新的体制和机制以及资源配置方式。关于教学服务型大学概念，本身论述就很少，迄今为止还没有比较完整的论述。比较权威的是华中科技大学刘献君教授提出的，"教学服务型大学以本科教学为主，根据条件和需要适度进行研究生教育；教学和科学研究以服务地方为宗旨，培养地方需要的应用型人才，产出地方需要的应用性成果；大力开展以满足社会需要为目的的各种服务活动，形成为地方全方位服务的体系"。① 这里从内容的角度阐述了教学服务型大学的特征。赵国刚认为，教学服务型大学的定位是以教学为中心，以育人为根本，以服务为宗旨，教学、服务并重。通过强化服务功能，构建起与区域经济和行业发展需要紧密结合的服务性办学体系；通过服务的途径，着力提升办学质量和服务社会的能力，实现与经济社会有机联动、互融互通，增强教育与经济社会

---

①　刘献君：《建设教学服务型大学——兼论高等学校分类》，《教育研究》2007 年第 12 期，第 31—35 页。

发展的适应性。① 也有其他一些学者试图给教学服务型大学一个明确的定义，但是都不明晰。确实，要给事物下一个准确的定义确实不是一件容易的事情。

2010 年上半年，浙江树人大学在中长期发展规划的制定过程中，组织反复论证，听取各方意见，最后确定了"到 2020 年，把学校初步建成一所综合实力在全国民办高校中处于一流、部分学科和研究领域在全国高校中有重要影响、富有自身特色和开拓创新精神的教学服务型大学"的目标定位。应该说，开始对于教学服务型大学的概念，还是模糊不清的。加上当时学校面临教育部评估，邀请专家征求意见时，部分专家提出了质疑，凸显了问题研究的重要性。

学校高教院承担了理论研究的任务。全体成员开展了相应的研究，产生了一批成果（见表 3-1），初步提出了教学服务型大学的基本概念。研究认为，教学服务型大学是指"在遵循高等教育基本规律和基本规范的基础上，以服务理念配置办学资源和运行、管理的现代大学"。② 浙江树人大学中长期发展规划（2010—2020 年）强调："教学服务型大学以教学工作为中心，以人才培养为根本任务，借鉴现代服务科学理论和服务理念，在资源配置、人才培养、科学研究、队伍建设和学校管理等各个方面，全面贯彻服务教学、服务师生、服务社会的要求，强化服务意识，凸显服务特色，提升办学质量，创新管理模式，优化管理流程，开拓学校发展的新局面。"

表 3-1　　　　　　浙江树人大学部分教学服务型大学研究论文

作者姓名	论文题目	发表报刊
徐绪卿	浅论教学服务型大学的若干问题	《教育研究》2012（02）
徐绪卿等	教学服务型大学，民办高校发展的新定位	《中国高教研究》2011（10）
徐绪卿	跳出"象牙塔"高度：论教学服务型大学	《光明日报》2011.10.27（15）

① 赵国刚：《教学服务型大学转型发展初探》，《中国高等教育》2010 年 24 期，第 14—15 页。

② 徐绪卿：《浅论教学服务型大学的若干问题——兼论地方院校和民办高校的发展定位》，《教育研究》2012 年第 2 期，第 84—88 页。

续表

作者姓名	论文题目	发表报刊
陈新民	教学服务型大学：新建本科院校的重要发展趋向	《教育发展研究》2011（17）
周朝成等	定位教学服务型大学切实提升民办高校办学质量	《中国高等教育》2011（10）
郑吉昌	教学服务型大学：背景、内涵及战略举措	《浙江树人大学学报》2011（06）
张绣望	教学服务型大学教师发展研究	《浙江水利水电学院学报》2011（12）
陶恩前	教学服务型大学视野下的学困生教育和转化工作研究	《科教文汇》2012（06）
陆 莹	辅导员在教学服务型大学中的作用发挥	《新一代》2012（02）
林华治等	网上办事大厅助推教学服务型大学建设	《中国教育信息化》2012（07）
魏钢焰等	教学服务型大学的组织特性——兼论大学组织特性的划分依据	黑龙江教育（高教研究与评估）2013（6）
魏钢焰等	教学服务型大学组织目标探讨	《浙江树人大学学报》2011（03）
尉玉芬等	《内部控制》课程"落地服务"模式探析——基于"教学服务型"本科院校的教学实践	《商业会计》2012（09）

首先，教学是教学服务型大学的主要任务。教学服务型大学的主体是量多面广的新建本科院校。一方面，从大学的职能上说，教学是这类大学的主要服务内容和手段。由于升本时间不长，学校完善办学条件，加快本科建设，提升本科教育质量，完成从专科到本科的转变，任务艰巨繁重。立足于本科教学工作，加快建设本科体系，形成自身的人才培养体系，培育学校的培养特色，需要学校集中精力，安于"本职"，埋头教学，扎扎实实搞好教学工作；另一方面，从大学的功能上说，就大多数教学服务型大学而言，科研和学科建设相对较弱，研究生教育还没有或者刚刚开展。作为大学服务社会的主要内容，本科教学工作始终是学校的主要工作。武书连曾经对全国独立学院的科研情况作过统计，认为中国 297 所独立学院的科研成果总和，竟然不及浙江理工大学这样一所既不是"211"、更不是"985"、也不是省部共建、而且至今没有进入武书连中国大学前 100 名的大学。[①] 新建本科院校的情况肯定比独立学院要好一些，但是就普遍

---

① 武书连：《2013中国独立学院排名出炉》，http：//learning. sohu. com/20130326/n370443727. shtml。

情况比较而言，从本科院校的科研要求来看，差距还是很大的。就目前提出教学服务型大学的相关高校的科研状况来看，大多数学校的科研还刚刚起步，项目、经费、团队和成果都比较缺乏，有的院校甚至还没有产生本科院校的教授（注：现有职称制度专科与本科院校分开评审，相对来说本科院校的科研要求较高）。从某个侧面理解，教学服务型大学与教学型大学具有共同之处。当然，我们也不排除少数院校科研条件和基础相对较好的状况。

其次，"服务"是教学服务型大学的核心理念。教学服务型大学中的"服务"是学校办学的基本理念和基本价值，是学校工作的出发点和思想指导。学校的战略定位、资源配置、教学设计和运行、学科建设和科研、内部管理和制度等，都要在尊重育人基本规律和基本规范的基础上，以"服务"的要求来设计和规划。不难理解，教学服务型大学中的"服务"与大学的服务职能不是完全意义上的同义语。后者的"服务"指的是与教学、科研并列的学校职能。教学服务型大学中的"服务"，则是贯穿学校各项工作的理念和方法，它处于学校发展决策和设计的高端，对各项具体工作起着领航的作用。教学服务型大学同样需要教学、科研和社会服务，但是教学、科研和服务只是教学服务型大学中"服务"的三种主要方式，教学服务型大学与教学型大学不能等同而语。从功能上升为理念，不仅仅是内涵的不同，也体现了学校对于自身发展所处环境、办学价值和阶段任务的不同判断、理解和把握，体现的是学校发展的策略和特色。

教学服务型大学与以往传统的教学型大学相似，两者区别在于运作理念和价值。学界认为，教学型大学是指以本科教育为主体的全日制大学。它以招收本科层次的学生为主体，主要履行人才培养和教育教学研究的职能，培养高水平技能型人才（即高级专门人才）和高级研究型后备人才，拥有学士学位授予权和少量的硕士学位授予权，可招收一定数量的专科生。① 就以教学工作为主要任务的特征来看，教学服务型大学与教学型大学似乎差不多。但是，两者在办学的指导思想上，却有着显著的差别。举例来说，教学服务型大学主要根据"对象的需求"来布局学校学科专业，面向"对象"来设计知识结构和教学运作流程。而教学型大学主要依据

---

① 时明德：《中国教学型大学的特征》，《信阳师范学院学报》（哲学社会科学版）2006 年2 期，第 61—63 页。

传统本科院校的办学思想，主要职能就是传播知识和为少数关键职业提供训练。随着改革的深入，也有的教学型大学提出要"适应"社会需求办学，甚至提出"以就业为导向"的办学思路。但是这一思路缺乏现代理念的引导，难以落到实处和持续深化。这里的关键是"服务"，服务体现了学校的基本理念。从被动"适应"到主动"服务"，体现的是办学主体和实现方式的根本转变。总体而言，两者的主要区别在于"服务"。由于办学理念的差异，在教育内容、教学方式、教学观念、科学研究的内容、研究方法、社会服务的范围、模式及制度创新方面均有别于传统本科大学，这种"服务"战略和策略对大学要求更高，要求大学以社会为中心、而不是以学校为中心考虑教学、研究和服务职能的发挥。

20 世纪 70—80 年代，国外曾提出过"服务型大学"的概念，21 世纪初开始引入我国。有关这方面的信息不多，相关资料非常缺乏，现有资料也没找到有关"服务型大学"的概念。从已有资料来看，挪威奥斯陆大学教育研究中心比较于国际教育部阿瑞德·特捷德维尔教授提出的"服务型大学"，其主要特征是"对其学术劳动力的管理是通过与外部客户在购买研究、教学或咨询服务时所达成的合同来控制。与传统大学主要依赖于政府拨款，并对拨款结果没有明确的控制相比，服务型大学依赖于它所得到的合同以及它在市场上的持续竞争力"。与传统的研究型大学相比，服务型大学主要提供以职业为导向的持续一周到四个月的短期课程，这些课程主要为满足客户或劳动力市场的需求而定做。服务型大学拥有大量的临时性雇员，其最重要特征在于以市场为导向，生产在知识市场里有竞争力的产品。在服务型大学，大学的领导层对研究政策负责，在既定的教学任务外，雇员可以自由支配时间。①

可以看出，教学服务型大学与服务型大学具有相同的服务理念，但是两者在服务的内容上有较大的差异性。教学服务型大学强调的是教学的服务，把教学工作和人才培养作为主要服务内容。当然针对具体学校来讲，人才、信息、科技都可以为社会提供服务，但是主要的服务内容是教学和人才培养。教学服务型大学并不一定进行研究生教育，如果有的话，它培养的层次上会有些提高，但是研究生教育不是教学服务型大学的基本要

---

① 余承海、程晋宽：《西方服务型大学的发展模式与展望》，《江苏高教》2009 年第 6 期，第 147—149 页。

素。通过强调教学的任务，强调服务意识，增强人才培养的适应性和针对性，使应用型人才培养生根开花，真正落到实处。同时也界定了我们同以科技开发服务社会的创业型、服务型大学的区别。创业型实际上也是运用高新技术或者说学校的科技开发部门为社会服务的学校；服务型大学强调"服务"功能，其建设的路径主要在于科技开发和实用技术培训，适合于科研能力较强的研究型大学、研究教学型大学。教学服务型大学强调的"服务"的职能，主要是通过教学即人才培养的途径实现的，因此更适合于新建本科院校甚至一部分教学研究型大学。

1998 年，美国教育家伯顿·克拉克在其著作《建立创业型大学：组织上的转型途径》一书中，根据 20 世纪中后期以来欧洲一些大学的发展特征，提出了"创业型大学"（Entrepreneurial University）的概念。几乎在同一时间，纽约大学社会学教授亨利·埃兹库维茨也根据美国大学的发展史给出了"创业型大学"的定义。他认为，判断一所大学是不是创业型大学要根据其使命，创业型大学的使命除了教学、研究外，还要服务于区域经济和社会的发展。从这一定义来看，创业型大学与教学服务型大学也具有相同的"服务"使命。但是，"创业型大学的形成需要以下五个关键要素：团体研究的组织；具有商业潜力的基于研究的创造物；开发出能够以受保护的知识产权形式将研究成果转移到大学以外的组织机制；大学拥有组建企业的能力；学术和商业因素整合入新的方式，如大学—产业研究中心等"。[1] 可以想见，创业型大学必须具备较强的科技开发、成果转化的能力，有关研究也认为"创业型大学是在研究型大学的基础上发展起来的，学术研究能力是其必不可少的要素"。[2] 创业型大学说到底就是大学科技研究与创业一体化的办学模式。从这一点上说，创业型大学与国外的服务型大学有许多相似之处，某种程度上也可以说，创业型大学就是高水平的服务型大学。从国外已有的创业型大学来看，也主要是研究型大学或者是研究教学型大学向创业型大学转型。而教学服务型大学科技开发和成果转化能力都还比较弱，还难以承担创业型大学的使命。

在当下强调应用型人才培养的潮流中，有学者提出：教学服务型大学就是应用型大学，两者概念有所重复。我们认为，这种说法是不准确的。

---

① 卢胜：《创业型大学及创业生态系统初探》，《当代经济》2009 年 2 月（上），第 118—120 页。

② 同上。

教学服务型大学既是指大学的定位，也是学校的类型。目前为止流行的大学定位类型，有研究型、研究教学型、教学研究型、教学型。我们认为，根据大学职能分工，应该至少还有教学服务型。因此，教学服务型大学是一种大学定位的类型，而且是学校的整体定位，它涵盖了大学的理念、战略、制度、组织和文化等方面，代表了学校的个性和策略，也体现了大学的使命。应用型大学，主要是从大学人才培养的角度提出的类型，如果要说是定位的话，那也是人才培养的定位，两者概念和内涵都不尽一致。教学服务型大学培养应用型人才，与那种泛泛而谈的应用型人才培养也有内涵上的区别，是有其特定的服务"对象"的应用，这种培养是在"服务"理念的指导下来设计、实施、评价和完善的，从而增强应用型人才培养的目的性、对象性、针对性和适切性，使应用型人才培养落到实处。教学服务型大学为应用型人才培养提供对象指向、理念指导和使命规制，应用型人才培养为教学服务型大学提供实现理念和使命价值的平台和路径，两者是互为条件、互为依存的关系。应用型人才培养成为教学服务型大学的重要特征之一。

综上所述，教学服务型大学的"服务"构成了与"教学型大学"的区别；教学服务型大学的"教学服务"内涵与"服务型大学"和"创业型大学"形成界限，由此确立教学服务型大学的自身地位。

二　教学服务型大学的主要特征

根据教学服务型大学的基本概念分析，教学服务型大学具有以下六个方面基本特征。

1. 办学理念的"服务"性

教学服务型大学以"服务"为理念，以"服务"为宗旨，"服务"是教学服务型大学的出发点和工作指导，专业和学科设置、人才培养方案制定、知识结构的架构和教学内容的筛选、教学资源的配置和管理流程的设计等等，都需要贯彻"服务"的精神。教学服务型大学以服务对象的需求为导向，对内以服务理念为引领，面向师生需求服务，优化组织内部管理流程，强化组织内外的沟通合作与服务机制。"服务"在教学服务型大学中应具有非常突出的作用与位置，学校的人才培养、知识传播、科技开发应用与推广将体现不同层次的"需求导向"，政府、企业以及社会机构等都是学校服务之对象。"服务"也是学校工作的内容和归宿。判断教学工作是否落实、成效是否显著，都应以"服务"的质量和成效为评价标准。"服务"既是学校走入社会的主要路径，也是学校吸纳社会资源的重要手段。当然，作为一所大学，应该具有大学的本质，充分尊重育人规律和教学规范。教育不是商品，学校不是企业，将完全意义上的"服务业"的产业性和"商业味"引入教育，不仅不适当，而且也难实施，也得不到社会的认可。

2. 教育价值的人本性

以人为本是科学发展观的基本要求，服务师生发展是教学服务型大学的基本价值。在教学服务型大学中，以人为本首先要更多地体现以生为本，树立一切为了学生，一切服务学生的思想，在专业设置、课程内容和教学方法等，切实掌握学生的需求，在影响专业学科设置的各种要素中，更加侧重学生要素的制约作用，为学生努力提供更多的选择权。建立对学生成长的责任，关心学生，了解学生，全员育人，掌握学生的思想动态，努力为学生的成才成长创建良好的环境。谢维和教授曾经提出："高等教育是否把学生作为主体以及如何体现学生的主体性，是当前高等学校内部体制管理改革和教学改革的一个核心问题。它涉及对整个高等学校管理、建设以及不断提高教学质量的认识。"[1] 教学服务型大学本质上是以需求为导向提供教育服务，要确立"以生为本"的服务理念，实质上就是要求我们站在"教育消费者"的立场，确立办学的市场意识，根据市场需要来设置专业，培养人才，进一步凸显人才培养中的服务指向。

教学工作是教学服务型大学的主要工作，教师是教学工作的主体和关键，服务教师是教学服务型大学的重要组成部分，以人为本也应体现在教师队伍的关注和建设上。在教学安排和管理流程的设计方面，教学服务型大学应该更多地考虑到教学工作的特点和教师的需求，强化对教师的服务意识和服务责任，为教师的教学和科研营造良好环境，激励广大教师提高教学服务水平。

3. 大学职能的教学性

教学服务型大学以人才培养为主要任务和服务内容，因此高度重视本科教学工作，牢固树立育人为本、德育为先的办学思想，始终坚持人才培

---

[1] 刘微：《首都师范大学党委书记谢维和教授谈如何看待学生的主体地位》，《中国教育报》2003年1月14日第4版。

养的根本地位、本科教育的主体地位、教学工作的中心地位和教学质量的核心地位，深入推进本科教学质量与教学改革工程，将不断提高本科人才培养的质量作为全校工作的重中之重，确保教学为主、教学为重。在处理教学工作与其他工作的关系上能做到优先研究教学、优先安排经费、优先满足教学条件、优先落实教学任务、优先配备教学管理干部。一句话，优先配置教学资源，由此全面落实教学工作中心地位。教师是教学服务型大学建设的成功关键，因此应高度重视师资队伍建设，重视教师"服务意识"和"服务技能"的培养，采取引进与培养相结合的办法，不断优化师资队伍整体结构，加强专业合作，构建融教学、科研和社会服务等职能为一体、和谐发展的教学团队，促进教学研讨和教学经验交流，推进教学工作的传、帮、带作用，改革教学内容、方法和手段，面向社会需求，开发优质教学资源，不断提升教师队伍"面向服务对象"的教学水平。与此同时，教学服务型大学也要建立以教学为中心的评价体系。采取学生自主评教、教学单位评教、用人单位评教相结合，网上评教、课堂评教相补充等各种开放式的教学评价办法和以促进教师专业成长为主的发展性教师评价措施，引导和激励教师的工作积极性，构建既有利于提高教学质量，又有利于教师个体专业成长的评价体系。

4. 人才培养的应用性

教学服务型大学是面向服务对象的大学，因此其培养人才具有较强的针对性和应用性。国家对大学的要求、社会对人才的需求、学生对求学的需求，构成教学服务型大学的"服务对象"和"服务面向"。教学服务型大学必须根据"服务需求"的导向，根据学校的办学条件和发展目标，根据求学者对教育的需要，确定人才培养的导向，以应用型人才培养为中心和根本任务，以应用性科学研究为主，是一种应用型大学。教学服务型大学的培养目标是高级应用型人才，主要面向地方经济发展需求，必须与社会经济、产业发展紧密结合，与企业生产实践紧密结合，与地方教育推广培训紧密结合。培养知识广博型人才或者学科知识型人才不是教学服务型大学的主要任务。需要指出的是，教学服务型大学的"满足"服务，不是简单的、迁就的、听之任之的"满足"，而是在尊重教育规律和教学规范的基础上的，满足国家的要求、满足人的成长的需求，满足社会对人才的需求。在科研导向上，教学服务型大学主要研发地方经济发展需要的应用性科技成果，推广科技成果转化应用，关注科技成果开发与应用需求，直接对接企业技术开发需求以及问题解决。同时科研必须服务教学，服务人才培养模式改革，服务教师成长和教学水平的提高。

5. 学校系统的开放性

"服务"是面向对象做事并从中受益的活动，是为他人服务，不存在脱离对象的自我服务。因此，开放性是现代大学的基本要求。没有开放性，没有对于服务对象的广泛接触，就不可能拥有广泛的服务受众，不可能了解对象的需求，也就不可能更好地提供"服务"。教学服务型大学作为一种全新的"基于服务对象需求"的大学，以开放性作为一个基本前提，其本身就要求与社会密切融合在一起，因而是一个开放的社会子系统。教学服务型大学是一种基于服务理念设计的大学，是一种走出了"象牙塔"的大学。它需要有很强的外部信息和资源获取能力，有完整畅通的开放制度管道，对内面向学生，对外面向社会，通过各种平台的建设和各种不同的方式将社会信息与经济功能融合到其教学科研活动之中，通过教师多种途径的实践历练，通过丰富多彩的社会实践，让学生获得面对世界日益变化所需要的知识和能力，了解社会以及企业界真正的需求及其所要解决的问题，进一步提高学校教育与社会需求的适切性。

6. 组织管理的创新性

彼得·德鲁克认为，创新型组织是指组织的创新能力和创新意识较强，能够源源不断地进行技术创新、组织创新、管理创新等一系列创新活动进而产生卓越绩效的组织。创新型组织对于大学而言，组织是由知识、资源环境、学习者和教学者所组成的整体，创新主要体现在知识创新上和知识的传授上。当下培养创新型人才已成为社会急需，因此，以服务社会需求为宗旨的教学服务型大学，理应将培养学生的创新意识、创新思维和创新能力置于重要位置，培养适合社会发展需要的创新型人才。教学服务型大学对外服务社会，对内服务师生。如果将教学工作作为对外服务的主要内容，那么，管理创新、流程优化和组织重构就是对内服务的需要。进一步说，教学服务型大学要从单纯的学术性组织转变为服务型组织，最大的变化在于学校的观念的转变。传统的以学校为中心的大学管理模式，必须根据"服务"的理念重新作出安排和设计。举例来说，以往学校专业设置，是从现有学科的自然延伸，只要有学科的支撑就可以。而现在却要从"服务"的要求来考察专业设置的必要性、可行性。至于学科的作用可能还是后一步的事情。再说得明白些，学科可以在专业设置确定后重建。而对于那些尽管有学科支撑但是缺乏"对象"需求的专业，则不一定能纳入学校专业建设发展规划。由此可见，在教学服务型大学的框架下，原有专业的设置原动力和原机制都发生了变化。这个正是教学服务型大学管理创新的重要体现。

第二节　教学服务型大学的发展逻辑

一　大学职能与大学资源

美国经济学家和教育经济学家鲍温在谈及美国高等学校职能及高等学校的分类时认为，"高等学校主要是基于对高等教育职能的相对侧重来进行分类的"。① 高等教育职能的分化与高等学校的分层分类发展是互为因果的关系。高等学校职能的历史演变过程伴随着高等学校的不断分化而呈现类型的多样化，这种类型的多样化是由高等教育职能的分化发展所引起的。在一定意义上说，高等学校的分类与高等学校职能的分化是同一问题的两个方面。②

从前面的研究分析我们不难了解到，尽管有众多的理论参与大学分类的讨论，但是就迄今为止的理论成果来看，大学分类的基本依据主要的还是大学的职能。进一步的研究分析可以看到，无论是国外的分类法，包括美国的卡耐基大学分类，还是国内的大学分类，就其本质依据还是大学的职能。从当下政府的管理导向来看，也主要是依据大学的职能来进行的。实际上，大学的教学、科研和社会服务三大职能，在不同的大学中，其作用、地位和投入是不尽相同的，不同的大学具有不同的侧重。根据大学对三大职能的不同侧重，可将大学划分为不同的类型。教育部原部长周济曾经说过："各类高等学校的职能都是育人为本，教学科研和社会服务协调

---

① Bowen, H. R. , *Investment in Learning* ［M］. Jossey-Bass Publishers, 1977, (8).

② 戚业国、杜瑛：《试探我国高等学校分类思路及方法》，《教育发展研究》2005 年第 12 期，第 61—64 页。

发展，区别在于科研和社会服务所占的比重不同。"①

　　笔者始终认为，从本意上说，中世纪大学就具有包括教学、科研和社会服务在内的各种功能，这是确定无疑的。尽管这一观点有些强勉，也不合潮流，但事实确是如此。中世纪的教会大学，主要来源于教会学校，其职能主要是培养神职人员，但是毫无疑问其中也有许多宗教知识的讨论和研究。如果教会大学的科研还比较勉强的话，那么许多世俗学校本身就是为法律研究和服务的目的建立起来的。从研究来看，博洛尼亚大学主要是为了罗马法的研究和运用，服务于自由城市兴起而创建的。巴黎大学也有许多神学祭奠和礼仪的研究和探讨。中世纪不少教师首先应该是从事高深学问研究的学者，其次才是从事教学的教师。具有某一学科高深学问的深入研究是从事学术职业的基础，否则就连最基本的执教资格都难以取得，从事教学更从何谈起？因此也可以这样说，即大学的三大功能，在大学建立一开始就具有了，只不过开发光大的阶段和程度不同。人们都说人才培养是大学的第一职能，笔者理解这里的"第一"是重要特征而言，而不应该是产生的次序。所有的大学都必须有人才培养，教学是大学与其他机构最重要的区别，否则就不能成其为大学。但是中世纪大学确实只有向他人传授公认的知识的职能，而不是发现知识，这是社会的需求，中世纪大学主要是通过理智训练培养人才，其教学方式是对权威著作的掌握与领悟，强调的是如何将其理论很好地传授给学生。而当时由于宗教神权控制和社会风气所限，也不允许"研究"和"挑战"真理。直到18世纪，自然科学发展和工业革命，大学才开始利用人才聚集高地的优势，逐渐公开地介入科学研究。洪堡开创了大学必须具有科研职能的制度，成为"现代大学之父"，但是远离社会的"象牙塔"里的庭院式科研，难以满足社会对大学的期望，难以满足国家对大学的要求。美国的赠地大学运动和威斯康星大学的实践，使得大学的服务功能逐渐张扬和开发，经过探索和积累，大学的社会服务功能逐渐上升为社会职能，大学直接服务于经济和社会发展的需要。从大学最基本的职能"人才培养"开始，慢慢地发展科学研究和服务职能，随后出现了研究型大学、研究教学型大学、教学研究型大学（见表3-2），可以清楚地看出大学从社会边缘一步步走向社会中

---

① 周济：《解放思想　开拓创新　推动高校科技创新工作蓬勃发展——在高等学校加强科技创新工作座谈会闭幕式上的讲话》，http://www.eol.cn/20021021/3070477.shtml。

心的轨迹。大学也在职能拓展和完善的进程中不断发展壮大，成为社会不可或缺的重要组成部分。

表3-2　　　　　　　　　　　　　大学分类表

培养类型职能侧重	应用型	学术型
偏教学	教学服务型大学	教学型大学（教学研究型大学）
偏科研	创业型大学	研究型大学（研究教学型大学）

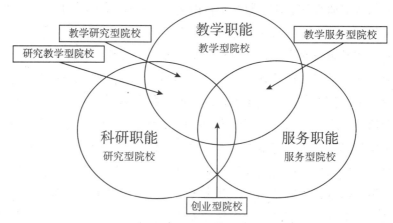

图3-1　大学职能与大学分类关系示意简图

二　大学服务职能的发展和回归

笔者认为，大学分类以职能为依据，有着深刻的经济学基础。大学的"功能"和"职能"都是大学能力的一种体现，都需要大学本身能力的支撑。大学职能表面上看是大学的能力问题，但是其背后涉及的是大学的文化积淀和资源配置问题。纵观世界大学发展，高水平大学和一般大学的投入和支出差异悬殊。大学职能体现的是大学的部分功能，但其背后是大学的重要功能——吸纳社会资源的能力，正是这一能力引导着学校的发展，决定了大学职能的履行和功能的发挥。大学的办学类别、层次和水平，某种程度上正体现了大学社会资源的吸纳和支配能力。没有资源支撑的能力既无产生的可能，也没有实施的可行。因此，大学职能的发展和拓展，也可以看作是大学吸纳社会资源能力的发展进程。

优化资源配置，更大限度地吸取资源，始终是牵动政府和大学参与大学分类的强大驱动力。在中世纪，大学通过人才培养，吸取社会资源。教师通过给学生讲学——教学的形式，传授知识，获得酬金，维持生计。当时的大学十分简陋，既无校园，没有地产，也无图书和实验设备，更不可能开展大规模的需要现代实验条件的科学研究。维持大学生存和发展的唯一功能就是人才培养。通过人才培养，输出精英人才，获得王权或教权的许可，赢得学生的认可。随着社会的发展，大学也开始积蓄力量，根据职能增长的需要逐渐有了校园和地产，加速积累大学的文化和能力。在自然科学发展在社会上产生越来越重大的影响、需要积聚人才开展科学研究时，大学勇敢地承担起科学研究的使命，运用自身的人才优势，发挥自身科学研究的职能，积极参与科技研究和进步的进程中，大学的社会地位进一步得到确立，吸纳社会资源的能力不断增强。但是，庭院式的科学研究虽然在推进自然科学基础研究中成效显著，捧得大量的诺贝尔奖，还是难以满足社会进步对科技的需求。迈开社会服务的步伐，开展科技开发和推广，是大学发展的必然。也只有积极参与科技创新和社会服务，大学才能跟上时代发展的步伐，获得更多的满足自身发展的社会资源，并一步步走进社会的中心。随着大学吸纳社会资源的能力不断增强，大学的服务意识、内容、方式和能力不断提升。大学职能的拓展和完善过程，也是大学吸纳社会资源能力不断提升的过程。中世纪大学如果不能服务社会，在社会发展中无所作为，教师就得不到薪酬，学校不可能生存，就会被社会所抛弃。一些中世纪大学之所以能流存至今天，很重要的原因在于它们能够与时俱进，适时调整和发扬自己的服务职能。政府对大学进行分类，很大的程度上也是为了资源的配置。早期英国高等教育管理中就对"大学"和学院进行了划分，而"大学"能获得更多的政府资助。尔后在发展城市学院的过程中，也将大学划分为多个类别，并依照类别和评估进行拨款。世界各国的大学分类，虽然有多种动机，但是按照类别分配资源是共同的驱动力。各种类型的大学所承担的使命和任务各不相同，得到的社会资源也不会一样，越是符合政府鼓励导向，越是具有承担更重的政府任务，得到政府资源的可能就越大，就越多。我国大学分类划分为"985"、"211"、"中央直属高校"、"部省（市）共建"等，也是由于政府配置资源的诱惑和推动。正因为每一类大学可以获得不同的资源，大学才千方百计跻身高资源的类型，不惜代价花大力气"跑部钱进"，以实现自身的使命。教学服务型大学的提出和建设，从某种程度上说，是大学职能的一个回归，也能为政府管理和资源配置提供一个参考。

大学分类选择，在大学内部也是一个资源配置的依据和导向。无须避讳，研究型大学的主要任务是培养研究生，承担更多的科学研究和技术创新任务。尽管学校也强调本科教育的重要性，但是工作的重点是放在学科建设和科学研究上，学校资源的配置和教师工作的考核无疑是在科研绩效方面。这种比较在"研究教学型大学"与"教学研究型大学"中更加显著。尽管用词换了一下位置，字面上理解是学校的职能侧重不同，实质上体现的是学校资源配置的侧重不同。与此同理，教学型大学的主要任务是教学，重点是本科生教育，教师的主要任务应该放在教学能力和水平的提高上。即使具有研究生教育的资格，也不是工作的主体部分。而教学服务型大学，它的基本任务也是教学。但是由于办学理念的改变，它的教学更多地具有了与社会需求联系和影响的要求。根据社会需求配置学校资源，也是教学服务型大学的根本特征和本质要求。

三 教学服务型大学的发展逻辑

1. 大众化加速大学分化

进入 21 世纪后，大学的地位空前提高，高等教育在世界各国都获得了长足的发展。据有关方面提供的数据，近十年来世界大学在校生规模增加一倍，2009 年全球大学在校生总数已经超过 1.61 亿人。在大众化和普及化的背景下，世界上高等教育的理念与模式都发生了重大变化，其趋势主要表现在两个方面：一个方面是高等教育机构的多样化趋势。多样化又表现为多层次和多类型两个特点：多层次是指传统大学向下延伸为专科层次，向上延伸为硕士、博士两个层次。这一现象在美国体现为初级学院（社区学院）、大学、研究生院"三级体制"，在日本体现为大学、短期大学、专科专修等四种类型。多类型是指教育形式多样化，出现学历与非学历，全日制与业余制，本地与远程、培养与培训等多种教育组织形式。在大学内部也开始发生一系列的变化，如由单一化办学模式向多元化办学模式转变；由单科性大学向多学科综合性大学转变；由以人文教育为主向以科学教育为主再向人文教育与科学教育相结合转变；由培养人才到发展科学再到直接为社会服务的不断适应时代发展的转变；由最初的英才教育向大众化教育和普及化教育转变；由最初坚守自主自治和学术自由向相对的自主自治和学术自由转变；由封闭型教育向开放型教育转变；由一次性、"批量"的终结教育向个性化、持续性终身教育转变；实现了进行纯理论研究和面向社会服务在一定程度上的协调与结合；实现了大学教育国际化与民族化的逐步结合和统一。

高等教育多样化的研究认为，社会各领域、各部门对人才的要求是不同的；而每个部门的不同岗位又要求有各种不同类型、层次的人才，教育必须是多样化的。这种多样化既表现在类型、专业上的不同，也表现在层次、培养目标、教学要求和方法等方面的区别。① 高等教育多样化是伴随着高等教育系统及其功能的日趋复杂而发生的，高等教育系统及其功能的日趋复杂是三个方面力量作用的结果。一是知识体系的复杂化。按照波普尔的观点，知识的进化呈现出两种截然相反的形式，一种是应用知识趋向于不断分化和专门化；另一种是理论知识趋向于整合和统一。大学要对不断分化和专门化的知识做出回应，给新兴学科尤其是应用学科以一席之地，同时由于理论知识的整合形态不断发展，大学对高深知识的探讨也显得永无止境。在大学中，"学术资本主义"受到鼓励，大学与工商业的合作不断得到加强。这些都成为高等教育系统朝向分化和多样化发展的动因。二是劳动力市场的多样化。随着社会生产力的发展，人们物质文化生活水平提高了，精神层次的要求越来越高，进而新兴行业增多，原有行业提供的服务也日趋完善。劳动力市场对高层次人才的需求也呈现出多样化和经常变动的特点。因而，高等学校的"对口"培养模式不能满足劳动力市场的多样化需求，从"对口"走向"适应"是高等学校人才培养模式的必然选择，它从根本上要求高等教育具有更加多元的结构，高等教育系统更加多样化。三是大学职能的演进。高等教育的职能并不是一成不变的，它随着社会的发展而发生变化。当下人们对高等教育的人才培养、科学研究和直接服务社会的三大功能基本达成共识，尤其强调直接服务社会这一新职能。"由于知识对社会的发展发挥着越来越重要的作用和知识社会对知识无以复加的强调；由于劳动力市场对毕业生的持续增长的多样化需求；由于新学科和新行业的不断出现，大学与社会的关系将日益密切，大学将进一步走出象牙塔，更加面向社会办学，为社会服务的功能将更加彰显。"②

---

① 王义遒：《高等教育多样化对构建和谐社会的重要作用》，《中国高教研究》2007 年第 11 期第 13—18 页。

② 徐萍：《高等教育多样化的发展进程与推进策略》，《江苏高教》2009 年第 5 期，第 11—13 页。

　　有研究认为：高等教育系统多样化的发展策略和历史进化趋势产生的根本原因在于，随着高等知识和高深文化的社会价值不断上升，社会中日益繁多的利益主体对高等教育提出了价值期待和消费需求；与此同时，由于高等教育可利用资源的有限性，它难以完全承诺、应和、满足多种利益主体的多元价值期待，并因此而造成多元利益主体（及其价值期待）彼此之间的冲突。① 由此我们可以得到三点启示：（1）多样化是彼此冲突的多元利益主体之间集体选择和公共决策的产物，是高等知识、高深文化和高等教育发展的必然；（2）为了赢得自身的合法化存续，顺应多样化趋势，高等教育系统必须根据自身的状况，鼓励进行多目标决策，克服趋同性；（3）多样化发展已经成为高等教育发展的规律，大学唯一的选择只能是主动推进或被迫接受改革，特别是其功能系统的多样化、选择、决策和变革。

　　经过十多年的发展，中国进入了世界公认的高等教育大众化阶段，部分地区毛入学率已经接近50%，开始朝着普及化的目标迈进。随着规模的不断扩张，带来了高等教育入学模式的变革。入学门槛不断降低，进入高等教育领域的学生本身的分化和差异性扩大。过去，由于严格的选择性入学，高校学生本身在文化、知识上具有相当大的同质性，而现在异质性程度在增大。学生本身的分化和内部的差异，不仅表现在不同学校之间，而且表现在同一个学校之内。面对这种不断的分化和较大的差异，包括学生的成就取向、学术背景、知识基础及其个性、兴趣爱好等，学生、社会对知识结构的追求和学习动机的不同客观上提出了学校的定位、服务面向和培养目标的改革需求。

　　高等教育的转型也在加快。高等教育系统日趋呈现多样化的特征。具体表现为：（1）办学主体多样化，形成了国家办学为主和民办高等教育、公有民办、社会办学并举的多元化的主体格局。通过办学主体的多样化，拓展高等教育融资渠道，推动和促进高等教育功能强度的增强。（2）办学形式多样化，有普通全日制大学、成人教育学院、电大、夜大、函大、职大、自修大学等多种办学形式。通过高等教育组织机构的多样化，推动、促进高等教育功能类型的增加。（3）培养目标多样化，培养理论型、

---

　　① 陈伟：《高等教育多样化发展的哲学思考》，《浙江大学学报》2003年第5期，第138—144页。

应用型、技能型、管理型、复合型等多种类型的人才。通过培养目标的多样化，服务社会多样化人才的需求。（4）教学内容和培养方式多样化，不同学科、不同专业有不同的培养目标、课程体系和教学内容，在教学过程中灵活采取教学方式进行教学，发挥老师的主导作用和学生的主体作用。教学内容的多样化，服务不同学生自主构建知识结构的需求，适应社会分工不断细化的专业需要。高等教育的对象日趋社会化、构成日趋多样化、教育层次多样化，从大学功能的角度反映了社会分工的日趋细化和大学面向对象的多样化、多层次化等。高校类别增多，具有新的培养类型和模式的新大学不断产生，大学新的品种高校职能分化加剧，分工更加细化。在不断稳定和提升培养质量的同时，更加注重学校、学科、专业的"特色"的创建和彰显。

近几年来，随着高考录取率的大幅攀高和少子化引发的生源减少，高校间竞争不断升温，各高校之间面临的师资、生源、资源的竞争日益剧烈。生源大战已经从招生季节发展为常年竞争，公办与民办高校之间、公办学校之间、民办学校之间的竞争不断升级，一些办学声誉不高的学校生源不足，且新生报到率持续大幅下滑，毕业生就业遇到较大困难。部分大学经费结据，运转困难，大学之间"洗牌"开始，进一步凸显大学在市场中选择定位和决策的重要性和紧迫性。

2. 高等教育的发展转型

在高等教育大众化、多样化不断深入的条件下，为了赢得竞争，在不断提高教育质量的同时，大学必须转型，加强自我规划，不断调整自身的定位，增强服务意识，提升服务能力，在服务中作贡献，在服务中寻机遇，在服务中求发展。

在我国进入高等教育大众化的初期，一些学者就预见到高等教育发展的趋势，在总结分析高等教育大众化发展阶段所面临的新形势、新挑战之后，提出了"高等教育转型"的概念。胡建华认为，"高等教育转型就是构成高等教育的诸要素如学生、教师、教学、学术组织、管理体制等在一定的内外部条件作用下所发生的部分质变或量变的过程。"[1] 林素川认为，当前我国高等教育发展处在转型的关键阶段——由精英化教育向大众化教

---

① 王建华：《论近年来的我国高等教育转型》，《南京师范大学学报》（社会科学版）2008年第11期，第74—79页。

育转变；由单一体制向混合体制转变；由主要依靠计划调节向主要依靠市场调节转变；由学校中心向学生中心转变。我们之所以称之为"转型"，是因为高等教育从发展模式、发展速度、办学理念、经营方式上都呈现新的特点。① 李腾认为："我国高等教育下一步改革的方向应从实现体制的转换进入到高校内部的改革。通过高校内部的改革，不断探索出适应社会主义市场经济需要的高校办学模式。"②

　　在高等教育转型理论研究方面，清华大学谢维和教授在国内最早提出了大学转型的"服务"方向，并对缘由作了精辟而又有远见的见解。他认为高等教育转型发展，首先"客户"意识应该成为高等教育和高等学校办学的价值取向。这个方面的转型至少应该具有两个方面的含义。"第一，从高等学校的角度看，必须淡化和改变过去"隶属"的观念，不是仅仅把自己看成是某个部委的学校，而是在坚持社会主义办学方向的基础上，把自己看成是为'客户'服务的机构。这里的'客户'包括政府、学生、企业、各种社会机构和团体、地方部门，以及所有需要从高等教育中获得服务的组织和公民。由此形成一种非常广泛的社会依托和支持系统，在资源配置和经费来源上形成一种多元化的结构特征。这样，才能缓解和逐步改变高等教育经费紧张的局面，使高等学校的发展获得良好的资源基础。第二，从高等教育管理者的角度看，虽然政府仍然应该是高等教育的管理者，而且，政府将很可能仍然是高等教育经费的主要来源。但是，这种管理和提供经费的方式仍然需要转型。就前者来说，高等教育行政部门的管理应该促进高等学校的自主办学，应该促进高等学校作为社会主义市场经济体制下高等教育的微观基础的建设；就后者而言，高等教育管理部门可以作为一种特殊的'客户'，通过委托和招标等各种形式为高等学校提供经费，由此使高等学校能够更好地适应社会各个方面的要求，不断提高办学效益。"③ 第三，他提出，高等教育改革和发展的本位应该从学科转向市场。"所谓高等教育改革和发展的本位，是指高等教育或高等学校改革和发展的出发点'，从某种意义上说，也就是高等教育或高等学

　　① 林素川：《科学发展观与高等教育的转型》，《东南学术》2004 年增刊，第 265—267 页。

　　② 李腾：《中国高等教育发展转型期的方向选择》，《财经科学》2004 年增刊，第 208—209 页。

　　③ 谢维和：《当前中国高等教育的转型及其主要取向》，《中国高等教育》2001 年第 6 期，第 4—8 页。

校资源配置的基本原则。长期以来，高等学校一直是把学科建设作为学校建设的重要基础和出发点，并把学科作为学校各种资源配置的基本结构，包括队伍建设、经费投入、项目申报和管理，以及专业和课程建设，等等，并以此作为高等学校办学的基本思路和衡量高等学校办学水平的重要标准。他认为，就高等学校本身来说，以学科建设为龙头带动其他方面的改革和发展是对的。但是，学科并不是高等学校建设的本位和高等教育的出发点。换句话说，办高等教育或高等学校，并不是单纯地为了办学科，而是为了服务社会。如果说在高等教育相对封闭的时候，在高等学校只是以政府为中介与社会进行联系，而不必自己操心如何适应社会时，高等学校可以比较单纯地进行学科建设；那么，在高等学校面向社会自主办学的今天，完全和单纯以学科为本位恐怕就会出问题了，因此必须充分考虑市场的需求。"① 这也就是说，应该更多地根据市场的需要进行高等学校的配置，或者说，按照人才市场或劳动力市场的要求和变化整合高等学校的各种资源。他列举了两个方面的案例来说明这种转向。第一，各个学科之间的综合已经成为现代社会和高等学校中学科建设的重要取向，而这种综合的重要依据就是社会生产实践领域的划分。第二，专业建设的本位问题。在一些高等学校，专业调整甚至没有突破过去院、系的范围。其实，社会实践和经济建设与发展对人才的需要，往往并不遵循高等学校中学科的分类。而专业作为现在我国人才培养的基本形式，当然不能仅仅以现在的学科为依据，而必须跨学科地进行专业建设和调整，并由此进行人才培养。② 这些分析，体现了作者的学术远见和洞察力，也从一定程度上证实：学校拥有的资源的大小是决定学校方向的主要力量，直接影响到大学组织的行为。大学的这种转型是以资源的吸纳为动力的，同时也是以职能的拓展、服务面向的改变来实现的。

　　笔者认为：高校转型最根本的目的，就在于主动适应我国经济发展新常态，积极融入产业转型升级和创新驱动发展，推动转型发展，助推高校把办学思路真正转到服务地方经济社会发展上来，转到产教融合校企合作上来，转到培养应用型技术型人才上来，转到增强学生就业创业能力上来，全面提高学校服务区域经济社会发展和创新驱动发展的能力。高校转

　　① 谢维和：《当前中国高等教育的转型及其主要取向》，《中国高等教育》2001 年第 6 期，第 4—8 页。

　　② 同上。

型就是要真正转到与经济和社会发展的结合上来，推动高校调整思路，眼光朝下，面向市场，在办学定位、学科与专业、培育理念与模式、课程体系、实践教学、产学研结合以及考核评价体系等方面，全面贯彻服务经济和社会发展对人才的要求，更好地提升学习者的技术技能、就业质量、创业能力并奠定其长期职业发展的坚实基础，使高等教育为经济社会和学习者发展创造更大价值，为全面建成小康社会提供有力的支撑。显而易见，转型与教学服务型大学的发展定位是异曲同工，完全吻合的。

3. 教学服务型大学的发展逻辑

教学服务型大学因应社会发展进程，将"服务"作为学校的出发点和归宿。以服务为宗旨，以教学为主要职能，进一步贴近社会需求，深化人才培养模式的改革，不断提高人才培养质量。"服务"是教学服务型大学的本质特征。服务政府导向，服务人才需求、服务人的发展需要，培养社会新人，构成教学服务型大学"服务"的主要内容。

大学从中世纪走来已越千年。随着社会的发展和社会对大学需求的深化，不断强化自身的职能，最终形成人才培养、科学研究和社会服务的职能。但是，在大学教育实践中，学校往往以被动地"适应"、"追赶"社会的需求，而社会需求是处在发展变化之中的，因而这种"被动适应"往往难以达到理想的效果。在高等教育大众化、多样化背景下形成的高等教育市场，是一个完全不同以往的买方市场。人民群众逐渐掌握了选择高等教育的主动权。在这种情形下，我国许多大学中仍然存在严重的"两个不适应"的问题——不适应国家对人才培养的要求、不适应经济社会发展对人才培养的要求。大学只有"脱下袈裟"，"放下架子"，确立服务意识，主动走进社会，服务社会，积极推进以社会需求为导向的人才培养模式改革，努力满足社会对人才、对大学的时代要求，才能从社会获得丰富的资源和足够的营养，才能在激烈的竞争中立于不败之地。换句话说，大学已经进入"服务"的时代。

教学服务型大学就是这种大学模式的改革尝试。诚如前面分析的那样，大学一开始就具有教学、科研和服务的功能。在大学不同的发展阶段，功能逐一上升为职能，不断满足社会对大学的需求。大学固有的三个职能逐一得到培育和有效开发，为大学定位发展提供了不同的组合和选择。各校之间办学职能的不同侧重，形成了大学之间不同的定位。围绕人才培养这个中心，研究型大学、研究教学型大学、教学研究型大学、教学服务型大学和教学型大学，同样都是大学多样化定位的不同选择。西方服务型大学本质上就是研究服务型大学。从而我们有理由相信，研究服务型、教学服务型大学的出现也是大学发展进程中的一个必然品种。正像产业经济规律从农业经济到工业经济再到服务经济、随着经济和社会的发展服务经济最终将越来越彰显重要意义一样，我们认为，高等学校办学功能的转变规律，也是从人才培养走向教育与科研并重最终走向人才培养、科学研究和社会服务并举的办学形式。随着社会的发展和高等教育本身的发展，大学的服务功能将进一步得到彰显和提升，最终成为高等学校办学特色和办学实力的集中体现。

大学的科研、教学和社会服务是统一的。通过科研，发展科技，促进生产发展是一种社会服务的形式，通过教学培养品德高尚、素质全面、具有独立思考能力和批判能力的人才，也可以促进生产力的发展，净化社会风气，推动社会进步。① 提倡发挥高校的社会服务功能，许多人就简单理解为科技开发服务社会的功能。的确，大学应该发挥人才集聚优势，将科学研究成果推广社会、造福和回报社会。但是，这不是大学服务社会的全部和唯一内容。其实，教学工作和人才培养本身就是大学社会服务的重要形式，也是其他社会服务项目得以展开的基础，是大学最基本最重要最核心的职能。当年威斯康星大学就提出，大学的基本任务是把学生培养成有知识、能工作的公民；进行科学研究，发展新知识新文化新科技；传播知识给广大民众，并帮助解决社会生活中的各种问题。可见，把学生培养成有知识、能工作的公民也是大学的职能内容。因此，特别是对于大多数新建本科院校来说，服务社会并不一定要"弃长取短"、"舍近求远"，花尽精力、财力在教学之外去寻找所谓的"社会服务项目"，立足人才培养，做好教学工作，输送合格人才，服务人力资源素质提升，同样也是社会需要和欢迎的服务项目，而且是更重要、最主要的服务项目。换句话说，教学完全可以成为高校服务社会的重要职能。我们不应简单地以科研和社会服务项目来代替原来的教学，而应该把社会服务的理念渗透于教学之中，最大限度地发挥高校人才培养的社会服务功能，提高教学的社会效益。

教学服务型大学的"服务"集成了当今"服务"科学和理念发展的最新成果，具有丰富而深刻的内涵。"教育服务"研究认为，教育是一种

---

① 李曙明：《高等院校应大力增强社会服务功能》，《光明日报》2011 年 10 月 9 日。

服务，是一种有别于服务性企业的服务的服务。"服务"最初是从企业全面质量管理中引入学校管理的一个概念。以"消费者为中心"和"质量的持续提高"为核心观念的全面质量管理思想，强调尊重消费者的权益和要求，并置消费者于整个管理体系的最重要位置。教育服务是教育主体在教育实践中，从教育产出的服务性出发，对一系列高等教育问题所形成的总体看法。其主要的观点有：教育服务是教育的基本产出，学生是学校的直接顾客，不断满足学生明确和潜在的求学需求是教育改革和发展的出发点和归宿等。显然，在教育服务理论中，服务对象的需求是教育活动的出发点和归宿。这里的服务显然包括了国家、社会和学生各个层面的综合需求。教育经济理论的研究也认为，教育是一种"服务"，而学生和社会则是学校教育最主要的"服务对象"，学校的各项工作就构成了一种服务链，最终通过教师的教学和科研将一种优质的教育服务提供给学生和社会。服务科学（Service Science，简写 SS）是在信息技术和现代管理理论高度发展的背景下，融合计算机科学、运筹学、经济学、产业工程、商务战略、管理科学、社会和认知科学以及法律等诸多学科，研究发展以服务为主导的经济活动所需的理论和技术的一门新兴学科。[1] 其精华主要是以服务对象为中心，从服务对象的需求出发，设计产品内涵和管理流程，以最大限度地提高服务的质量和管理的效率。在服务科学的相关研究中，经常可以见到的是"基于对象……"或"面向对象……"之类的词语。服务经济研究的观点认为，世界已经进入"服务"经济时代。当今社会各个产业结构之间不仅"你中有我、我中有你"，而且更直接地体现为它们都是以服务为载体、以服务为手段、以服务为依托、以服务为目标，按照服务的标准来经营所有的产业，确定和规划自己的行动，"服务"越来越成为企业成功的力量之源与可靠保证。还有学者提出，21 世纪是高扬"服务"旗帜的世纪，我们要根据这个时代精神来重新设计我们的教育理念。当下人类已经进入服务型社会。所有部门或行业，所有生产和消费的运行、管理与经营等均以服务为理念、以服务为手段、以服务为形式、以服务为目的方能取得成功。[2] 服务贯穿于整个社会运行之中，成为人们的行为准则，成为人们赢得竞争的主要途径。谁能提供服务、谁能提供具有

---

[1]　张润彤：《服务科学概论》，清华大学出版社 2011 年版，第 9 页。
[2]　孙希有：《服务型社会来临》，中国社会科学出版社 2010 年版，第 2 页。

较高质量或较有特色的服务，谁就能够得到社会的认同，获得发展的机遇、资源和环境。

大学能否顺利发展也取决于它所处的社会历史环境的制约。大学地位的确立以及大学职能的发挥取决于它面对社会需要能否及时做出应对、能否有效利用社会所能提供各种支持和资源。[①]更好地服务社会、服务广大求学者的需要，已经成为大学存在和发展的价值所在，成为大学自身发展的不竭动力，成为大学获取社会资源和支持的保证。斯坦福大学校长约翰·亨尼曾经说过："人们都说没有斯坦福就没有硅谷，我还要加一句话，没有硅谷就没有一流水平的斯坦福大学。斯坦福在硅谷最大的好处是我们知道企业在干什么，判断企业会遇到什么问题，我们提前替它们去做。科技园帮助大学更好地履行教学科研的职责。第二个好处是从产业界找精英来大学教书，让我们的学生更了解世界和社会，以及未来他们工作的环境。教师如果想参与产业，不需要走很远的路，尽管我们生活在数字时代，但是距离近还是有好处的，面对面的沟通是重要的。产业人员来大学也方便。大学和企业双方都欣赏彼此发挥的作用。"[②]这一论述，深刻阐释了服务社会与大学发展的相关性。刘延东也指出："我们将进一步拓展大学的社会服务功能，以引领开拓创新文明进步的新空间。大学只有与社会紧密互动，才能彰显自身价值，真正服务社会、引领社会。只有将理论研究与创新成果回馈社会，才能真正体现出大学的功能与成就。"[③]

将"教育服务"、"服务科学"和"服务经济"等理论研究最新成果引入高校办学分类和定位，推进高校办学思想的改革和创新，进而为解决长期以来高校办学的"两个不适应"问题创造条件，全面彻底地落实应用型人才培养的各项措施，在遵循高等教育基本规律和基本规范的同时，转变办学思想，加快从单纯的教学组织向社会转型中的服务组织转变的步伐，以服务社会需求为宗旨，在人才培养、资源配置、管理职能等各个环节全面贯彻"服务"的精神，凸显人才培养改革、学科建设和科学研究的需求指向，优化内部组织及管理流程，进一步增强人才培养工作的针对性、服务性、应用性和适切性，在"服务"的过程中提高教学质量，建

---

①　张磊：《欧洲中世纪大学》，商务印书馆 2010 年版，第 4 页。

②　杨晨光：《服务社会，大学创新的意义所在》，《中国教育报》2006 年 7 月 18 日第 1 版。

③　刘延东：《在第四届中外大学校长论坛开幕式上的讲话》，《中国教育报》2010 年 5 月 3 日第 1 版。

立自身的形象和品牌，获得较高的效率和效益，从而实现学校的跨越性发展。这就是"教学服务型大学"的主要内涵。①

四　教学服务型大学的合法性

合法性是任何一个社会组织赖以存在的基础。大学的合法性包括大学的合法律性、大学理念、大学的有效性以及大学制度等四个构成要件的合法性性状。合法性体现组织的正当性。大学只有在价值取向上符合正当性才能得到外部与内部的认同与接受，才能获得合法性。借鉴高丙中对社会团体合法性类型的划分，可以将教学服务型大学的合法性分为社会合法性、政治合法性、行政合法性和法律合法性四种。② 其中社会合法性指教学服务型大学取得社会的认可；政治合法性则是一种实质合法性，它涉及的是教学服务型大学内在的方面，如办学的宗旨必须贯彻党的教育方针、其教育教学活动符合某种政治规范即政治上正确，从而被判定是可以接受的；行政合法性是指将教学服务型大学的教育教学活动纳入行政组织监督管理的范围和程序，得到行政组织的认可和保护；法律合法性是指教学服务型大学依法取得法律地位，其合法权益受到法律保护，其社会行为及其相应的社会关系受法律调整。以上四种合法性对教学服务型大学的建设来说都是缺一不可的。

1. 教学服务型大学的社会合法性

社会合法性在于：因为符合某种社会正当性而赢得社会的承认乃至参与。"一种新的高等教育类型、机构存在的必要性、合法性，主要看其是否与一定的社会经济、科学技术发展需要相契合并有利于推进社会经济的发展。"③ 由于高等教育的发展和大众化的深化，推进了大学职能和服务面向的分化，注重服务意识，注重服务实践、注重服务贡献，已经成为许多大学越来越主动的办学行为。对于一部分地方院校和新建本科院校来说，如何确立人才培养的社会需求导向，改革人才培养模式，落实应用型人才培养的各项措施，已经成为许多高校的自觉行动。

---

① 徐绪卿、周朝成：《教学服务型大学——高校办学定位的新选择》，《中国高教研究》2011 年第 10 期，第 63—66 页。

② 高丙中：《社会团体的合法性问题》，《中国社会科学》2000 年第 2 期，第 100—109 页。

③ 刘献君：《经济社会发展与教学服务型大学建设》，《高等教育研究》2013 年第 8 期，第 1—9 页。

许多高校已经在面向"客户"办学方面走出了可喜的步伐。从近几年大学的办学经费组成来看，由国家和政府直接下拨的事业"纵向经费"在一定程度上已经只是学校总体经费预算中的一部分，比例呈明显下降趋势。来自其他方面的"横向经费"和自筹部分已经在总经费中占有越来越大的份额。政府许多"纵向经费"的下拨方式也发生了一定的变化，由过去的计划分配方式转变为现在更多的"项目方式"。许多大学在专业和学科建构中，强调社会需求的"适切性"，重视各种"客户"的不同需要的变化，体现了高等教育服务对象方面的转型。尤其是大量带有浓厚地方色彩的新建本科院校，更是竭尽全力走"以服务增贡献、以贡献争支持"的发展路子，为地方经济和社会发展培养人才，以服务获得社会的认可和赞赏。

2. 教学服务型大学的政治合法性

教学服务型大学首先是国家整个大学系统的一部分，它的所有活动必须符合国家法律。教学服务型大学的办学宗旨仍然是办人民满意的高等教育，必须保证社会主义办学方向，其人才培养应当符合党和国家的教育方针，教学工作应当贯彻执行党和国家的各项方针政策，坚持德育领先，用社会主义核心价值教育引导学生，教书育人，尊重育人规律，遵守办学规范，不断提高人才培养质量，培养社会主义事业可靠的接班人和现代化建设合格的建设者，为全面建成小康社会，建设和谐社会和社会主义现代化建设服务。

3. 教学服务型大学的行政合法性

党的教育方针是"教育为社会主义现代化建设服务，为人民服务"。显然，教学服务型大学的宗旨与党的教育方针高度吻合，其行政合法性不容否定。进入 21 世纪以来，随着高等教育的发展，党和国家对高等教育提出了新的要求，在明确提高质量、突显特色的同时，要求大学深化改革，鼓励大学走出校门，服务社会，并把服务置于大学发展的重要地位。

党和国家高度重视大学服务职能和优势的发挥。胡锦涛在清华大学建校 100 周年上的讲话中指出："全面提高高等教育质量，是高等教育的生命线，必须始终贯穿高等学校人才培养、科学研究、社会服务、文化传承创新各项工作之中。""必须大力服务经济社会发展。要紧紧围绕科学发展这个主题、加快转变经济发展方式这条主线，不断增强服务经济社会发展能力。"① 温家宝在同济大学建校 100 周年的视察讲话中，勉励同济大学，树立为社会服务的办学理念，把学校的命运，每一个老师和同学的命运同国家和民族的命运紧紧联系在一起。开放办学，勤俭办学，办出特色，培养全面发展的人才。② 习近平同志任上海市委书记时，就要求高校全面贯彻落实科学发展观，充分发挥知识密集和智力优势作用，主动服务于国家和上海经济社会各个领域，服务于科教兴国和科教兴市战略，在服务中谋发展，在贡献中求辉煌，为上海加快推进"四个率先"、加快建设"四个中心"和现代化国际大都市提供强大智力支持。③ 国务院副总理刘延东认为，大学应该始终以服务社会为方向。中国正在推动大学增强服务社会的功能，使学科建设、专业设置、人才结构、民众需求与社会需求更加契合，构建与科研院所、行业企业相互开放、紧密合作的格局，让创新的成果更好、更多地回馈社会，造福人类。她提出，高水平大学的价值不仅体现在学术的前沿性，同样体现在服务社会，推动解决重大问题上。只有敏锐地把握时代的脉搏，主动深刻地融入社会、引领社会，大学才能拓展自身发展的空间，赢得社会的崇高威望。大学还应该成为区域经济社会发展的助推器，立足区域产业行业发展特点，突出学科与专业特色，增强服务能力。大学还应该成为学习型社会的建设者，开放教育资源，帮助提升从业人员的知识、能力和技能水平，提高公众的科学素质和人文素质。大学还应该成为高端智囊团和思想库，关注人类的未来、国家和民族的未来，为解决全球性的重大问题和本国的经济社会发展中的难点问题提出建设性意见。④

《国家中长期教育改革和发展规划纲要》（2010—2020 年）明确提出，要"增强社会服务能力。高校要牢固树立主动为社会服务的意识，全方位开展服务。推进产学研用结合，加快科技成果转化；开展科学普及

---

① 胡锦涛在清华大学建校 100 周年上的讲话，http：//www. gov. cn/ldhd/2011 - 04/24/content_ 1851436. htm。

② 温家宝在纪念同济大学 100 周年时对学校的祝愿，《中国教育报》2007 年 6 月 27 日第1 版。

③ 习近平：《大学是城市振兴发展的强大支撑》，http：//www. xinhuanet. com/chinanews/2007-05/10/content_ 9984522. htm。

④ 刘延东：《中国正推动大学增强服务功能　让创新成果回馈社会》，http：//news. xinhuanet.com/video/2011-04/23/c_ 121338912. htm。

工作，提高公众科学素质和人文素质；积极推进文化传播，弘扬优秀传统文化，发展先进文化；积极参与决策咨询，充分发挥智囊团、思想库作用。鼓励师生开展志愿服务"（第 21 条）。教育部关于全面提高高等教育质量的若干意见也提出，要"增强高校社会服务能力。主动服务经济发展方式转变和产业转型升级，加快高校科技成果转化和产业化，加强高校技术转移中心建设，形成比较完善的技术转移体系"（第 16 条）。

党和国家领导对大学服务提出的要求，体现了国家层面对大学职能和发展趋势的新动向和新把握。大量密集的"服务"理念和要求的提出，必然需要一批相关大学为载体，直接呼应和落实国家提出对大学的"服务"要求。教学服务型大学的行政合法性也是显而易见的。

4. 教学服务型大学的法律合法性

细化分类，分类管理和分类指导，既是大学管理的需要，也是高等教育发展的必然。与其他大学分类一样，教学服务型大学是现代大学的重要类型，但它仍然是大学——高等教育机构，是国家高等教育体系中不可或缺的重要组成部分，得到国家高等教育相关法律的支持。

第三节　教学服务型大学研究的意义

教学服务型大学的提出和研究，具有重要的理论意义和实践意义。

第一，教学服务型大学的提出和研究，丰富了大学分类理论和品种，具有重要的理论意义。

众所知之，大学分类最早起源于欧美国家。20 世纪末开始，根据高等教育发展的实际，我国开始了大学分类的研究，取得了一些成果。在我国高等教育发展进程中起到了一定的指导作用，在国际高等教育研究中也有一定的影响。但是总体来看，大学分类理论比较少，而且现有的研究大多局限在欧美原有的基础上，与我国高等教育发展现状的理论需求还有很大距离。有的研究依据缺乏、界限模糊，层次不清，难以适切我国高等教育的现实。我们并不否认现代大学发源于中世纪欧洲的事实，但是也认为各国在借鉴和继承现代大学传统和规范的过程中，已经添加了大量"国家和民族"的元素，因此，大学既是国际化的大学，也是国家的大学。大学分类理论终归是要从国情出发，满足本国高等教育发展的需要，因此其基本理论也应在本国高等教育发展现实的基础上有所创新，体现本国的特色。当下我国已经具有世界最庞大的高等教育体系，高等教育市场竞争异常激烈。大学在加强内涵建设的同时，不断地研究市场、研究需求，寻找适合自身发展的市场空间，贴近社会需要发展壮大自身。教学服务型大学的提出和研究，丰富了大学分类的理论和品种，更加贴近高等教育的发展实际，能够为高等教育的大众化条件下的大学发展提供理论参考。

第二，教学服务型大学的提出和研究，为高校定位提供了更多的选择，具有深刻的实践意义。

如前所述，高等教育的类型和层次，只有在整体上适应和满足社会发展与人的发展的客观需要，才能充分发挥出系统自身的整体功能，并最大限度地促进经济社会和人的发展。反之亦然，高等教育只有在整体上表现出对社会与人的发展需要的层次和类型的适应性，才能在最大限度地促进经济社会与人的发展的同时发展壮大自身。大学分类既然是政府管理和配置资源的重要手段，那么，分类就必然贯彻国家意志，政府的管理对大学分类的选择自然是大学分类的风向标和指挥棒。无论从政府层面还是大学层面来看，大学分类首先应该服从政府资源配置的需要。对于各种大学分类理论的探讨，有利于理论的研究和比较优化，但是真正发挥作用的是政府认可的分类，因为它将最后决定政府资源配置的方向。在我国当下的大学管理和评价实践中，大多采用了"研究型"、"研究教学型"、"教学研究型"和"教学型"的四分法。尤其是在当前大学自身的规划和目标中，采用以上分类的占多数。设立教学服务型大学的分类，既能与现有大学分类相契合，容易获得政府和社会的认可。还可以增加现有大学分类的品种，便于大学根据自身状况和发展目标选择相应的类别。我国现有本科院校 1200 多所（含独立学院），各高校之间办学起点不一，办学目标多样，办学条件差距很大，因此，现有的"四分法"显得"容量"过小。增加教学服务型大学的分类，扩充了分类品种，满足大学更多的选择，因此具有重要的实践意义。

第三，教学服务型大学的提出和研究，为众多新建的地方本科院校、民办本科院校的应用型人才培养落到实处提供了依据。

在推进大众化的进程中，产生了许多本科院校，当下称作"新建本科院校"。据统计，从 1999 年以来，我国本科院校共增加了 600 余所，另外还有上百所学校被合并，因此，估算新建的本科院校有 600—700 所。

从数量上看，这些学校已经占到我国本科院校的 40% 以上，量大面广，已经成为我国高等学校大众化的主要力量。从办学条件上看，这些学校大都是高校扩招以后新建的或升格的本科院校，本科教育历史短，本科基础建设任务重，有的学校甚至与"合格"标准还有很大的距离。从学校的隶属关系上看，这些学校大都是地方政府投资举办，"具有浓厚的地方性"：首先是教育管理体制上的地方性。这些院校由地方政府举办并管理，与地方政府具有紧密而清晰的上下级联系，从某种程度上说，本身就是地方政府的资源库和智囊库，是地方政府直接领导下的智力机构；其次是大学使命的地方性。这些院校由地方政府出资主办，成为地方政府推动经济和社会发展的得力机构和最可靠的教育基地，肩负着直接满足地方求学需求，为地方培养高级应用型技术人才和服务地方经济文化建设的重要职责；再次，教育经费投入上的地方性。这些院校主要是依靠地方财政拨款。在现有高教拨款体制下，地方经济和社会的发展水平将直接影响高校的办学经费投入；最后，教育服务区域上的地方性。这些院校的生源主要来自于本地区，培养出的毕业生也主要在本地区工作；科研开发和文化创意产业也以服务本地区发展为主，成果转化也主要服务于本地区企业。可见，服务当地经济和社会建设，是这些院校的主要任务。以服务增贡献，以贡献求发展，应该成为这些院校的自觉行动。选择教学服务型大学，能够促使学校更好地端正办学思想，把主要精力和资源放在人才培养上，坚定服务理念，立德树人，更加关注人才培养质量，紧紧依托区域经济和社会发展，贴近需求办学，布局学科和专业，提升质量和水平。从这个意义上说，地方新建本科院校选择建设教学服务型大学的定位，非常必要，非常贴切。

我国民办高校实际上大多是地方院校，绝大部分民办高校面向地区经济和社会发展培养人才。我国民办高校已经进入一个新的发展时期。从 1993 年国家正式启动民办高校审批制度以来，短短 20 余年间，我国民办高校从无到有，从少到多，从小到大，已经具有一定的规模。从学校总数来看，截至 2015 年底，民办普通高校总数已达 734 所，（含独立学院），约占全国普通高校的 29%，接近三分天下有其一的份额。从在校生规模来看，2015 年全国民办高校在校生已经达到 610.9 万人，约占全国普通高校在校生 2625.3 万人的 23.27%。从办学层次上看，民办本科院校逐渐增加，民办本科院校在校生 383.33 万人，占全国本科在校生 1576.7 万人的 24.3%左右；全国已有 5 所民办本科院校获得国家特殊需求研究生培养试点，硕士研究生在校生 509 人①。更为可喜的是，抓住"国家教育规划纲要"实施的大好机遇，一批民办高校自加压力，提出建设"高水平民办高校"的目标，在一批国家级质量工程项目中也能见到一些民办高校的校名，重品牌、实内涵、抓质量、创特色已经成为部分民办高校的自觉行动。可以看出，民办高校已经成为国家高等教育体系中新的增长点，成为国家高等教育的重要组成部分，在推进高等教育大众化、多样化和选择性方面，担当了重要角色，发挥了积极作用，做出了巨大贡献。但是，随着高教资源的逐渐丰富，高等教育发展开始从资源约束转向需求约束，高教市场逐步从卖方市场向买方市场转变；随着少子化带来的影响，高教适龄生源急剧下滑；随着社会进步和人才需求的变化，人民群众接受高等教育的观念正在转变，从要求接受高等教育走向主动选择优质高等教育，这些转变，给处于弱势的民办高校带来了发展的巨大压力和严峻考验，特别是民办高校发展受到自身办学定位的制约。

从发展的历史看，长期以来作为公办高校的"拾遗补缺"，我国的民办高校大多走过一段定位不明晰的时期。发展初期，民办高校实际上实施的是精英化教育，与公办高校之间生源差距不大，教学计划照搬，带有很深的公办高校痕迹，甚至"复制"公办高校的培养方案和管理模式。随着高等教育大众化的不断深化，民办高校中"不适应经济社会发展的要求，不适应国家对人才培养的要求"的问题也很突出。学校办学实际与社会经济发展的需求逐渐脱离，与生源的实际情况和培养定位逐渐脱节。与此同时，仍有一些民办高校举办者眼光太远，定位空悬。"东方哈佛"、"民办清华"、"一流民办"等不着边际、虚无缥缈的定位不在少数，民办高校的办学定位问题突显。在整个高等教育系统加强内涵建设，加快质量提升的进程中，许多民办高校却仍处于趋同化的迷惑中艰难探索，导致办学摸不着方向，走不稳步子。由于定位不准，服务目标不明确，与地方经济发展对接不紧，处于"上不着天、下不着地"的艰难境地，严重制约了民办高校的发展和改革。教学服务型大学的提出和确立，将为民办高校正确定位提供启示和借鉴。另一方面，相对于地方院校，民办高校更有实施教学服务型大学发展目标的优势。由于办学体制的差异和办学自主权的

① 教育部：2015 年全国教育事业发展统计公报，教育部网站 http://www.moe.edu.cn.

宽松，机制相对灵活，民办高校办学与社会需求、市场需求应该有着更为紧密的联系，服务的区域更宽阔，服务的内容更丰富，招生就业、专业设置、科研成果应用以及内部管理机制等都将更加开放。民办高校本质上提供的是教育服务。从办学的要求来看，由于自主办学，自负盈亏，节省成本，讲究效率，需要牢固树立服务理念，站在教育消费者的立场，从教育消费者需求出发，为消费者提供更好更多的服务。

新建本科院校和民办本科院校科研能力弱，教学工作是绝大部分学校的主要任务，"应用型人才培养"已经成为这些学校的共识。但是，偌大一个群体，用一个"应用型"如何可以容纳得下！在"应用型"这面大旗的背后，又有多少"应用型"的内涵和实质？正因为如此，教育部新建本科高校教学工作合格评估方案，要求"深化"、"细化"应用的内涵，把培养目标深入到学校领导、教学管理人员和教师的观念和意识中，落实在培养方案中。同时，对于每一个专业，其应用型培养目标应该分解与落实、体现在专业的培养计划中；对于应用型，能够用更细化的内涵来诠释，比如"高素质应用型"、"工程应用型"、"技术应用型"或"应用型创新人才"等；在应用型的主流模式下，有没有更具体一些的细化模式，比如复合型、合格加特长型、工程技术型、工程管理型等。应该说，这些要求对于应用型人才培养的落实是十分必要的。但是这只是问题的表面。要把这些措施落实到位，使得应用型人才培养落地开花，还需要有崭新的理念作为基础，始终引导着教学改革的步步深化。教学服务型大学的理念，能够满足落实应用型人才培养的理念需求。通过"服务"理念的贯彻引领，切实转变学校的办学思想，基于服务对象思考和设计应用型人才培养的模式和途径，切实增强人才培养的适切性，加强与对象之间的培养过程合作，落实培养方案的各项具体措施，从而促使应用型人才培养落到实处。

第四，教学服务型大学，丝毫不会降低大学的品位和标准。在研究讨论中也有人认为，教学服务型大学，从职能上看主要是教学，科研和学科建设缺失，这将降低大学的标准，使其不能成为"大学"。也有人认为，教学服务型大学以服务为理念，可能使得大学的"功利性"加剧膨胀，丧失大学精神，降低大学品位。还有人认为，教学服务型大学与教学型大学毫无差异，否定其分类的必要性。我们认为，一种新的高等教育类型、机构的提出和建立，首先反映大学自身发展的规律。大学是需要积淀的文化机构。从专科到本科，从教学型到教学研究型和研究教学型，每一个类型都有自身的特殊要求，都需要一个较长的建设过程。教学型大学实际上指的是升格本科以后到那些所谓的教学研究型大学为止的众多大学，由于这些大学举办本科的历史较短，科研实力较弱，团队需要培育，学科实力尚未形成。学校得以奉献社会的主要职能，就是人才培养。"科学是专门化的，它传授给学生一个特定的技能，并在人的存在中占据一个不可取代的位置。通过教育，学生将成为专业工人。专业知识和技能使人成为某一方面的专门人才和专家，这种技能是生活所必需的。"①

　　"高校要为发展先进生产力服务，要为发展先进文化服务，要为满足广大人民群众根本利益服务，就必须高度重视科技创新工作，积极实施中国高校科技创新工程，并争取纳入到国家的知识创新体系中。"② 科研是大学的基本功能，也是学校提升教学水平和教师队伍成长的必要条件，教学服务型大学也不能例外，科研工作也是重要的工作之一。但是鉴于教学服务型大学中科研的"配角地位"和"边缘地位"，因此与其他类型大学的科研工作就有了自身的特色。首先，教学服务型大学的科研工作相对较弱，要有一定的规划和政策，引导和激励科研工作健康发展，不断增强学校科研工作的实力和水平。其次，科研工作要与应用型人才培养很好地结合起来，将技术应用、技术服务和技术推广，作为科研的重要抓手，稳步发展，精心培育，并将最新科研成果应用于教育教学过程，开阔学生的专业视野，帮助学生了解和掌握学科、专业、课程的来龙去脉与发展方向，跟踪学科前沿，既丰富了课堂教学内容，又提高了学生的学习积极性。再次，科研工作应该成为学校与社会联系的桥梁和纽带，为产学研合作增添内容，加强与社会的联系，了解社会需求，不断增强人才培养的适切性和针对性，更好地服务社会对人才的需要。最后，教学服务型大学特别注重教学研究与教学改革，积极探索科学合理的人才培养模式、先进的教学手段、教学方法与教学措施，不断提高教学质量。高水平教学服务型大学应大力开展学生创新实验活动，培养学生的创新意识、创新精神、理论探索与实践能力，为学生就业后走上社会、创新创业奠定坚实的基础。总之，

---

①　［德］雅斯贝尔斯：《什么是教育》，邹进译，生活·读书·新知三联书店1991年版，第55页。

②　周济：《解放思想　开拓创新　推动高校科技创新工作蓬勃发展——在高等学校加强科技创新工作座谈会闭幕式上的讲话》，http://www.eol.cn/20021021/3070477.shtml。

教学服务型大学注重科研对于教学的"服务"作用和反哺作用，运用科研来促进教学水平的提高，促进教师教学能力和教学水平的提升，为全面提高人才培养的质量服务。

对于教学服务型大学的品位，我们尚未深入研究。这里我们借用当代美国著名高等教育家、哈佛大学第25任校长德里克·博克的观点来说明。他主张"大学应该利用其独特的资源去满足重要的社会需求，正如公用事业单位有义务向所有顾客提供所需的社会服务那样"。① 用于发展高等教育的经费投入来自于社会。大学所需资金来自于政府和社会投入，那么"正是因为有了这种大量的公共资助，大学有理由承认自己的义务，应该向公众提供有助于解决重大社会问题的服务，回报于社会"。这些观点可以成为教学服务型大学的激励和鼓舞。更需要强调的是，"美国对高等教育的贡献是拆除了大学校园的围墙。当威斯康星大学的范·海斯校长说校园的边界就是国家的边界时，他是在用语言来描述大学演变过程中的一个罕见的改革创举。历史已说明这是一次正确的改革，其他国家现在已开始纷纷效仿这种美国模式"。② 因此，教学服务型大学不仅仅是提供了一种务实的大学类别选择，而且也体现出高等教育的一种时尚，选择教学服务型大学的发展定位丝毫不会降低大学自身的品位。

---

① ［美］德里克·博克：《走出象牙塔》，徐小州等译，浙江教育出版社2001年版，第73页。

② 转引自德里克·博克《走出象牙塔》，徐小州等译，浙江教育出版社2001年版，第73页。

第四章

教学服务型大学的基本理念

"理念"作为一个西方概念，源自古希腊语，由哲学家柏拉图将它演变为专门术语。柏拉图视理念为永恒的精神实体和万事万物的本原。如今理念一词已经超越哲学范围，越来越多地被运用到其他学科领域，也包括教育学在内。伴随我国高等教育研究的深入，不少学者也对大学理念进行了系统探讨并提出了自己的认识。肖海涛认为大学的理念就是要研究大学在自身发展和社会发展中的角色定位问题，涉及大学的性质与目的、职能与使命等相关的概念，从根本上回答大学是什么的问题，它揭示大学的性质，反映人们对大学的追求，它属于观念性、精神性范畴，与操作性、行为性的实践活动既相区别又相联系，后者受前者所指导。[①] 韩延明认为所谓"大学理念"，就是指人们对那些综合性、多学科、全日制普通高等学校的理性认识、理想追求及其所形成的教育观念和哲学观点。[②] 刘宝存强调，大学理念是人们在对教育规律的认识的基础上所形成的关于大学的性质、职能、使命、目的、大学与社会的关系等一系列大学基本问题的理性认识。[③] 王冀生提出大学的理念是人们对大学的本质及其办学规律的一种哲学思考体系，它以大学与人、文化、社会之间的深刻联系为哲学基础和基本线索，主要回答"大学是做什么的"、"什么是大学"、"怎样办大学"和"办什么样的大学"这样几个基本理论和实践问题，是一种大学哲学观。[④]

总之，作为一种对大学本质属性的认识，作为一种作用于大学实践的观念，作为一种影响大学发展方向的思想，对大学理念进行深入探讨不仅

[①] 肖海涛：《大学的理念》，华中科技大学出版社 2001 年版，第 4 页。

[②] 韩延明：《大学理念论纲》，人民教育出版社 2003 年版，第 69 页。

[③] 刘宝存：《大学理念的传统与变革》，教育科学出版社 2004 年版，第 15 页。

[④] 王冀生：《大学理念在中国》，高等教育出版社 2008 年版，第 2 页。

有利于澄清诸多基本理论问题，而且还有助于在高等教育多样化的背景下为特定类型高校的发展提供实践指导。同时我们还需要注意，大学理念并非一成不变的，而是随着时代的变革和社会的进步不断发展变化的。

第一节　大学理念的现代性演进

一　西方大学理念的现代性演进

1. 中世纪大学理念

尽管早在古希腊和古罗马时期，西方就出现过亚历山大里亚学院、雅典大学、阿卡德米学园、吕克昂哲学学校以及罗马大学等从事高深学问学术研究和知识传播的教育机构。然而，学术界一般认为西方真正意义上的大学产生于中世纪后期的欧洲，即中世纪大学。据统计，到了 1500 年的时候，欧洲实际存在的大学总共有 79 所。[①] 西方中世纪大学是顺应社会发展应运而生的产物，将分散性的学术活动集中起来，成为有组织、制度化和规范性的教育机构，它所反映出来的大学理念体现在如下几个方面：

第一，以人才培养为大学的唯一职能。

中世纪大学是适应社会对高级专门人才的需要而出现的，以教学为唯一职能，以培养专业人才为主旨，致力于培养社会所需的律师、医生、牧师、教师以及公职人员。虽然有学者提出中世纪大学也存在学术研究活动，但这主要局限于学者私人的兴趣和个体的行为，缺少系统化的规范和制度化的保障。最初的中世纪大学都属于单科性质，后来则一般都涵盖文、法、医、神四科。

第二，以自主自治为大学的组织特征。

大学自治源于中世纪大学力图在宗教势力和世俗政权间寻找自己相对稳定的位置。[②] 后虽经历史演变，但依然作为西方大学重要的历史传统和价值观念保存下来。中世纪大学脱胎于行会组织，而行会具有自发性、自治性和自卫性的特征。相应的，中世纪大学也多少具备了行会的特权和豁

---

① 韩延明：《大学理念论纲》，人民教育出版社 2003 年版，第 101 页。

② ［加］许美德：《中国大学 1895—1995：一个文化冲突的世纪》，许洁英译，教育科学出版社 2000 年版，第 19 页。

免，大学自治即由学生和教师们自行管理学校内部事务，主要包括罢课罢教和迁校权、设立特别法庭和内部自治权、师生的免税和免役权、教授审定教师资格权和师生参政议政权等。①

第三，以学术自由为大学的治学观念。

学术自由包括教师和学生两方所享有的自由，即教师有教学和研究的自由，教师有权以自认为合适的方式自主地进行知识教授和学术活动，学生有自由学习的权利。尽管学术自由理念在当时不可能完全实现，但一直成为大学不懈追求的目标。

2. 古典大学理念

伴随欧洲资本主义的发展、科学技术的迅速进步以及工业革命的兴起，传统大学已经难以满足国家政治经济发展的需要，西方大学理念也相应需要新的诠释和解读。以德国教育家和政治家威廉·冯·洪堡为代表的一批学者不仅领导创办了柏林大学，而且较为系统地阐释了古典大学理念的内涵。

第一，大学拥有双重任务。

洪堡指出大学兼有双重任务，一是对科学的探求，二是个性与道德的修养。洪堡所说的科学即所谓不追求任何自身之外目标的纯科学。大学是带有研究性质的学校，德国大学普遍认为只有真正的研究者才能成为优秀的教师。洪堡认为修养是个性全面发展的结果，是人作为人应具有的素质，它与专门的能力和技艺无关，任何专业性、实用性学习都会使人偏离通向修养的正途。② 由此可见，洪堡对于大学的单一使命提出了异议，强调科学研究与人才培养并重的观点，认为二者是可以同时进行相辅相成的即"由科学而达至修养"的原则。

第二，大学具有相对独立性。

洪堡指出大学应是享有独立自主地位的学术机构，这其中包含多重含义。一是大学需要独立于国家的政府管理体系和社会经济生活，不能仅仅成为国家的附属品。二是国家要为大学提供支持和保护，防止各种弊病损害大学的健康发展。三是大学师生应享有自由的权利，但同时也必须甘于寂寞不为世俗事务所扰，真正从事高水平的研究和修养活动。四是大学要

---

① 韩延明：《大学理念论纲》，人民教育出版社 2003 年版，第 101 页。
② 陈洪捷：《德国古典大学观及其对中国的影响》（修订版），北京大学出版社 2006 年版，第 30 页。

对社会履行责任。

尽管洪堡等人倡导的以柏林大学为代表的古典大学理念日益为时代所接受，但仍有学者坚持捍卫传统的大学观，英国红衣主教约翰·亨利·纽曼就是其中之一。他虽然和洪堡一样都反对功利主义的大学理念，强调知识本身就是目的，赞同培养有教养的人；但他将教学视为大学的唯一职能，指出研究活动应交由专门的研究单位承担。科研职能的提出面临着一些非议，但伴随德国大学的兴起及其对其他地区高等教育的深刻影响，科学研究学术探索已经日渐成为大学一项重要的使命和责任。

3. 现代大学理念

美国教育学家约翰·S. 布鲁贝克将支撑高等教育合法存在的哲学分为两类，即认识论和政治论。前者以知识自身为目的，强调学术客观性和价值自由；后者认为探索知识不仅出于闲逸的好奇，还在于它对国家的影响，强调政治目标和为国家服务。贯穿了 19 世纪不断加速的工业革命力量，给学院和大学所发现的知识以越来越现实的影响，学术知识发展了工业生产，同时也被用来减少发展生产时所引起的弊端，结果政治论的高等教育哲学与认识论的高等教育哲学并驾齐驱，甚至压倒了认识论的哲学。[①] 此前，高等教育的职能主要集中于教学和科研，现在它又担负起社会服务的责任，这种新的大学理念尤其在美国得到发扬光大。

美国著名政治家兼教育家托马斯·杰斐逊早在创办弗吉尼亚大学时就主张州立大学应成为建设各州的智囊团和人才的策源地，该思想成为美国大学为社区服务思想的萌芽。[②] 但直到莫雷尔法案的颁布实施，才真正促使高等教育与社会经济发展密切结合起来。一大批农工学院的建立成为美国高等教育界的一支新力量。在社会服务方面表现最为突出的高校首推康奈尔大学和威斯康星大学。

康奈尔大学致力于改变传统学院只接受上层阶级子女的做法，向中产阶级子女和农民子女打开校门，并向所有学科领域开放。康奈尔大学首任校长安德鲁·D. 怀特将他的办学理念归纳为以下 4 点：①康奈尔大学没有等级制度，所有的课程都具有同样的威望和地位；②大学生要从事校内的体力劳动，既可自助又能获得有价值的教育经验；③在所有知识领域

---

① ［美］约翰·S. 布鲁贝克：《高等教育哲学》，王承绪等译，浙江教育出版社 2001 年版，第 17 页。

② 肖海涛：《大学的理念》，华中科技大学出版社 2001 年版，第 67 页。

内，科学研究不仅是一门学问，也是一个不可忽略的训练过程；④教育的真正目的在于发展学生各个方面的才能，承担各种社会责任。① 由此可见，安德鲁·D. 怀特赋予职业教育同普通教育同等的地位，反映出大学要将教育教学、科学研究和社会服务融于一身，大学及其成员都必须承担起社会责任的思想。康奈尔大学的做法，深深影响着其他高校的发展，如密歇根、明尼苏达和威斯康星等州立大学在向更广泛人群开放的同时也把更多的实用科目引入高等教育之中。威斯康星大学的办学理念也体现出鲜明的面向社会服务的特征。威斯康星大学的校长查理斯·R. 范海斯的治学理念被查理斯·麦卡锡加以总结并以《威斯康星理念》为书名出版。范海斯提出大学的基本任务包括 3 个方面：①把学生培养成有知识能工作的公民；②进行科学研究，发展、创造新文化新知识；③传播知识，把知识传授给广大的民众，使他们能够运用这些知识解决经济、生产、社会、政治及生活等方面的问题。② 他尤其重视第三项任务，强调以此为全州服务。威斯康星大学一方面重视传播知识，将推广技术提供信息视为大学为本州社会经济发展服务的重要途径。1915 年知识推广部设立，包括函授、学术讲座、辩论与公开研讨以及提供一般信息与福利四类项目。另一方面强调专家服务，即由大学的专家学者为政府提供咨询。到 1910 年，威斯康星大学有 35 位教授在本州的各种委员会兼职。政治学家帮助起草法律文件，大学工程师帮助规划道路和建筑，农业科学家帮助发展乳制品工业。③ 除了加强与政府的联系之外，大学教师还会深入到生产部门进行指导接触社会实际。大学在走出去的同时也会注意引进来，实现双向交流互动，邀请社会上的专家能手来学校现身说法开办讲座指导教学科研。威斯康星大学由此成为当时高教界重视社会服务职能、加强与社会生活联系的典范。

重视社会服务强调联系生产、生活的现代大学理念，虽然在不少高校践行并取得了显著成效，但在实践环节中也存在着一定的问题，部分院校由于过分强调为农业、工业和商业提供直接的实用性服务而忽视了传统大学的教育性和学术性。这种新思想很快遭到坚持传统理性主义大学思想重视纯学术活动的学者的批评。他们认为开设过多的职业课程建立社会服务

① 王庭芳主编：《美国高等教育史》，福建教育出版社 1995 年版，第 137 页。
② 同上书，第 140 页。
③ 同上书，第 143 页。

站，是对大学使命的背叛并将降低高校的学术声望和水准。如亚伯拉罕·弗莱克斯纳就认为大学是一个有机体和学问的中心，反对大学成为一个公共服务机构。罗伯特·赫钦斯尽管承认大学肩负着社会责任，但指出这种服务是通过培养具有理性的人和批判社会时弊而实现的，他坚决反对大学对社会毫无原则地迁就，更不应该为社会和政治所左右。[①] 总之，尽管部分高校在实践社会服务职能中存在一定偏颇，一些传统学者呼吁重视学术性高水平教育的意见也相当有价值，但不可否认的是，社会服务已经作为现代大学的重要理念日益受到认可并逐渐显示出它的生机和活力。进入20世纪特别是二战之后，大学理念在继承以往成果的基础上，又根据时代要求进行了新的调整和突破，如多元化巨型大学理念、相互作用大学理念、服务型大学理念、创业型大学理念、后现代大学理念以及前瞻性大学理念等纷纷涌现，日渐表现出多元化的趋势。

二　中国大学理念的现代性演进

我国在历史上曾出现过成均、稷下学宫、太学以及书院等探究高深学问的机构。但直到19世纪末期，在西方大学理念和大学制度的影响下，我国现代意义上的大学才得以开始创立。20世纪初，一批以大学校长为代表的教育家开始对现代大学理念进行深入探索。

曾任北京大学校长的蔡元培，被誉为"中国真正开始致力于建立一种具有自主权和学术自由精神的近代大学的最著名人物"，可谓是致力于传播西方大学学术价值观的第一人。[②] 蔡元培的大学思想是德国经典大学理念在中国本土化的代表，他将学术研究与人才培养作为大学的两项重要使命，并且指出教学要以对高深学问的研究为基础。蔡元培"思想自由、兼容并包"的办学理念不仅促成了北京大学的改革与进步，而且对于我国近现代大学的发展产生了重大影响。此外，清华大学校长梅贻琦、浙江大学校长竺可桢、南开大学校长张伯苓、东南大学校长郭秉文等人都形成了独到的大学观并已将其付诸实践。在学习西方大学理念的同时中国的学人也开始了自己的探索之路，在促进大学教育向前推进的同时也丰富和拓展了大学理念。

---

① 施晓光：《美国大学思想论纲》，北京师范大学出版社2001年版，第87页。
② 王冀生：《大学理念在中国》，高等教育出版社2008年版，第67页。

1949 年中华人民共和国成立，为了适应工业化的需要，我国开始借鉴苏联经验对高等院校进行改造。1950 年颁布的《高等学校暂行规程》反映出我国大学职能开始不仅限于教学和科研活动，还开始涉及社会服务的内容。在人才培养目标上也开始以专才教育思想为指导，并指出在教学为主之外，生产劳动、社会活动和科学研究等也应成为培养人才的途径。在"文化大革命"期间，高等教育事业受到摧残和损害，大学理念也遭受冲击。直到"文革"结束后，特别是改革开放以来，我国的大学理念才得以继续发展和丰富，特别是近年来许多学者开始提出不少真知灼见。如杨叔子提出了文化素质教育思想，他认为大学不仅要选择文化、继承文化、传递文化，而且应该创造文化和发展文化；王大中则强调建设世界一流大学的教育理念。总之，伴随现代社会需求的多样化和高等教育实践的丰富化，我国的大学理念也呈现出多元化的特征，不同发展阶段不同类型不同层次的高校，也需要不同的大学理念指导、调整和创新。

第二节　走出象牙塔：现代大学的社会服务理念

二战后至今，伴随整个社会政治、经济和文化的飞速发展和剧烈变革，高等教育也呈现出日新月异的局面，关于大学理念的探讨日趋多样和深化，诸多学者对于现代大学的社会服务理念也提出了不少自己的见解。

一　多元化巨型大学理念

多元化巨型大学理论是由被美国教育界推崇为"最具有教育行政领导才能"的克拉克·克尔教授提出的，他曾先后于 1952 年任加州大学伯克利分校校长、1958 年任加州大学总校校长，后又担任卡耐基高等教育委员会主席以及卡耐基高等教育政策研究理事会主席等重要职务，在美国高等教育发展中做出了重要贡献。约翰·S. 布鲁贝克认为，克拉克·克尔是高等教育工具主义哲学的代表人之一，尽管工具主义哲学也高度估价人的理性，但却不把理智本身作为目的，而是把它作为解决问题的手段，不仅仅是学术问题也是解决商业、工业、政治和社会状况等问题的普遍手段。① 在从事高等教育理论和实践研究工作中，克拉克·克尔提出了多元化巨型大学的重要思想。他指出，多元化巨型大学具有若干种意义上的多元，它有若干个目标，不是一个；它有若干个权力中心，不是一个；它为若干种顾客服务，不是一种。它不崇拜上帝；它不是单一的、统一的社群；它没有明显固定的顾客。② 它与单一目标的学校存在着明显区别，是适应多样化社会的多种需求的综合复杂的大学体系。在多元化巨型大学的理论框架下，克拉克·克尔超越了传统大学的教学、科研和服务功能，而从生产、消费和公民素质三方面考察大学的使命和作用。生产功能指与产品产量和社会服务的生产过程有关的功能，表现在育人、训练、研究和服务四个方面，其中服务功能要通过正式和非正式形式开展咨询工作；消费功能指与学生和校园成员目前的产品和服务消费有关的功能，包括普通教育、校园社会生活规范、管理和实际占有性操作；公民素质培养功能指与学生、校友和教授的公民责任表现有关的功能，涉及社会化评价以及矫正补救。③ 多元化巨型大学具有鲜明的社会需求的导向性，强调大学职能的动态发展性，重视高等教育根据外界变化进行相应改革，顺应了美国的实用主义潮流，但它并未根本解决不同大学理念之间的矛盾，反而在一定程度上加剧了各种观念流派的纷争。

二　大学社会责任理念

德里克·博克是美国高等教育界杰出的教育思想家和活动家，曾长期担任哈佛大学校长一职。德里克·博克明确阐述了大学在人类历史发展中的重要地位和社会责任。他指出，20 世纪之前美国大学都只是些初具雏形的小学校，大学既不对外部世界产生多少直接影响，也不同其他社会机构有太多交集，接受大学教育在普通民众眼中也非必不可少的事情，但是第二次世界大战之后大学是象牙塔的说法就变得过时了，相反有一张庞大而复杂的关系网把大学同社会其他主要机构

---

① ［美］约翰·S. 布鲁贝克：《高等教育哲学》，王承绪等译，浙江教育出版社 2001 年版，第 152 页。

② 施晓光：《美国大学思想论纲》，北京师范大学出版社 2001 年版，第 140 页。

③ 同上书，第 141—142 页。

连接起来。① 虽然博克也认同现代大学投身社会后会带来一些问题和弊端，认为过度地强调适应外部世界会对学术的客观公正性以及知识自身价值的重视性等方面带来影响，仅仅将大学作为服务工具必将会削弱学术价值。但是他也强调为了坚持纯学术研究而忽略现实问题将会减少大学的许多丰富体验和启发灵感，而且现代社会中基础研究与应用科研之间的分野并非绝对水火不容的。现代大学如果依然保持与世隔绝的状态则无疑会导致更严重的问题，教育质量的下降、应用研究的匮乏以及社会公众的质疑等都会给大学的地位和声誉带来损失，从而也触动到大学使命任务的实现。博克通过对传统主义者、多元文化大学的支持者以及激进派改革者的分析指出，各学派实际上都认为大学应该而且需要服务于社会，他们的分歧主要体现在大学对社会服务的承担能力以及贡献方式方面。博克由此提出了 3 条有助于大学摆脱低质量服务的原则：①研究型大学不应承担其他组织或机构同样能够出色完成的任务；②新增的每一个项目都应使大学的教学和科研活动得到加强；③新项目如果一开始就无法激发教师的热情博得他们的积极支持，通常就不应获得批准实施。② 总之，现代社会不断向大学提出要求，知识爆炸、全国性问题、国际性事务以及人们对传统价值观的质疑，这些都对大学提出了新的挑战；而同时大学也需要对社会问题变得更加敏感，不断从社会中汲取养分并运用学术资源对社会需求做出反应。

三　相互作用大学理念

相互作用大学是高等教育区域化和高校服务地方发展的典范，它萌发于 20 世纪五六十年代的美国，到 90 年代初开始崭露头角。相互作用大学具有五个标志：①确立大学的基本结构，这类新型大学要具有合理的规模和相当完全的专业设置；②大学与社区相结合，大学要致力于社区的重要发展，解决社区面临的问题；③大学获得社区的尊重，即社区各界的领导人是否愿意把自己的孩子送到这所大学就读，或建议他们的朋友或助手的

---

① ［美］德里克·博克：《走出象牙塔——现代大学的社会责任》，徐小洲、陈军译，浙江教育出版社 2001 年版，第 7 页。

② 同上书，第 87—88 页。

孩子到这所大学上学，尤其是那些有条件去外地任何大学上学的社区上层人士的孩子，是否会以选择这所当地大学而感到自豪；④社区的尊重对大学的挑战，大学要应对社区提出的新要求，发挥大学在繁荣社区经济、提高人民生活质量方面的作用；⑤以他方为中心的积极态度，大学不仅愿意而且能够吸收社区公民成为学校发展的"利益相关者"或"共同产权人"。① 相互作用大学或者作为新建地方院校的一种全新选择，或者是现有地方院校强调面向地方服务转化而来，或者是已有高校新设的服务导向的分校，但它们都一改传统高校"以自我为中心"的理念而采取"以他方为中心"的战略，不再按照单一的学术价值学校立场去判断和实践，而是打破高校的封闭性，关注学校所在区域的现实问题，成为区域活动的积极参与者，重视同地方社区建立良性互动，与本地政府、企业、学校、医院以及民间组织等纷纷形成合作伙伴关系。

四　服务型大学理念

20 世纪 70 年代以来，高等教育的财政危机日渐成为西方高校发展的一个突出问题，这一方面缘于政府战略重点的转移导致公共资助比重的下降，另一方面也因为大学长期以来高消耗性的倾向。但与此同时政府与公众的问责意识和行为却在日渐增强，关于大学脱离社会服务缺少针对性的批评日益增多，这都要求高校必须更加密切更为主动地融入社会进而获取更多有助于自身发展的资源。由此服务型大学的理念应运而生，部分传统的研究型大学开始兴起一场服务型大学运动，在美国、加拿大和俄罗斯尤为明显。挪威奥斯陆大学教授阿瑞德·特捷达夫认为社会服务并非新生事物，中世纪大学的专业训练和现代大学的各种研究服务，都可以被视为一种社会服务，以此为基础他提出了服务型大学的概念。服务型大学通过外部客户购买科研、教学或咨询服务的合同对学术劳动力实现管理，它的生存依赖于所获合同的数量及其在市场中的持续竞争力。由此大学在财政上将从依赖政府转为更加强调向地区和国家顾客出售科研成果或研究性服务。② 与传统研究型大学相比，服务型大学的课程更具有职业导向性，持

---

① 王保华、张婕：《大学与社会共生：地方高校发展的模式选择——从美国相互作用大学看我国地方高校的发展》，《高等教育研究》2003 年第 5 期，第 57—58 页。

② Tjeldvoll, Arild, The Service University in the Global Marketplace, European Education, Winter 1998—1999（Vol. 30, No. 4），pp. 9, 11.

续时间从一周到四个月不等，并为劳动力市场的需要而量身打造；设有多个附属机构以便于提供各种服务活动，拥有大量临时雇员；领导层重视科研服务政策的制定并统一规划和管理服务合同，资源控制权从教授转移到了管理者手中。特捷达夫还提出了服务型大学三种可能的发展形态：①超市性服务型大学，教育和研究活动受制于企业和政府，以具体顾客利益为准；②学术性服务型大学，在同政府企业保持最好关系的同时也能保持学术研究的独立性和高标准，是比较理想的模式；③退化性服务型大学，既无法有效获得外部资助又无力开展高水平的教学和研究，从而地位下降陷入危机甚至面临关闭的危险。① 我国学者王英杰也认为 20 世纪的理想大学是研究型大学，21 世纪则呼唤新的大学模式即服务型大学模式，他指出服务型大学并不与研究型大学相对立，而是从研究型大学深化发展而来的大学，大学不能只为了教师及其学科而存在，大学之所以存在，第一是要为学生服务，坚持人本主义的哲学理念，使学生获得全面发展；第二是要为社会经济发展服务，创造知识，管理知识流，引导社会和经济的发展；由此他还提出了发展服务型大学的主要措施即建立服务型培养模式、改变资源分布突出研究重点、构建跨学科基础结构、对外开放面向全球以及强化为社会经济发展服务的职能。② 尽管中外学者所阐述的服务型大学的具体内涵并不完全相同，但都认识到了现代大学必须走出象牙塔主动为社会提供服务贡献力量，并认为高校的教学、科研、服务和管理等方面都必须相应变革，由此可见重视服务已成为现代大学变革发展的重要趋向之一。

五　创业型大学理念

创业型大学是以知识的创新和应用来重新统整、拓展和深化大学的教学、科研和服务职能的高等教育机构。它大规模兴起于 20 世纪 80 年代，自此之后，美国、英国、瑞典、澳大利亚、新加坡和印度等主要国家都出现了具有代表性的创业型大学。1995 年，亨利·埃兹科维茨在《大学与全球知识经济：大学—产业—政府关系的三重螺旋》中首先提出创业型大学的概念。他指出长期以来知识进步主要是大学关注的对象，而知识资

---

① 王淑杰：《国外服务型大学的理念与实践》，《外国教育研究》2008 年第 11 期，第 27 页。

② 刘宝存：《大学理念的传统与变革》，教育科学出版社 2004 年版，第 125—126 页。

本化则是产业界关心的内容，但是经常得到政府政策鼓励的大学及其组成人员对于从知识中收获资金的日益增强的兴趣正在使学术机构在精神实质上更接近于公司，公司这种组织对知识的兴趣总是与经济应用紧密相连。[①] 他在《麻省理工学院和创业科学的兴起》一书中以麻省理工学院和斯坦福大学为案例，阐述伴随大学职能从教学扩展科研再发展到经济服务，大学模式也先后经历了教学型、研究型和创业型的转变。伯顿·克拉克也对于创业型大学的发展予以关注，他指出创业型大学依靠自身的力量积极探索创新事业、寻求组织变革并寻找更好的发展态势。[②] 希拉·斯劳特和拉里·莱斯利以学术资本主义为切入点，以美加英澳四国为案例探讨了创业型大学的兴起问题。其指出当教学科研人员参与生产的时候他们就正卷入学术资本主义。这会引起高等教育实质性的组织变化和内部资源分配变动，与科研和教学有关的学术劳动分工也会相应改变。[③] 创业型大学就是高校的市场化行为和企业化运作方式，如竞争外部资金、进行技术转让、开办衍生公司、销售教育产品等都是其重要特征。但与前两位学者相比，他们只把握住了创业型大学的部分特点；而且不同于亨利·埃兹科维茨和伯顿·克拉克积极乐观的态度，两人更多地以一种批判视角来认识学术人员参与市场的行为。国内学者除了对国外创业型大学的理念和案例进行分析之外，对我国建设创业型大学的相关问题也日渐重视。王雁等人认为创业型大学最大的特征在于对国家利益和国家目标作出最敏锐的反应，并且能够在大学、工业和政府的三螺旋结构中发挥独特的作用。[④] 李慈章和肖云龙归纳了创业型大学的三项特质：组织上具有优秀学术带头人领军的创新团队，体制上形成研究成果迅速投入生产转化为经济效益的科技经济一体化机制，行为上表现出自主创新自主创业全新职能。[⑤] 易高峰和赵

---

① ［美］亨利·埃兹科维茨：《大学与全球知识经济》，夏道源等译，江西教育出版社1999年版，第228页。　·

② ［美］伯顿·R. 克拉克：《建立创业型大学：组织上转型的途径》，王承绪译，人民教育出版社2003年版，第2页。

③ ［美］希拉·斯劳特、拉里·莱斯利：《学术资本主义：政治、政策和创业型大学》，梁骁、黎丽译，北京大学出版社2008年版，第10页。

④ 王雁、孔寒冰、王沛民：《创业型大学：研究型大学的挑战和机遇》，《高等教育研究》2003年第5期，第54页。

⑤ 李慈章、肖云龙：《论创新型大学三大特质》，《煤炭高等教育》2005年第11期，第38—39页。

文华则从研究型大学和创业型大学关系的角度阐述了后者的独特之处：创业型大学既可以由研究型大学也可以由其他类型高校发展变革而成，创业型大学必须兼具创新和创业两种素质同时重视成果的产生和应用，创业型大学将学术和商业要素整合成为新的组织模式的能力是一般研究型大学所不具备的。① 总之，创业型大学强调创新变革，谋求主动适应外部环境回应市场需求。通过知识市场化和学术资本化，其致力于在国家发展创新和社会经济活动中发挥出引领与先锋作用。

　　纵观上述大学理念可以发现，尽管它们在名称、内涵和重点等方面不尽一致，但是都坚持现代大学不能再做固步自封的守望者，而要成为开拓进取的先行者，要走出象牙塔走向更广阔的天地，这些理念都共同强调：①现代大学必须承担社会责任具备社会服务理念。伴随社会日新月异的变化，高等教育日渐从社会边缘走向舞台中心，他们成为多方关注的焦点也被各界寄予厚望，而现代大学的生存、发展和变革也无一不需要从社会中获得支持、源泉和动力。大学理念经过数个世纪的演变，目前各界学者都普遍赞同现代大学具有教学、科研和服务等多项功能和使命，社会服务已成为大学的重要使命之一。理论界关注的重点早已不再是大学是否应该执行服务职能，而在于大学以何种方式通过哪些途径在社会服务的过程中能够兼顾学术价值和社会利益，能够在自己不断壮大的同时也能回应各利益相关者的需求。②现代大学社会服务理念的实现必须依靠全校性合力进行变革。随着高校规模的扩大、使命的拓展以及服务对象的增多，服务功能要真正得以发挥就不能仅凭借个别教师、院系或部门的参与，而必须动员全校的力量，从全局角度出发制定战略规划、协调各方利益、进行资源调整、推动举措落实并持续追踪监督。③现代大学社会服务理念必须渗透在高校活动的各个层面。作为一种追求目标和指导思想，社会服务理念并非仅是大学某一职能的要求，必须渗透在高校的各个活动领域。大学社会服务理念的实现并不仅仅就是与政府、企业或其他机构签订项目合同开展产学研合作，更重要的是一种整体性的服务意识和氛围的形成，并以此为导向将其具体化到高校的教学、科研、服务、管理、组织及文化等各类活动之中。

---

① 易高峰、赵文华：《创业型大学：研究型大学模式的变革与创新》，《复旦教育论坛》2009 年第 1 期，第 56 页。

第三节　教学服务型大学的基本理念

在中国，教学服务型大学的提出无疑是高等教育发展到一定阶段的必然产物。中国大学在很长一段时期走的是精英教育的路径，但是，当时代的车轮迈入 21 世纪以后，中国高等教育开始了高速列车般的快速"奔跑"，到 2002 年，全国高等教育的毛入学率超过了 15%，进入了国际通称的高等教育大众化阶段。

进入高等教育大众化阶段的中国高等教育，经历了从西方高等教育的"模仿"阶段，逐渐走向"重构和创新"的新阶段。在这一转型的重要阶段，各种改革如"大潮"一般扑面而来。而在这场轰轰烈烈的高等教育改革中，最让业内人士和社会各界欣慰的是，大众高等教育将作为一种有别于精英教育的新类型而存在已渐成共识。高等学校特别是新建本科院校开始思考学校的差异化定位和个性化发展，从应用型本科的提出和实践，到创业型大学的讨论，再到教学服务型大学的兴起，展示了这一时代高等教育的发展和高等学校的变迁。

作为高校定位灵魂之一的"办学理念"，一直是学者和实践者关注、研究以及无法回避的问题。大学的理念就是要研究大学在自身发展和社会发展中的角色定位问题，涉及大学的性质与目的、职能与使命等相关的概念，从根本上回答大学是什么的问题，它揭示大学的性质，反映人们对大学的追求，它属于观念性、精神性范畴，与操作性、行为性的实践活动既相区别又相联系，后者受前者所指导。[①] 透过办学理念的剖析，可以在很大程度上反映出社会和政府的当下诉求以及办学者的"心声"。办学理念作为一种对大学本质属性的认识，作为一种作用于大学实践的观念，作为一种影响大学发展方向的思想，对其进行深入探讨不仅有利于澄清诸多基本理论问题，而且还有助于在高等教育多样化的今天为特定类型高校的发展提供实践指导。正如前面分析，教学服务型大学的理念应遵循一般大学的基本理念，如大学自治和学术自由等，当然，由于多样化高等教育的需要，它必然还具有有别于一般大学的个性化理念。教学服务型大学更加强

---

① 肖海涛：《大学的理念》，华中科技大学出版社 2001 年版，第 4 页。

调"服务"意识的统领作用，更加强调社会责任，其深刻认识到大学的生存、发展和变革也无一不需要从社会中获得支持、源泉和动力，关注学术价值和社会利益的共赢，期望在自身壮大的同时也能积极回应和满足各方利益相关者的需求。教学服务型大学注重将社会服务理念渗透在高校的各个活动领域，其深刻认识到服务功能要真正得以发挥就不能仅凭借个别教师、院系或部门的参与，而必须动员全校的力量，从全局角度出发制定战略规划、协调各方利益、进行资源调整、推动举措落实并持续追踪监督。教学服务型大学强调依靠全校性合力进行变革，将服务理念作为一种追求目标和指导思想，并不仅仅关注与政府、企业或其他机构签订项目合同开展产学研合作，更注重一种整体性的服务意识和氛围的形成，并以此为导向将其具体化到高校的教学、科研、管理以及服务等各类活动之中。

一　人才培养理念：注重应用、服务需求

人才培养是大学的最基本功能，也是大学存在的根本理由。正因为此，人才培养成为了各类大学的根本任务，教学工作成为了各类大学的中心工作。由于不同类型大学办学职能的价值取向不同，其人才培养的追求也不尽相同。如传统精英大学的人才培养是以学术能力培养为取向的，使得课程体系、教学模式以及师资建设均以"注重学理"为追求，而职业类院校的人才培养是以实务技能培养为取向的，使得其课程设置、教学模式明显呈现"注重实务"的倾向。教学服务型大学定位于传统精英大学和职业院校之间，是具有自身不同特质的特色型大学，从人才培养理念来说，"注重应用"是相对于"注重学理"和"注重实务"而言，改变了传统大学学术化过重或技能化过重的弊端，强调应用。

传统精英大学的人才培养比较注重人才培养自身的规律，相对忽视来自社会的诉求，表现为课程设置学科化过重，教学过程封闭，教学目的指向学术追求，其人才培养的结果表现为学术能力较强，实践能力较弱，所谓"高分低能"，难以满足社会和用人单位的需求。对教学服务型大学来说，"注重应用、服务需求"将成为人才培养领域区别其他类型大学的重要取向而存在，也可以说是教学服务型大学人才培养的基本理念。

"注重应用、服务需求"作为教学服务型大学的人才培养理念，其内涵至少还可以从三个方面来加深理解：一是体现了教学服务型大学定位的"面向对象教育服务"的本质属性，或者可以认为是教学服务型大学定位

在人才培养领域的贯彻和深化，回应社会对人才培养的需求；二是体现了多元化的质量观，将高级应用型人才作为学校人才培养的基本定位；三是体现了素质教育的取向，树立起"德育为先、能力为重、综合发展"的学生培养观。

以社会服务理念为指导，大学在人才培养方面应该体现出服务性与实践性的特点，强调社会需求的导向性。一方面要开展跨学科的专业学习，淡化学术边界加强学科融合。现代社会对人才的需要日益多样综合，这要求毕业生必须拥有跨学科的知识与能力。如美国南加利福尼亚大学的 150个主修专业中有近 40 种属于交叉学科性质，120 个左右辅修专业中近60% 属于跨学科专业。另一方面则重视理论学习与实践环节的衔接，依靠专业实践基地注重将学科知识技能与职业活动更密切地结合起来，如我国一些高校已经开始了创业教育试点。还需要强化正式教育和非正式教育的联系，充分利用课余时间培养大学生的社会服务意识和社会责任意识。目前美国许多大学都设立了专门的社会服务管理机构，提供了多样的教育计划，积极引导学生为中小学、当地社区、政府机关以及各类社会组织的发展做出贡献。

二　科学研究理念：以任务为导向、以服务为宗旨

科学研究是大学的又一职能，也是大学教师除教学外的"第二天职"。科学研究的驱动因素大凡有两类，一类来自大学内部，即来自教师对学科的兴趣爱好和追求，从西方大学起源始到 20 世纪中期基本上都属于这一类；另一类来自外部，即大学以指向性的研究来回应政府和社会的诉求。在这两类驱动因素下的科研各有其特点，如第一类科研更接近于科学研究本身，是科学研究的原始模式，也是科学研究的"必然王国"；而第二种模式更体现功利主义、实用主义思想，更体现科学研究的现实价值。随着大学在社会系统中功能的不断发挥，大学科学研究的第二种驱动因素将成为主要的形式。

事实上，现今大学回应政府和社会的诉求正在变得越来越强烈，这固然与大学接受越来越多政府和社会的经费支持有关，但是，大学更多地融入社会，担负更多的社会责任，使得自身获得更好的发展前景也是非常重要的内在追求。教学服务型大学就其本质来说，体现在"服务"上，服务于地方政府、服务于社会，并且以其特有的科学研究来实施服务。

作为教学服务型大学的科学研究理念，有如下的特点：

一是更关注社会需求，更突出服务宗旨。教学服务型大学是伴随着社会发展到特定阶段而诞生的，它的重要特征是面向市场，根据需求调整内部专业、学科结构，根据需求来寻找服务的市场空间和服务的具体内容。科学研究作为教学服务型大学的基本职能，体现了服务为宗旨的理念。

二是从现实问题出发，以任务为导向，开展科学研究。为了体现服务的本质，教学服务型大学的科学研究形式更强调了面向"用户"的特质，突出了"以任务为导向"、"从现实问题出发"、为用户服务的思想，改变以往"为研究而研究、研究为发表论文"、"研究从概念到概念"的传统做法。

三是体现协同创新。由于教学服务型大学特有的科学研究形式，决定其研究往往采用的是非个人行为，而是团队的作战方式。因为现实问题往往是多学科交叉的问题，其解决也必然是多学科研究者、实践者团队协同作战才能完成的。如生态环境的保护，需要环境监测人员、环境工程人员、政府管理人员、宣传部门等密切配合下才能实现的。

教学服务型大学在坚持传统基础研究之外更需要开展针对本区域现实问题和特殊情况的应用性研究。在现代社会中基础研究与应用研究之间并非格格不入，而是在一定情景下可以相互转化彼此结合的。服务理念要求拥有学科和科研优势的大学也要将眼光投向更广阔的社会，利用自身资源为本地区、本国甚至国际问题的解决贡献力量。基于应用性与区域性的特点，弘扬服务精神的高校在研究方面也比较容易发展出自身的特色。在知识爆炸式增长、学科高度分化的今天，一所高校很难在所有领域都表现优异，而且不少传统学科的霸主地位又往往被一流大学所垄断，普通高校要在其中脱颖而出就必须凸显特色，相应地重视应用性、强调区域性则可以为它们打开一条新路。

三　内部管理理念：以生为本、以师为尊

大学的内部管理是一个复杂的系统，特别是随着大学规模的扩大，功能的增多，大学与社会的边界日益模糊，大学的管理也显得越来越难以驾驭。但是，大学的内部管理依然有着自身的规律，其中的管理理念就是指引大学内部管理方向的重要内容。

大学的内部，若从教育对象看，主要由学生构成。若从教育主体看，

主要由教授为核心的教师团体和管理人员所组成，由于管理队伍从本质上看是为教授团体服务的，是为更好地服务于学生而派生的，因此教育的主体主要是由教师来承担的，由此，我们可以认为大学内部主要由教师和学生两个群体所构成。

应该说，随着社会的进步和高等教育的发展，大学对学生和教师群体的态度是不同的。

就拿培养什么样的人才来说，在不同的历史时期是不一样的。在新中国成立初期相当长的一段时间，我国高等院校的办学定位是培养又红又专的社会主义建设者和接班人，服务于政治的稳定与社会的发展。这是一种社会本位的教育价值取向。应该说，在特定的历史时期，这种教育价值取向是必要的，也是成功的。但是，在我国社会主义现代化建设取得巨大成就、物质文化不断丰富的今天，我们也应该更多地关注人的需求，关注人的发展。这是一种以人为本的教育，这种教育强调社会建设依靠人、服务人、为了人，不只以人的发展为手段，更以人的发展为目的。这种教育培养出来的人才，就不只是高科技的奴隶，不只是社会大机器上的螺丝钉，而是个性鲜明、充满理想、人格健全、学有所长的现代公民。可见，当今的大学应该更关注人自身的发展，这就是"以生为本"的教育。在功利化明显的当今社会，大学特别是教学服务型大学更应该认识到并坚守这种办学理念。

"以师为尊"。如果置于儒家教育思想盛行的时代来认识，它主要强调了教师的权威性，即教育的单项性，教育对象必须服从教育者的管教。随着中国大学的诞生，由于早期大学较多移植了西方教育的思想，使得教师的地位、权威得到了强化，并且以教师的学术见长而广受社会尊敬，此时的师生关系中，"师尊生从"现象也较为明显。伴随着社会的发展，当今的大学，由于大学"行政化"的影响，教师在大学中的地位出现了下降的趋势。但是，大学毕竟是学术的场所，大学组织最原始的属性就是学术性，所以大学教师必须得到应有的重视。"以师为尊"之所以要成为大学特别是教学服务型大学的办学理念，就是要尊重和彰显大学对学术的敬畏，而非对教师形式上的恭敬。首先，教师是学校的最重要的资源，是教学服务的主要承担者，大学制度的设计、文化氛围营造的最终目的是使教师们的潜力和创造性充分发挥出来，因此我们的制度体系应当使每位教师都了解自己未来的发展目标与路径，应当使每位教师都能积极进取，追求卓越，以身作则，为人师表。其次，大学须坚持学术独立，形成兼容并包、宽容开放的氛围，创建学术发展的良好环境，要相信教师、并在制度上要求和鼓励教师坚持真理、严谨治学、坚守诚信、代表社会良知，坚决反对急功近利、浮躁不端、狭隘偏激、哗众取宠等违背基本学术文化的行为。

四　学校发展理念：校地互动，特色发展

社会服务是现代大学的重要使命，社会服务还是教学服务型大学的办学宗旨所在。正因为此，作为新型的教学服务型大学，不仅明晰自身的服务内容和重点，而且一直在思考和寻找属于自己特色的社会服务形式。

随着现代大学逐渐从社会边缘走向社会中心，大学在社会发展中担负着越来越重要的角色。由于教学服务型大学现在的科研基础和服务能力相对较弱，决定着其服务的半径主要在区域，反过来通过区域的服务也彰显其特色。

"校地互动、特色发展"是教学服务型大学重要的办学理念，也是其办学的发展战略。校地互动的形式是多样的。如人才培养，通过高校与区域政府、行业、企业的对接和联合培养，增强人才培养的针对性和适用性；如科学研究，通过协同解决区域政府、企业的现实问题，获得更多的经费，更好的声誉。

教学服务型大学不能只是被动回应来自外部的要求，更要以服务理念为指导主动为各部门行业提供高水平的智力服务，进而完善相关的规章制度建设，逐步建立起全方位的社会服务体系，利用自身的学术科研优势服务于地方，并以此为基础不断拓展延伸和增强服务职能，进而成为地方社会进步的重要阵地，引领区域发展。以社会服务理念为导向的现代大学应该比传统高校更快、更多和更好地将科学技术成果应用于实践，转化为现实生产力，不能仅仅作为区域创新的辅助者和合作者，还要更主动地去争取在同政府及企业的关系中成为创新的组织者、先行者和领军者。大学可以因地制宜地依靠技术转移组织、企业孵化器、衍生公司以及科学园区等多种形式来加快科技成果转化，以服务于地方社会经济发展。

第五章

教学服务型大学人才培养模式构建

在高等教育大众化的背景下，高校之间面临更大的竞争，教育服务质量的好坏和顾客满意度的高低将直接影响着高校的生存与发展。教学服务型大学以服务为宗旨，以教学工作为中心，以人才培养为根本任务，人才培养是其"服务"的重点，也是其"服务"的基本途径和主要内容。如何在服务理念指导下，实现其最为重要的人才培养职能，是教学服务型大学最值得研究的课题之一。

第一节　教学服务型大学的人才培养定位

一　教学服务型大学的人才培养目标

培养目标是人才培养定位与规格的逻辑起点。随着我国经济社会的快速发展和工业化进程的不断推进，对人才需求产生了多层次、多元化的新变化，地方经济和行业经济快速发展，迫切需要大量在知识、素质、能力等方面适应工作需要的较高层次的应用型人才。作为地方人才培养的重要基地，地方本科院校若沿袭研究型大学、老牌本科院校培养"精英型人才"的目标和模式是不现实的，也不具有发展优势。

现代社会所需要的人才总体上可分为两大类：研究型人才和应用型人才，而应用型人才逐步分化为工程型、技术型和技能型三种。教学服务型大学，区别于传统意义上的学术型的本科教育，以市场为导向，以社会需求为引领，为地方和区域经济发展提供人力资源和智力支持，选择培养服务地方经济和社会发展的高级应用型人才正是教学服务型大学的题中之义。因此，教学服务型大学的人才培养目标应该定位应用型人才。这种从"学术导向"到"需求导向"发展模式的转变，从注重知识型人才培养向注重应用型人才培养转变，正是社会发展和高校自身发展的必然趋势。同时，也是在高等教育进入大众化阶段背景下，处于相对弱势的地方新建本科院校的重要发展战略。

基于教学服务型大学的宗旨和理念，人才培养以满足地方经济和社会发展对人才的需求、相关行业对人才的需要以及学生个性化发展的需求为出发点，服务地方经济发展，服务于学生成长成才。其人才培养定位往往凸显需求导向，具备以下三方面的特征：

1. 区域特色

教学服务型大学大多具有地方性办学的特征，即生源主要来源于本地区、学生就业于本地区、科研服务于本地区、成果转化于本地区、文化创新于本地区，是推动地方经济和社会发展最直接、最可靠的教育基地，肩负着满足地方求学需求，为地方培养高级应用型技术人才和服务地方经济文化建设的重要职责。因而，其人才和教学工作培养，应主动立足于服务地方经济发展，面向地方、服务地方、扎根地方，要以服务本地区经济结构的战略性调整、产业发展、本地区的人才需求为原则作为专业建设切入点，优化现有专业结构，积极建设与当地经济社会发展紧密相关的特色专业和品牌专业，打造专业优势和人才培养特色；形成专业设置预警和专业淘汰机制，最大限度地培养适应当地经济、文化和社会发展的人才，来参与地方产业结构调整和社会经济发展。

2. 行业特色

教学服务型大学要培养应用型人才，需要尽量依托和对接社会经济的某一行业，其培养目标和教学模式、课程体系的构建都要符合相关行业岗位和岗位群对人才的需求，都要反映出相应的行业性。因而，确定专业培养目标和制定专业培养方案，要充分调研企业、行业和职业的实际需求及发展趋势，面向社会与市场的产业行业需求，甚至精细到与某一类具体职业相衔接，实现产学结合；在学与术之间，崇尚实用，突出学生的实践应用能力与岗位迁移能力的培养，充分依托行业办学。

3. 个性成长

应用型人才培养必须强调学生个性教育，促进个性化成长，使学生成长为具有独立性、自主性、能动性与创造性的高级应用型人才。教学服务型大学以服务需求为导向，很重要的体现是人才培养的灵活性。一方面，对内以服务理念为引领，以生为本，切实关注学生的全面发展和可持续发展的需要，提供更多满足其个性发展的知识支撑。另一方面，对外以服务需求为使命，应对不同专业、不同行业、不同企业乃至职业的不同属性和要求，根据市场和顾客的需求"定制"培养人才，改革人才培养模式，适应经济发展和社会发展需求，培养特色化人才。

应用型人才是教学服务型大学人才培养的基本定位。应用型是指人才培养的类型，是相对于学术型、知识型而言的，指面向生产、管理、开发一线的职业化人才，是对"具有较强适应能力、实践能力、创新创业精神"特质的概括。同时，它对能力层面或岗位角色进行界定，如"现场工程师"、"具有二次技术转换能力"等。

《浙江树人大学中长期发展规划》（2010—2020 年）提出，要立足浙江，依托长三角，紧紧依托区域经济和社会发展为地方培养高级应用型人才。宁波大红鹰学院提出将努力把学校办成一所为中小企业培养中高端技术、管理岗位需要的高素质应用型人才，以学生全面发展为本位、服务地方经济社会发展，以满足区域中小企业发展对人才需求的多样性①。总体而言，高级应用型人才的培养定位既是教学服务型大学对于社会人才类型和层次多样性需求的回应，尤其是对地方经济发展需求量较大的高级技术人才、高层次应用型人才短缺的回应，也是作为地方本科院校其特定的地位和定位所决定的，同时也是符合学生实际和学校实际的，其定位体现了一定的科学性和合理性。

二　服务社会经济发展，细化培养目标分类

社会经济发展所需要的人才极其多样化。因此，教学服务型大学的人才培养必须适应多样化需求，在培养目标上需要相应地进行分类细化。针对不同专业的特性，可以对"高级应用型人才"进一步细分，根据"学科—行业—职业"的知识应用逻辑关系（见图 5-1），确定专业人才培养目标和规格，使专业培养目标具体化。以工学门类的电气信息类为例，它包括电子科学与技术、自动化、电子信息工程等若干专业，每个专业又有若干专业方向，如电子信息工程专业，它分为电子工程、应用电子技术等方向，而每一专业方向又有适合该方向的岗位群，如应用电子技术方向有

---

① 孙惠敏：《面向区域中小企业　建设教学服务型本科院校》，《中国高等教育》2011 年第17 期，第 26—28 页。

电子检测技术、电路设计与维护等多个岗位群，每一岗位群又有多种不同的工作岗位。由学科到行业再到职业，数量逐级增多，口径逐级变窄，其对应的学科、专业、岗位不同，各高校培养人才任务也就各有差异。①

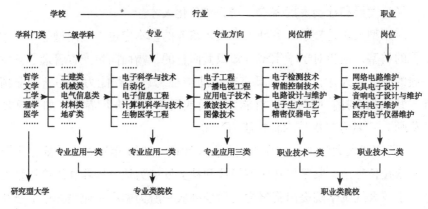

图 5-1　学科—行业—职业细分图

对于教学服务型大学培养的高级应用型人才，对应行业细分专业、专业方向，不同地域、不同层次、不同定位的高校专业可以结合自身特色和行业需求，确定适切的培养目标定位和培养规格。如成都学院在办学实际中提出了"技术型、工程型、研究型"的三类型人才培养模式；浙江树人大学结合人才培养的实际，将高级应用型人才培养目标分为复合应用型、现场应用型和职业应用型三类②（见表5-1）。

复合应用型偏向于图5-1中的专业应用二类和三类。复合主要是指学科基础知识或基本技能的嫁接形式，也指由个别专业交叉生长的特色专业，在这里不是指学科大复合。人文社科类专业如管理类、人文类、语言类、艺术类专业更倾向于复合应用型人才培养，它注重培养管理、贸易、语言与其他技术相复合的能力及综合性素质。

现场应用型偏向于专业应用三类即专业方向。它的主要特征是学科与职业的有机结合，注重传授学科知识、经验性知识、工作过程性知识，培养专业的应用能力和职业特殊素质。信息类、土建类、化工类专业应更倾向于这一类型的人才培养。

_____

① 陈新民等：《高级应用型人才培养目标与规格探析》，《浙江树人大学学报》2009年第6期，第1—5页。

② 同上。

职业应用性偏向于岗位群，更侧重于职业。除传授学科知识外，更加重视职业知识和技能的学习，注重养成职业信念和职业素养。职业应用性主要针对职业化属性的专业培养以及部分特殊型定向培养的专业，如社会工作、旅游管理、服务外包等专业。

表 5-1　　　　　　　　　三类培养目标相关特征描述

		复合应用型	现场应用型	职业应用型
适用专业		管理类、经贸类、人文类、语言类、艺术类	信息类、土建类、化工类、管理类	社会工作、旅游管理、服务外包、市场营销
专业行业细分		以专业方向为主，偏向于专业	以专业方向为主，偏向于职业	以职业为主，偏向于专业方向
面向工作领域（角色）		小企业经理、化工贸易	现场工程师、监测维护工程师、项目主管	社会工作者、导游
规模要求	知识	学科技术嫁接知识	学科知识、经验性知识、工作过程性知识	学科技术、职业知识
	能力	管理、贸易、语言与其他技术相复合的能力	技术应用能力	岗位群技能
	素质	偏向综合性素质	基本素质和职业特殊素质	职业信念

以上将高级应用型人才培养目标进一步细化和落实的分析分类框架，可以作为各个专业确定专业人才培养目标的基本思路。教学服务型大学应基于行业和职业群，从适合的职业角度、专业方向出发设置和改造专业，构建人才培养方案和培养体系。

第二节　教学服务型大学的人才培养规格

一　教学服务型大学的人才培养原则

教学服务型大学，基于自身的办学定位和培养目标，以服务为宗旨，以服务区域经济、科技与文化等产业发展和社会发展需求为导向布局学科专业体系，以服务学生成长规律与需求为依据构建新的知识体系，突出教学服务型大学的应用性特征，创新应用型人才培养模式，提高人才培养的针对性、服务性和适应性。

教学服务型大学的人才培养应遵循以下四个基本原则，即人本性、应用性、服务性和开放性。国内一些高校对此进行了较为成功的探索。如宁波大红鹰学院提出重点建设与地方支柱产业集群、新兴产业紧密相关，或符合中小企业紧缺型人才需求的优势专业。武汉纺织大学建设教学服务型大学，"以专业嵌入产业链为目标，重新调整学科布局，建设产业链升级所需的新专业，改造旧专业，淘汰落后专业"。学科布局的调整瞄准行业发展的需求，使专业与产业无缝对接，构建了"外有行业产业链，内有学校优势学科链的"支撑的专业群。

二　教学服务型大学的人才培养规格

通行的"厚基础、宽口径"的人才培养规格，相对更注重学科知识自身的系统性和理论性，比较适合学术性本科[①]，但是并不适合教学服务型大学应用型人才的培养定位。总体而言，应用型人才将主要是面对实际问题、解决实际问题，面向实际一线、承担转化应用的职责；因而更强调人才的综合应用性知识、复合能力（包括应用技能、实践技能、应用领域的革新能力等），更强调自信心及开拓创业精神的训练[②]。

当前，应用型人才培养存在着诸多瓶颈，其主要表现在：重理论，轻应用的人才培养模式；培养方向模糊，教学内容落后；师资队伍与行业脱节，实习实训条件不足。因而，教学服务型大学应根据应用型人才以及进一步细化的培养目标，调研行业和职业群需求，分析厘定目标所需的知识、能力、素质的具体规格。其人才规格设计主要有以下几个基本特点。

1. 以"注重应用、服务需求"为主线

在培养内容和课程体系的设计上，应坚持"注重应用、服务需求"的理念，教学内容体现市场导向、就业导向，注重就业能力和职业技能的训练，要求教学与生产实践、社会服务相结合，增强培养的针对性和实效性[③]。

2. 注重多样性和个性化

应对社会对不同层次、不同类型人才的多样化需求以及学生多元化个

① 董毅：《新建地方本科院校应用型人才培养方案的设计》，《课程与教学》2010 年第 3 期，第 74—77 页。

② 蔡敬民、魏朱宝：《应用型本科人才培养的战略思考》，《中国高等教育》2008 年第 12 期，第 58—60 页。

③ 龙艳、陈新民：《新建本科院校办学定位探索》，《浙江树人大学学报》2011 年第 2 期，第 54—57 页。

性化的发展需求，打破一成不变的统一培养模式，在培养方案中，灵活应对市场需求拓展培养口径，设置灵活的专业方向、课程的选择权；在学生管理和培养机制中，提供多样化多层次的选择权，以及提供更多自主性和个性化的培养机制。

3. 协调知识、能力与素质三者关系

以应用为导向，在培养规格中以学生应用能力提升为核心，强调知识的集成和实践的应用能力。更注重知识的复合性、应用性，理论够用适用；以应用能力为重点，重视学生的实践教学环节，大力推进产学研合作教育，注重对学生实际动手能力的培养和职业素养教育。

应用型人才培养在知识、能力与素质的要求上，更加突出学生的能力培养，凸显能力本位的思想。从能力本位的观点看，衡量人才培养质量的根本标准，不是学生掌握了多少"纯粹的知识"，而是是否达到了人才培养的要求。这里的能力内涵至少应包括从事本专业和跨专业的能力，具有适应劳动力市场行情变化的能力，具有现代人生存必需的人际交往能力、应变能力、创新能力，具有良好的做人道德、助人为乐的思想情操，积极乐观的价值取向和健康的个性品质。以能力为本思想指导应用型人才培养，要求正确理解能力与知识、素质的关系，在教学中既重视学习和掌握知识，更注重学会获得知识的方法，学会把知识有效地转化为素质和能力，从而使素质和能力成为进一步获取、消化、运用和再生产新知识的基础与手段。[①]

因而，高级应用型人才的培养规格，应以"注重应用、服务需求"为核心，以行业需求为本位，以能力培养为本位，注重知识的复合性和应用性，培养专业基本知识和较强的实践应用能力，培养学生综合运用理论知识和方法解决实际问题的综合能力和实践能力为主，同时，具有构建应用知识进行技术创新和技术的二次开发的能力、岗位迁移能力。

三　人才培养方案架构和设计思路

人才培养方案是人才培养的蓝图，是人才培养目标和培养规格的具体

---

① 周激流、唐毅谦：《大专业平台人才培养模式——理论架构与实践探索》，《科学出版社》2012 年第 12 期，第 38 页。

化、实践化形式，是实现培养目标和规格的中心环节。[①] 培养方案的设计必须紧紧围绕培养目标的达成和培养规格的落实，按照企业与社会的需要、学生全面发展的需要构建人才培养方案。围绕高级应用型人才强化"应用性"的核心，打破传统课程设置中过于追求学术性的趋势，"以市场需求为基础，以服务市场为宗旨，以学生就业为目标，以实践能力培养为核心"。[②]

"平台+模块"的课程体系是目前教学服务型大学采取的一种合理架构，一方面增加了知识体系的广度和柔性，另一方面，注重专业课程的实用性和实践性，核心课程群组化、专业方向灵活化、实践教学模块化，有利于学生个性化能力的培养和社会、行业多样性需求的满足。在培养方案设计和编制中注重系统性，构建起平台与模块、专业课与基础课、理论与实践相衔接的专业课程结构体系；形成公共基础课够用、学科基础课适用、专业基础课管用、专业方向模块实用，以及专业选修课好用能用的格局。[③]

在培养方案的设计编制中，紧紧围绕培养目标，以"应用"为导向，分析行业对应用型人才知识、能力、素质的要求，一方面以公共基础必修课、公共选修课、学科基础平台与专业基础平台来构筑宽口径的知识平台，培养大学生较宽泛的适应能力；另一方面以"应用"与就业为导向进行专业方向的柔性与精细化设置，开设紧贴市场、针对性强的专业方向课程模块和专业选修课模块，给学生提供自主选择课程的机会。

1. 以"必须够用"为原则，构建基础知识平台

公共基础和学科基础知识以"必须够用"为原则，对公共基础课程和学科基础平台进行适切性改革，以提升学生的基本素养和基本技能。对后续的专业学习有奠基作用的学科基础平台和专业基础平台，加强调研和设置规划，根据行业需求和学生实际调整课程难度和宽窄，适当拓宽专业口径，夯实学生的专业基础能力，为知识的应用奠定坚实的基础。

---

① 柴红敏等：《人才培养模式与培养方案改革的理论分析》，《华北水利水电学院学报》（社科版）2009 年第 3 期，第 102—104 页。

② 王鹏、王秋芳：《教学服务型大学：独立学院转型发展的战略选择》，《河北师范大学学报》（教育科学版）2012 年第 6 期，第 15—18 页。

③ 蔡敬民、魏朱宝：《应用型本科人才培养的战略思考》，《中国高等教育》2008 年第 12 期，第 58—60 页。

2. 以市场需求为导向，拓展专业模块

以适用、实用原则整合核心课程，整合冗余，优化课程群和教学内容，注重专业基本知识、基本技能和基本方法的学习和训练。此外，适合地方经济建设和社会发展对专业人才的需求变化拓宽专业口径，以就业为导向，在专业内及时调整和灵活设置专业方向课程模块，增强学生的适应性和选择性，凸显适应性、应用性、适用性和前瞻性。

3. 以能力培养为核心，强化实践教学

传统的本科人才培养体系偏重于基础知识教学和理论知识体系的完善，而高级应用型人才培养的重要特征就是应用能力，关键是学生的实践能力。因而，以应用能力培养为核心，围绕社会和行业对应用型人才实践能力的要求，不仅要将"应用性"融入到课程结构关系、课程知识体系改革之中，而且要凸显以应用能力培养为基础构建实践教学体系。在培养方案中，提高实践教学环节的学分比例，整合实践教学内容和相关环节，尤其是加强综合性、设计性实验实习内容的比例，鼓励和帮助学生培养实践应用能力和创新能力。同时，积极在校内外建设完善实验、实训、实习实践的平台和实习基地，加强校政企的产学研合作，为学生的知识运用能力和专业应用能力，以及综合素质。

第三节　教学服务型大学的人才培养模式

高校的人才培养模式是指高校根据人才培养目标与规格，选择合适的教育教学内容并形成相应的内容结构，在一定培养制度保障下的人才培养活动运行方式的总和。它包括培养目标、专业设置、培养规格、培养方案和培养途径等要素。人才培养模式的科学与否直接关系到学校能否将特定的学生培养成为成功的社会人。

长期以来，我国高校普遍存在培养目标基本趋同、培养模式守旧僵化的问题。专业种类不能满足社会经济发展的多样化要求，学科结构不科学，专业口径不宽、课程体系综合化不够，课程结构优化整合不足，教学运行机制弹性缺乏。在教学过程中，过于强调对知识的死记硬背；在教学方法上过于僵硬，缺乏灵活；在考试方式上，"一张试卷决定成绩"的现象屡见不鲜。这就导致培养出来的学生创新创业、思考解决问题能力不强，很难适应日新月异的社会发展。

"中国的教育为什么培养不出杰出的人才?"这与高校的人才培养模式有着极其紧密的关联。这些问题都值得我们深思，都需要我们从社会学校发展的高度，对自身有一个清醒明确的认识，并在此基础上有一个精准的定位，改革人才培养的模式，在实现学校自身发展的同时，更好地满足地方经济发展与学生自身发展的需求。

一　教学服务型大学人才培养模式的主要内容

人才培养模式是根据社会、经济和科技发展的需要，在一定教育思想指导下，对人才培养目标、制度、过程等要素特定的多样化组合方式。人才培养模式可细化为三个方面：目标模式、发展模式和教学模式。目标模式对发展模式和教学模式都会产生直接或间接的影响，而发展模式和教学模式则交互作用以达到目标模式。

1. 目标模式

（1）人才培养目标。正如前面章节所阐述的一样，教学服务型大学的人才培养目标是高级应用型，这里不再赘述。

（2）教学目标。教学服务型大学不仅要培养学生具有一线实践的动手能力，还要有对国外新技术的消化能力、语言沟通能力和至善笃行的能力。学校的教学目标不仅注重以就业为导向，同时也考虑学生的个性成长和可持续发展的需要。因此，教学服务型大学在强化以就业为导向的思想思路外，还重视学生综合素质和人文素养的教育与培养。这样，既充分满足学生、家长和政府对就业的需求，又顾及学生的全面发展，以适应社会对人才的多方位需要。

2. 发展模式

（1）科学发展观是教学服务型大学的理论基础。可持续发展作为一种新的社会发展观和价值观是一个结构性综合概念，其基本含义是提高和增长人类社会得以长远和持续发展的能力。教育是人类社会特有的现象，教学服务型大学的本科教育作为一种特殊的社会现象，与可持续发展的关系是相互依存、相互关联和互补的。一方面，高等教育要与社会大系统相吻合、相协调，有力地推动全社会的可持续发展；另一方面，凭借社会可持续发展战略的动力和机遇，有效地使自身获得可持续发展。

（2）紧贴地方社会经济需要设置专业。高校要促进甚至引领当地经济、科技和社会发展，是教学服务型大学的应有之意。因此，高校在专业建设与发展上既要善于整合校内外的办学资源，开办能突出自身优势的目录内专业，逐步形成"人有我强"的发展态势；又要勇于开办市场急需的专业（专业方向），抢占"人无我有"的发展先机。如浙江树人大学一直坚持以市场需求为导向，根据经济社会发展灵活设置专业。办学之初，学校率先在省内开设了外贸英语、国际贸易、装潢设计、家政学等贴近市场需求的专业。吉林动画学院开设了动画、数字媒体艺术、绘画、艺术设计等市场紧需的专业，得到了政府有关行业的热切关注和大力支持。

与此同时，高校应努力构建协调发展的学科专业格局。理、工、文、管等多学科协调发展的院校，一方面有利于开设交叉性、边缘性专业，既能及时把握当代科学综合化趋势，又能快速反映市场对复合性、应用性人才的需求；另一方面，又有利于真正实施科学教育与人文教育交叉渗透的素质教育，培养出就业竞争力强、社会适应面广的高级应用型人才。实践证明，多科性的本科院校与单科性的本科院校相比，更能为学生的综合素质发展提供丰富多样的跨学科专业选修课程，以及不同气质的校园文化环境。①

（3）优化设计人才培养方案。人才培养方案是人才培养模式的概括体现和文本载体，包括培养目标、学习年限、课内外时间分配、课程设置等内容，其中，培养目标的定位是根本，课程体系的构建是难点。因此，高校尤其是新建本科高校一定要改变由教师依据自己的意愿、兴趣开设课程的状况，要通过建立教学主管部门、教研室、专业顾问委员会、主要用人单位和学生共同参与的培养方案设计机制，切实提高专业培养目标定位与社会及学生发展需要之间、人才培养体系构建与专业培养目标的实现之间的符合度。

（4）产学研合作是教学服务型大学发展的基本途径。对教学服务型大学的本科教育来说，产学研结合的内涵实质，核心是教育、主体是学生，目的是提高学生对社会与岗位的适应能力。由目标模式决定，产学研

①　陈克忠：《新建本科院校人才培养模式探析》，《莆田学院学报》2006 年第 12 期，第 39—42 页。

合作教育是培养高级应用型人才的基本途径，也是高等教育服务企事业、服务社会的重要领域。因此，产学研合作的结合显得尤为重要。① 浙江树人大学采用"走出去、请进来"的方式，积极与政府、企业合作，通过实施专业应用性改造计划、"千人业师"计划、"卓越工程师"培养计划、建立校企合作班（虚拟班）等形式，开展人才培养模式改革，成效明显。学校先后建立了实践基地 120 多个，开设校企合作班 26 个，其中"树大—东忠"基地被评为国家级"大学生校外实践基地"。

3. 教学模式

（1）树立"以生为本"的理念。社会的经济、文化与科技的发展是高等教育课程理念变革的动力和基础。职业模式的发展与工作环境，特别是企业工作模式的变化对课程理念有决定性影响。在建立现代职业模式和高绩效工作模式过程中，课程理念和教学理念必须作出改变，以适应新时期的需要。因此，各高校应紧跟社会发展和经济需要，及时调整教育、教学理念，并开展教育理念的大讨论，使现代高等教育的理念深入每一个教职员工。

传统的大学教学忽视学生的主体性，使学生成了"上课记笔记、考试背笔记"的书生，教学效果被量化为向学生头脑中注入知识的多寡，从而阻碍了学生创新能力的发展。现代大学教学以学生为本，最根本的就是要给学生自主学习的时空，鼓励、引导学生自由探索，大胆探索，大胆质疑，以激发学生的创造性，培养学生的创新意识和创新精神。因此，在传承知识的同时，使学生高效获得职业技能、提升综合能力，理应成为每个教师所有教学活动的灵魂。

（2）注重发展能力的教学方法。大学教师要引导学生主动参与，培养学生获取新知识的能力、分析、解决问题的能力及交流合作的能力。美国耶鲁大学校长莱文坚持认为"你要给学生的是能力而不是信息"。② 在多媒体、仿真、网络等现代教育技术手段广泛应用的今天，大学教师开展启发式、讨论式、研究式教学的硬件已经具备，激发学生学习兴趣，促进学生积极思考、提高教学实效有了更大可能。遗憾的是，至今仍有不少教师教学时漠视学生的存在，利用现代教学设备提供的便利，进行着变相的

---

① 黄懿斌：《对新建本科院校生存发展的战略思考》，《湖南人文科技学院学报》2004 年第 6 期，第 28—31 页。

② 佘峥：《中国大学校长三问耶鲁大学校长》，《厦门日报》2006 年 7 月 20 日第 8 版。

甚至是更为严重的填鸭式教学。

（3）师资队伍的"双师型"和"专兼结合"。应用型教育的性质和人才培养的定位，决定了其师资队伍必须具有"双师型"和"专兼结合"的特征。因此，应用型教育不仅需要教师具有较高的专业素养、宽广的知识结构和科技开发应用能力，而且具有广泛的社会联系、丰富的一线操作经验。所以，应用型师资队伍建设有两个主要路径：一是重视引进和培养"双师型"的教师，二是拥有较多来自企业、行业具有丰富实践经验的较强实际操作能力的兼职教师。

二　教学服务型大学的人才培养体系

人才培养体系是人才培养模式构建的落脚点。如果说人才培养目标和人才培养规格还只是对受教育者的知识、能力、素质等方面提出理想预想的话，那么人才培养体系在多大程度上决定了受教育者所能形成的知识、能力、素质，决定了人才培养目标能否落到实处。设计出科学的、切合实际的，又便于操作的人才培养体系是实现教学服务型大学人才培养模式的重要环节。教学服务型大学人才培养体系的制定，要以地方经济发展状况、本校学生实际情况为依据，要适应经济社会发展和学生个性发展的需求。

人才培养方案是人才培养体系的直接体现，是高校为学生构建的知识、能力、素质结构。以教学服务型为办学定位的人才培养方案，应该是以能力培养为主线、以应用性为核心的理论教学体系、素质拓展体系、实践教学体系三位一体的高素质应用型人才培养体系，重视学生实践创新能力和社会适应能力的培养，在教学过程中把第一、第二、第三课堂有机结合起来，不断优化课程教学内容和培养体系结构。

1. 构建以社会需求为导向的理论课程体系，充实第一课堂

教学服务型大学理论课程体系的构建要以"适用为主，够用为度，强化应用"为基准，明确学生基础知识与专业知识的内涵和目标，统筹公共课、基础课和专业课之间的比例。打破传统上按学科范畴设计课程的旧框架，凸显主干课程、核心课程的作用，整合其他课程，进一步优化课程体系。要从知识、社会、学生维度寻求整体价值的融合，努力把学生的个人发展、社会发展的要求，贯穿于课程体系设置中，以知识作为课程的基本来源，以社会作为课程的重要来源，以学生作为课程的最根本服务对

象。浙江树人大学为充分发挥课堂的作用，近年来，实施了"优秀课堂"的创建活动，推行了"课程改革三年行动计划"，进行课程的"应用性"改造和教学方式方法的改革。

2. 构建以学生素质拓展为主线潜课程体系，丰富第二课堂

现代大学中除了传统的理论课程与实践课程外，还有以学生素质拓展为主线的"潜课程"（隐性课程）。对教学服务型大学的人才培养来说，协调好显课程和潜课程的关系，显得尤为重要。因此，教学服务型大学在加大课程统整，提高显课程质量的同时，要加强学风、教风、校风、社团文化、科技文化、社会调查、公益劳动等潜课程的建设；根据学生的兴趣爱好和个性差异进行设计，以培养学生的创新能力、创业能力、精神品质、身心健康，延伸专业核心能力为目标。通过日常文化论坛、讲座、社会实践活动环节的课程设置，来加强学生们的意识培养，从而充分发挥潜课程对社会需求人才培养的作用。还要逐步创造条件，将潜课程纳入人才培养方案，对学生参会社团活动、社会调查、科技活动、社会公益等学习活动实行素质拓展学分管理，设定基本学分要求，达不到的延迟毕业，高出的可免修一定学分的显性课程。这不仅有利于学生专业技能，技术创新等专业技术的拓展，还有利于思想品质的锻炼、文化素质的陶冶，以及社会综合能力的全面提高。

3. 构建以能力培养为核心的实践教学体系，强化第三课堂

高校的实践教学体系被称为第三课堂，以有别于传统意义的第一、二课堂。教学服务型大学要深化实践教学的内容、方法及手段，使实践教学向自主型、应用型、综合型及开放型转变，加强特色实验教材的建设；要优化实践环节，增加实验、实习的课时，提高学分比重；要强化学生应用技术能力训练，加大实验室开放力度，增加综合性、设计性实验比例，组织学生参加各类科技创新和竞赛活动，广泛开展学生创新创业训练计划，提升学生的创新精神和创新能力，达到从入学到毕业全过程培养学生实践素养的目的。

要培养应用能力强的高素质人才必须以提高学生的实践能力为基础，必须高度重视实践环节的构建与完善，使实践技能培养贯穿本科人才培养始终，合理安排并切实保障实验、实习、社会实践、课程设计、毕业论文（设计）等实践教学环节科学性、合理性，更新实践教学内容，创新实验活动形式，提高综合性、设计性实验比例，把课堂教学、学科活动、课外

活动与校外活动结合起来，为学生提供独立思考、独立操作、独立创造的机会，促进学生创新与创业能力的培养。

第四节　教学服务型大学的教学服务制度

教学服务型大学是一种全新的大学，其人才培养有着特定的目标和要求。要实现这一目标，就必须有与之相应的教学服务制度作保障。

一　以保障学生学习权为导向的教学管理制度

教学服务型大学应当注重学生学习权的保护，可以从专业选择权、课程选择权、教师选择权和学习年限选择权等方面着手。

1. 专业选择权

在保障学生选择权方面，高校有很多方面可以进行努力。首先，高校在录取阶段，可以适当淡化专业措施，按"学科大类"实施招生，同时将学生选择专业时间推迟至第二学期末或第四学期末，使学生在专业选择上有充分的时间、条件考虑。凡对某专业有较浓的兴趣或志向，志愿选择该专业的学生，应认真引导其阅读该专业人才培养方案及指导性教学计划，了解该专业的"专业准入准出标准"。学生在满足所选专业的"专业准入标准"前提下，可根据各院系制定的专业准入办法在规定时间内向相关专业提交专业准入申请，从而保证学生专业选择的准确性。其次，在学生选定专业之后，高校仍应当挖掘继续潜力，充分利用各种资源，在转专业、副（辅）修专业、双学位以及插班生等方面提供政策支持，让学生有重新选择的机会，发挥学生的学习潜能，拓宽学生的知识面，增强学生对社会多种需求的适应性。最后，也是最关键的，就是高校仍需不断加大内涵建设力度，进一步加大投入，积极引进各类师资人才，加强教学基本建设，完备各类教学资源，通过学分制等多种方式为学生提供选择的机会，使得学生专业选择权能真正落实。浙江万里学院、宁波大红鹰学院、北京城市学院、浙江树人大学等高校都制订了较为宽松的学生转专业制度，以保障学生的专业选择权的落实。

2. 课程选择权

教育的过程本应该是个选择的过程，学生的兴趣、潜质以及相关的能力，需要自身及他人的不断选择，才可能产生、形成和发展，学校和教师只有开发开设出更好更多更丰富的课程，才能不断满足学生的选择性要求，逐步办出比较适合学生的教育，尤其是适合每一个学生的教育。在这里，学分制①就是一种较好的保障学生课程选择权的制度。由于学分制打破了学年制的限制，以定量的学时为单位计算学习劳动量，一方面，教师可以发挥专业所长，开设各种课程供学生选修，实施教学；另一方面，学生可以有机会根据自己的情况选择学习内容和进度，获得较好的学习效果，而且他们可以提前和推迟毕业时间，如有必要，也可以暂时中断学业创业，分阶段积累学分直至毕业的学分。不同课程的学分累加，若达到学校规定的总学分数，就准予毕业。它的精髓是允许学生自主选择自己认为必要或者感兴趣的课程和专业。即可以跨专业选修课程，条件许可情况下还可以跨学校选修课程，学校之间相互承认学分。这样有利于培养学生的自学能力、创新能力，有利于学生自主构架知识结构，有利于挖掘学生的智力潜能，有助于培养社会所需的复合型人才。

3. 教师选择权

传统的教学管理制度实行的是学年制，无论的是教学计划、课程设置、教师安排、学习年限都是由学校事先定好的，学生没有选择的权力。在学年制下，教师是由学校统一安排的，哪怕个别教师教学态度不端正、教学效果不佳，照样有课上，这样就会影响到其他教师的积极性。在教学服务型大学中，教育就是服务，学生选老师体现了学校"以生为本"的人本思想，对老师而言既是压力又是动力。教师的教学态度和教学效果由学生来评价，对于教师投入教学，改进教学，提高教学质量，能起到很好的作用。老师应该更新观念，树立全心全意服务于学生和家长的意识，"既做教育者，又做服务者"，从而保证学生的学习权利。

4. 学习年限选择权

学分制实行弹性学制。学生修满学分可以提前毕业、提前就业。对于在规定的年限内难以达到毕业要求的学生，允许其延长学习时间。大学生的学习时间与学位的质量之间究竟是什么关系？我们是否能说，学习时间越长质量就越低呢？学习时间与学习质量之间的关系相当复杂，我们并不

① 学分制是高等学校的一种教学制度，以学生取得的学分作为其学业完成情况的基本依据，并据此进行有关的管理工作。学分制的原则是：学生某一课程成绩合格，即取得该课程的学分。

能简单地说，严格控制学习年限就有利于保证学位的质量。因此，学生的学习年限应当可以由学生自己来确定，因为每个学生的学习基础、学习进程、家庭情况、经济状况都大不相同，应当允许学生按照自己的个人情况选择学习时间。在这里，学分制就可以发挥作用，即只要学生修完必修的学分，达到了毕业的条件，即可毕业，不一定非要三年或四年；如果家庭经济发生状况，也可以延迟毕业，学校只要等到他学业满足条件即可发给毕业证书和学位证书。这样，将会大大促进学生积极性的提高，避免学有余力的学生学习中的懈怠，也可以鼓励学生按照自己的目标和可能来自主安排学习进度。因此，给予学生学习年限的选择权也是教学服务型大学的应有之义。

二　以关注质量和效果为核心的学习评价制度

社会经济的不断发展使高等院校人才培养目标发生了巨大变化。高等教育体制改革的深入对高等院校人才考核评价的方式方法也提出了新的要求。学习评价是教学工作的重要组成部分，是衡量教学效果的重要手段。在教学过程中合理组织安排评价手段（如考试、论文等），能有效地了解和考察教育教学效果，有助于解决教学中的问题，加强教与学的针对性。我国高校现有的学习评价模式、评价制度，对促进学生基础知识、基本技能的掌握起着不可替代的重要作用，但在培养学生实践能力、创新能力方面也存在明显的不足。

1. 改革传统的考试方式方法

有学者指出："教育问题的全部症结，就在于教育体制，更准确地说，在于教育管理体制。"[①] 在教育管理体制当中，考试评价制度又扮演着关键的角色。考试的评定、区分与导向功能就像是指挥棒，从根本上引导和影响着学生对学习内容和学习方式的选择，从而也决定着人才培养的方向和质量。很多时候，考试考什么，学生就学什么；考试怎么考，学生就怎么学。改革传统的考试方式方法，对学生学习进行科学的引导，有效的评价和激励极其重要。

现行的高校学生考评制度也存在着诸多缺陷，在很大程度上阻碍了创新型人才培养目标的实现。主要体现在：一是考试形式单一，考试范围狭

---

① 王晋堂：《解放，素质教育才有希望》，《北京政协》1998 年第 3 期，第 30—31 页。

窄。目前高校考试的主要形式是笔试、口试、论文，在这几种形式中，闭卷考试采用最多，其他形式使用较少。二是考试内容重书本理论知识。基本局限于教材，甚至个别教师会在考前划范围、定重点，学生们普遍是"背多分"式学习，严重误导了学生的学习取向。三是考试时间过于集中，学生学习压力大。高校考试多集中于期末，大多数院校在期末单独抽出一至两周作为"考试周"，学生在短时间内承受着极大的考试压力，造成了学习上临时抱佛脚，突击应付考试的现象，不利于有效巩固学习成果。四是考试作弊现象严重。尽管各个学校都制订了严格的惩罚考试的文件，但是由于急功近利的社会环境、考试制度的不合理及片面的评价体系，仍然导致部分大学生为取得好成绩甘愿冒险作弊。五是试卷分析与考试结果反馈力度不够。教师阅卷只重判分，学生也只在乎得分，不注重试后分析，也不会改进教学策略，为考试而考试的现象普遍存在。

综上所述，当前的考试评价功能仅限于确认学生应试的学业成绩，很少提供改进教与学的有效信息，从本质上说是失去了考试评价的教育性功能，即促进学生发展的功能。以评分数、划等级为标志的传统教学评价，在许多方面与学生的个性、人格相背离，特别是"以分取人"、"以分分等"的否定性评价方式，束缚了学生创新精神和创新能力的培养。因此，笔者认为，应当尽快改革现行的考试方式和方法，如变一次考试为多次考试、实行过程性考核；部分课程可变闭卷为开卷；变考记忆为考能力，探索多元考核评价方法，真正推动学生学习质量和效果的提高。

2. 注重对学生综合能力的培养

随着技术和经济的发展，现代社会发生了很大的变化，服务业已为知识所导向，产品经济变为知识经济，生产工人成为知识工人。高校毕业生必须学会在复杂的社会中迅速适应和灵活变通，教育的焦点正在从单纯的知识和技能传授转向获得复杂能力、指导学生形成学习和从多种可用的途径获得信息的技能。总之，教育应更多地考虑以能力和学生为中心。在此过程中，由于课程变化的驱动，考试方式急需改革。现在的高校考试实践是为考试而教学，而不是为学习而教学，忽视了个体差异。一些研究表明，对于学习，没有什么能比学习评价具有更大的推动力，高校的学习评价应当更加注重学生对适应社会多样化能力的培养。

高校评价方法的改革不是要全部摒弃传统的考试方式，而是把传统考试方法与新的评价方法结合起来，综合测评学生能力的获得。传统考试和新评价形式都是能力评估项目的必要组成部分。由于能力是知识、能力和态度的复杂结合体，因此，作为整体的能力测评计划应该覆盖所有的教育目标，在基于能力的教育中，必然包括知识、技能和态度，即以整合的方式进行评定。例如，在市场营销专业的教育中，为了评定学生在市场营销方面的能力，可以采用包含多项选择题和开放性问题的纸笔考试、市场营销计划的撰写、测评面试、专题演讲、案例讨论以及实习中的表现等综合测评计划。因为这些内容才是学生在其职业过程中所需要的必备技能，对其进行考查，将有助于学生多样化学习能力的提高。

3. 建立第三方评估机制

一段时间来，社会舆论上对于已经开展的本科教学评估的议论不断，其原因在于：首先，从已经进行的本科评估来看，造假应付的现象不同程度存在着，甚至一些大学在迎评过程中上下动员，一起造假，给学校和学生带来不良后果。其次，以往评估就检查项目和内容而言，重点是在检查教学的程序，强调教学的规范。对于一个大学教师，即使他的教学所有环节都无懈可击，考试成绩都呈正态分布，有标准的教学大纲和教案，但依然不能说明他教学的水平一定是高的，陈旧的内容，空泛的思想，枯燥的讲授，都可以是百分之百合乎标准的教学。实际上，这种评估检查，还不能起到真正提高本科教学质量的作用，反过来，还有可能扼杀教师创新的热情、教师的个性和创造力，将大学教育引导到刻板的教条，僵化的程序化道路上去。因此，对学校进行的评估检查，理应由第三方——社会上成熟的非官方的评审机构——来做，它们与大学没有统属关系，没有利害纠纷，更能起到公正、纠偏的作用。

此外，毕业生、校友其实也是学校教学质量和效果的重要反馈来源。不少学校已经建立了毕业生、校友毕业信息反馈机制，从校友的工作、生活实践来验证在学校里的课程设置是否合理、能力培养是否到位，以此作为教学改革的依据。

三 以促进学生创新成长的柔性服务制度

1. 弹性学制

这是我国大学教学制度的一次大改革。从西方国家引入这一概念和学制制度的，我们平时所熟悉的是学年制，也是新中国建立以来长期使用的，学年制度与弹性学制存在着很大的不同，现行的大学弹性制度，比如本科阶段的学时一般为 3—6 年，即所谓的本科学历弹性学制，学习成绩特优秀的并在 3 年内达到教育部规定的高校普通本科生毕业水平，并获得了规定的学分，可以申请提前毕业，而学习差的要留级的则可以适当延长学习时间，但是延长时间不得超过 2 年，总共则为 6 年。而正常的学生则为 4 年毕业。现在国内高校普遍实行这种制度，但它是建立在学分制基础上的。所以弹性学制的最大特点在于，不强求学生学习时间非要达到正常规定的时间，可以长，也可以短，即形象的说法是"弹性学制"，学习时间可以根据个人实际情况来适当调整，但不得少于最短学习时间，不得超过最长学习时间。就教学服务型大学而言，这是一项最基本的制度，对学生的创新成长具有十分重要的意义。

2. 学生素质拓展制度

实施大学生素质拓展制度，是促进学生健康成长的重要措施，有助于提高大学生的人文素养和科学素质，首先，素质拓展制度实现了教育与自我教育的统一。大学生素质拓展制度有利于建立青年学生健康成长的正确导向，有利于整合校内外资源支持大学生素质拓展，有利于提高大学生就业和自主创业的能力，更重要的是能够把课堂内外、校园内外的教育有机地结合起来，产生良好的互动效应。其次，大学生素质拓展制度可以实现集体教育与个别教育的统一。在大学生素质拓展计划实施全过程中，按照集体教育与个别教育相结合的原则，通过组织集体活动提高教育效果，同时也承认和尊重学生个体的创造力和成就，实现了集体教育与个别教育的统一。既对集体进行教育，又教育和培养集体，并通过集体去教育和影响个人；既对个人进行个别教育，又通过个别教育去影响其他个人和集体，掌握了教育集体与教育个人的辩证统一的原则，有利于提高教育实施的有效性。大学生素质拓展计划通过针对大学生的职业导航设计，针对他们自身的特点开展素质训练，努力提高大学生的核心竞争力。《浙江树人大学大学生素质拓展证书》里面记载的内容都能根据每个大学生成长、发展的走向形成鲜明的特色。所以"大学生素质拓展计划"是尊重个性、培养个性、张扬个性的教育。浙江树人大学自 2011 年开始，全面实施了素质学分制度，规定每名学生在校期间都应修满 4 个素质拓展学分方能毕业。

3. 创新创业教育

教育部在《关于大力推进高等学校创新创业教育和大学生自主创业

工作的意见》中指出："在高等学校开展创新创业教育，积极鼓励高校学生自主创业，是教育系统深入学习实践科学发展观，服务于创新型国家建设的重大战略举措；是深化高等教育教学改革，培养学生创新精神和实践能力的重要途径；是落实以创业带动就业，促进高校毕业生充分就业的重要措施。"创新创业教育①是以培养具有创业基本素质和开创型个性的人才为目标，以培育学生的创业意识、创业精神、创新创业能力为主的教育，训练基本的创业技能，培养具有创新思维和创业能力的高素质创新型人才。

创新创业教育本质上是一种素质教育。高校可以在以下几个方面发挥作用。（1）意识培养：启蒙学生的创新意识和创业精神，使学生了解创新型人才的素质要求，了解创业的概念、要素与特征等，使学生掌握开展创业活动所需要的基本知识。（2）能力提升：解析并培养学生的批判性思维、洞察力、决策力、组织协调能力与领导力等各项创新创业素质，使学生具备必要的创业能力。（3）环境认知：引导学生认知当今企业及行业环境，了解创业机会，把握创业风险，掌握商业模式开发的过程，设计策略及技巧等。（4）实践模拟：通过创业计划书撰写、模拟实践活动开展等，鼓励学生体验创业准备的各个环节，包括创业市场评估、创业融资、创办企业流程与风险管理等。创新创业教育是一个系统工程，它贯穿着大学生整个大学生涯，它由学生成长规划、学科竞赛、实习实践、毕业论文替代、创新创业训练计划等一系列的具体制度所组成。

第五节　教学服务型大学的教学质量监控

质量是高等学校生存与发展的生命线。提高人才培养质量是当前教育改革的核心任务。教学服务型大学以教学工作为中心，同样绕不开质量这一主题。围绕人才培养全过程，建立健全教学质量监控体系，能有效保障教学服务型大学的教育教学质量和服务教学、服务师生、服务社会三大要求的贯彻。

---

① 1991年，东京创业创新教育国际会议从广义上把"创业创新教育"界定为：培养最具有开创性个性的人，包括首创精神、冒险精神、创业能力、独立工作能力以及技术、社交和管理技能的培养。

一 构建教学质量监控体系的意义

教学质量监控体系，是指在教学运行过程中，保障教学质量的一系列管理体系和监控机制。其核心是调动"教"、"学"双方的积极性，持续地改进和提高教学质量，以适应经济和社会发展的需要。构建教学质量监控体系主要有以下四个方面的意义。

1. 突出教学的中心地位

教学管理的最终目的是保证和提高教学质量。教学质量监控体系是一个全流程的动态开放体系，它以各种教学管理文件、管理制度和激励政策为基本要素，对教学全过程进行管理和监督，以保证人才培养目标在各个环节上落到实处。同时，教学质量监控体系明确各级教学管理人员及教师的责任，强化各职能部门服务教学的意识，确保教学的中心地位。

2. 确保人才培养目标不偏离

构建教学质量监控体系，一方面保证学校的专业建设能保持市场灵敏度，及时根据市场需求推陈出新，确保人才培养的社会适用性，另一方面能全面监控教学过程，确保专业人才培养方向，以及与之相适应的教学内容和形式不偏离总体培养目标。

3. 提高应用性人才培养质量

人才培养目标必须通过具体的教育教学活动才能得以实现。通过教学质量监控体系建设，能有效引导教师全面认识教学过程的本质，把握教学的基本规律，增强教师"教"与学生"学"的双向互动，提高教学过程中各个环节的质量，同时不断改进和消除影响教学质量的各种制约因素，协调教学工作与学校其他管理工作系统的关系，发挥整体效应，达到促进学生个性发展和全面发展的目标。

4. 适应教育部本科教学工作合格评估的要求

教育部本科教学评估是评价、监督、保障和提高教学质量的重要举措，是我国高等教育质量保障体系的重要组成部分。教育部在新一轮新建本科院校评估中，明确要求"三个基本"，即办学条件基本达到国家标准、教学管理基本规范、教学质量基本得到保证，以及"三个符合度"，即学校发展的目标定位符合国家、社会和学生全面发展的需求及学校的实际情况，学校的人才培养目标、教学体系教育资源的配置与利用符合学校的目标定位，学校的人才培养质量符合学校的目标定位。高等学校通过构建并逐步完善教学质量监控体系，可以形成不断提高教学质量的长效机制。

二　当前我国高校教学质量监控体系存在的问题

1. 质量标准单一，对教育质量的认识存在片面性

新时期高等教育质量的标准是一个多层次、多维度的概念，是人才标准、学术标准和社会标准等相互统一的整体。因此评价高等教育质量标准应多元化、多样化，目前对教育质量的评价仍过多地局限于学术水平，忽视了社会用人单位的实际需要。

2. 监控内容不能覆盖人才培养全过程

目前的教学质量监控主要偏重于课堂教学，而对实践教学环节和教学过程则较少监控；对执行教学计划、稳定教学秩序的监控较重视，而对执行教学大纲，改进教学内容和教学方法等方面的监控不足。

3. 监控指标体系宽泛，缺乏科学性

目前各高校评估指标体系的制定者主要是一些学科专家和行政人员，真正具有评估专业知识的人员却不多。对指标体系的建立、指标权重的确定、不同院系间的横向比较标准等也未能进行充分的调查和研究，评估结果缺乏一定的针对性和公正性。

4. 监控体系仅停留在学校层面，未具体深入到专业

学校宏观层面的监控体系内容多繁杂，环节较多，在全校总体管理中运行还算顺畅，但是具体到最基层的专业上时，便会发现存在着体系不完善、目标不清晰、运行不通畅、反馈改进不及时等问题，制约了教学质量监控体系的实效。当前学校围绕专业人才培养目标的教学实施、教学评价以及管理体制机制仍不完善，有待进一步改进。

5. 高校内部封闭运行，缺少外部监控

高校的教育质量能否满足劳动力市场的需求，应受到社会各个方面的监督，但现行高校质量监控基本上还是由政府到高校的自我封闭的体系，与社会外界没有交流，社会的"监控"只是自发、无序的某种氛围，尚未对高校质量产生实际影响。

三　教学服务型大学教学质量监控体系的构建原则

教学服务型大学质量监控体系的构建应以服务的理念为引领，以提升

满足社会发展需求的教学、科研水平为最终目标，监控过程的设计要凸显服务教学、服务师生、服务社会为特色。具体应遵循以下三个方面的原则。

1. 以专业为载体

学校人才培养目标的实现，主要落实在专业层面。根据教育部新一轮新建本科院校评估精神，学校专业层面上的培养理念与目标、培养内容与方案、培养方式实施过程以及培养效果是否一脉相承、一以贯之将成为评估的重点，因此，教学质量监控体系要具体细化到专业层面，能体现学科专业的特色，满足特定专业的监控需求。同时，要将专业教学质量监控体系的制定权交给专业教研室，充分调动教研室的主动性，让他们成为教学管理、监控的主体，成为教学质量监控体系的直接参与者。

2. 凸显以人为本

教学服务型大学的质量监控体系要体现"以人为本"思想。教学质量监控过程是围绕教师的教学活动和学生的学习活动展开的，最终是评价教师教学活动的效果——人才培养质量。所以科学的教学质量监控体系要始终坚持以人为本的重要思想，充分考虑和尊重学生与教职员工的需求与人格，遵循以人为本、教书育人的教学工作宗旨，通过有效的机制和手段激发他们的学习和工作热情。

3. 强调社会参与

教学服务型大学的一个重要职能就是面向社会服务，开展满足社会发展需求的各类教学科研服务，形成一个开放型组织，因此教学服务型大学质量监控体系应着力引入社会力量参与监控。社会既是学校人才培养的消费者，同时也是所培养人才的使用者，有权利、也有义务参与到教育质量监控过程中，社会力量的参与能及时将社会对人才培养的要求、毕业生的就业状况及其他信息直接反馈给学校，使学校及时了解社会经济发展对人才培养提出的要求，确保高等教育沿着社会需要的方向发展。浙江树人大学自2012年开始，每年向社会公开发布《本科教学质量报告》，得到了社会的广泛关注和认可。

四　构建教学服务型大学教学质量监控体系的主要内容

高校人才培养主要包括"培养什么样的人"、"用什么培养人"、"怎样培养人"、"如何保障培养过程"等四个基本问题，简言之，人才培养过程主要包括四个基本要素：培养目标、培养内容、培养方式方法及培养评价。基于这四个基本要素来构架教学质量保障体系，可以有效地将教学质量监控体系建设融入到人才培养各环节之中，以人才培养模式统摄教学质量监控体系。

（一）培养目标的监控

建立教学服务型大学质量监控体系，首先应确立质量监控的目标机制，明确学校的人才培养目标，建立正确的教育质量标准，从思想层面上认识到教学质量建设的必要性以及要达到的标准。培养目标的监控点具体可分学校培养目标、专业培养目标、课程培养目标三类。

1. 学校培养目标

教学服务型大学应以服务区域经济发展为目标，围绕国家产业结构战略性调整，紧密结合学校所在地区经济、科技、社会发展的实际需求，树立多元人才质量观，加强实践教学环节，着力培养知识面宽、动手能力强和具有创新精神和创业能力的高级应用型人才，不断强化人才培养的应用性与适应性，满足本地区经济社会对多种规格人才的需求。

2. 专业培养目标

各专业应在遵循学校总体人才培养目标的基础上，深入调研当前行业与区域经济社会发展对本专业人才培养的要求，深入调研相关岗位对人才培养的要求，根据学科专业特色，进一步细化人才培养目标，初步形成具体的专业培养标准，再广泛征求师生员工、校外同行以及行业企业专家的意见，由学校学术委员会最后审定通过。

3. 课程培养目标

专业培养目标是课程培养目标的出发点和归宿，课程培养目标是专业培养目标在课程上的具体化。课程培养目标应根据专业培养目标进一步明晰应用型人才的培养路径，明确学生在知识、能力、素质三个方面的学习目标，同时要确保三个方面目标的协调发展。

学校其他职能部门也要围绕学校的总体培养目标，制定各自的工作目标，以确保学校人才培养目标的实现。

（二）培养内容的监控

专业和课程是人才培养的主要内容。教学服务型大学着重培养满足本地区经济社会发展需求的应用型人才，要本着"有所为、有所不为"的原则，以服务需求为主旋律，从市场需求和学校具体实际出发，发展自己的优势专业和特色课程。专业课程体系着重从以下几个方面进行监控。

1. 专业设置监控

教学服务型大学的主要践行者是一般本科院校，相同类型的专业，如果开设课程与其他高校类似，不仅缺乏竞争力，也不易达到服务需求之目的，因此要求设置的专业必须立足于工程应用或技能、文凭并举，以满足区域经济发展人才需求为导向，建设具有产业优势、资源优势、地缘优势的专业，创建经济建设需求量较大的应用型、交叉型专业。要强调以能力培养为核心，根据社会对人才的知识、能力、素质结构的要求，确定培养计划的具体内容，包括开设课程、理论与实践环节的安排比例等。

2. 课程设置监控

教学服务型大学从应用型人才培养目标出发，其课程结构要从橄榄型结构转变为宝塔形结构，打好专业基础，注重发展学生个性，能迅速适应社会需求，建立终身受用的基础知识体系，为今后发展打下比较好的基本理论和专业知识基础。要加强实践性、应用性知识和技能训练，让学生有更多的实践机会，建立自己的知识、能力、素质结构。教学服务型大学的课程体系总体要求是既要体现适应学生实际水平、满足市场需要，又要在课程结构中具有新内容、新理论，跟上当前时代发展的需求。

（三）培养过程的监控

1. 建立系统的教学规章制度

教学规章制度是根据教学和教学管理规律而形成和确立的基本工作制度，建立健全并严格执行教学规章制度，可以有效规范教师、学生的行为，形成良好的教风、学风，也保证了教学的中心地位，建立确保教学质量的长效机制。规章制度的制定要在深入听取各方面意见的基础上，充分考虑具体学科专业的特点，既要具有规范约束性，又要具有灵活性，能满足各类师生群体的个性化需求。

2. 明确教学环节的质量标准

质量标准是指为达到目标、水平和要求而制定的规范性文件，是教师教学、教学管理和教学质量评价的基本依据，学校要根据办学定位和人才培养目标，建立健全课堂教学、实验教学、实习、毕业设计（论文）、考试、社会实践等教学环节质量标准，并通过教学秩序检查、督导听课、学生评教等多种措施和形式予以落实。质量标准要切合学校教学工作实际，符合教学规律，可操作性强。

3. 形成适度有效的教学质量评价制度

教学质量评价是学校根据教学环节质量标准和收集的质量信息，对教师的教学质量进行定期的评价，从而确保及时了解教学活动的效果，及时纠正影响教学质量的因素，以强化管理，提高质量。为确保评价的针对性和准确性，学校应建立一套教学质量信息收集制度，包括各级领导干部听课制度、教学督导制度、网络评教制度、学生信息员反馈制度等。教学质量评价制度在强化管理、提高质量方面固然有效，但经常性、连续性的评价又会导致功利化倾向，降低教师积极性，因此在实际教学活动中，还要考虑评价成本和学术规律，尊重教师的学术自由，对影响质量的关键因素和环节进行适度监控。

（四）培养效果的反馈跟踪

1. 及时公布教学基本状态数据

教学质量监控的目的在于及时改进教学活动中各项不利因素，从而进一步提高教学质量，因此，建立快捷、灵敏、准确、可靠的教学质量反馈系统，及时做好反馈工作是非常必要的，也是教学质量监控体系的关键和价值所在。在实施某一项评估工作后，不仅要向全校师生公布评估结果，做好整改和复评工作，还要积极向社会公布基本状态数据，接受社会的监督和评价。唯其如此，才能使学校的各项工作在教学评估长效机制的推动下不断地进步和提高。

2. 跟踪毕业生就业状况

人才培养的质量最终体现在学生毕业后的工作中，培养的人才对社会的贡献度如何，直接反映了学校的教学质量。因此，跟踪毕业生的就业状况，既能让学校了解毕业生走上社会后的表现，也能为学校提供各个专业的社会需求情况，加强与毕业生联系，还可以增进毕业生对学校的归属感以及回报母校的热情，积极反馈本校专业设置、教学内容及管理等方面存在的问题，促进学校教学水平的提高和各项工作的改进。

3. 参与职业资格认证制度

每个行业协会对本行业的用人都有一定的标准和要求，往往通过职业资格认证来确认就业者是否达到所要求的标准，这就为高校培养人才提供了样板和对照，学校可以有意引导学生参加各类职业资格认证，在认证过程中发现人才培养的问题，并根据社会发展不断完善和修订自己的培养计划和培养目标。

4. 引入中介机构调查报告

学校的教育质量如何，关键是社会的承认和认可，社会和用人单位最有发言权。因此，学校应转变以往单纯的上级评估，逐步实现社会多元评估。譬如，当前已有一些社会民间组织联合开展各类问卷调查活动，学校可以根据自己的需要向他们购买数据，这样就可以得到较为广泛和公平的社会评价信息。近几年来，浙江树人大学每年委托第三方机构对学生就业率、专业竞争力进行调查，并以此为契机，推进教学改革，收到良好的效果。

第六章

教学服务型大学的学科与科研建设

第一节　教学服务型大学学科与科研建设的价值取向

一　学科的概念和内涵

1. 学科的概念

学科是通过对知识的划分而形成的知识体系或是组织。在英文词源中，"discipline"一词一方面指知识的分类和学习的科目，另一方面指对人进行的培育（尤其指侧重于带有强力性质的规范和塑造）。法国思想家米歇尔·福柯就重新强调 discipline 的双重含义，他认为任何学科都是一种社会的规范。因此，"学科"既是特定研究领域走向成熟的产物，"称一个研究领域为一门学科，即是说它并非只是依赖教条而立，其权威性并非源自一人或一派，而是基于普遍接受的方法或真理"[①]；它又是研究领域制度化与建制化的结果，学科的形成就在于它成功地界定了自身的研究边界，并规定了本学科研究者的学术规范。[②]

2. 学科的内涵

学科包含了学问分类、教学科目、学术组织以及相对独立知识体系等基本内涵。第一，学科与知识的形成和发展有关，它的基本含义是人们的认识成果——知识的分类或分支。第二，学科是特定研究领域走向成熟的产物，学科形成的根据是基于同一领域"普遍接受的方法或真理"，联结着同一知识领域的专家学者，"学科明显是一种联结化学家与化学家、心

---

① [美]华勒斯坦等：《学科·知识·权力》，生活·读书·新知三联书店1999年版，第14页。

② 王建华：《论学科、课程与专业建设的相关性》，《学位与研究生教育》2004年第1期。

理学家与心理学家、历史学家与历史学家的专门化组织方式"。① 第三，学科不是纯粹的知识，一经形成便存在于一定的物化对象中，体现为一定的学术组织、机构或单元（如学位授权点），成为一定的建制或制度，成为利用一定条件发展知识和创造知识的组织系统。第四，学科是综合的概念，基于它是知识的分类或体系化的知识、体现学术领域的规范、存载于学术的组织（建制、单元）中等特性。

二　学科建设的定义和内容

1. 学科建设的定义

到目前为止，对于学科建设，仍然没有一个统一的定义。学者罗云在其博士论文中提出："学科建设是指学科主体根据社会发展的需要和学科发展的规律，结合自身实际，采取一切必要的、可行的措施和手段，促进学科发展和学科水平提高的一种社会实践活动。"② 这个定义考虑全面，又比较适合本研究的实际，本研究基于此概念来展开教学服务型大学学科和科研建设的分析。

2. 学科建设的内容

学科建设是以学科学术为核心所展开的建设活动，主要涉及学科本身学术水平的建设和社会方面的建设。在高校中，学科建设指高校按特定的学科方向为提高教学、科研水平所进行的基础性工作，主要包括学科建设的规划、专业设置、学科科研方向建设、学术带头人及学术梯队的培养和建设、教学科研基地和实验室配置和建设等。学科建设已经成为高校教学、科研两个中心的结合点，处于高校可持续发展的基础地位，是高校建设和发展的关键和核心。

三　学科与科研建设的意义

1. 学科和科研建设是提升教学服务型大学办学水平的需要

"学科是一定科学领域或一门科学的分支，是人类通过长期的知识创新，经过不断创造、积累、发展和完善而形成的相对独立的知识

---

① 伯顿·克拉克：《高等教育系统》，杭州大学出版社 1993 年版，第 34 页。

② 罗云：《中国重点大学与学科建设》，中国社会科学出版社 2005 年版，第 5 页。

体系。"① 高校是进行高深知识传播、创造、应用的组织。因此，学科是高校进行活动的基本单元，是高校实现各类功能的基础，高校的教学、科研、社会服务、学术队伍建设、文化传承等都以学科为基础。通过学科的建设，教学服务型大学可以提升学科水平，带动科研的发展、学术队伍的培养，提升办学水平，为社会提供更好的社会服务。学科的水平决定着一所教学服务型大学的人才培养水平，决定着科技创新与服务水平，决定着办学水平及其社会声誉地位。教学服务型大学建设必须提升学校的育人水平和社会服务能力，把学科与科研建设作为一个重要内容。

2. 学科和科研建设是教师成长的需要

高校教师是学术活动的承担者，既活动在学校的院系中，又活跃在一定的学科领域中。细而观之，教师的工作活动主要是在学科中完成的。教师在工作前，已经接受了一定学科长时间的知识学习和训练，在一定程度上掌握了这门学科的知识和相关技能。工作后，教师的教学，开展的相关科学研究，与国内外同行进行的学术交流、合作，开展的社会服务，也主要是在其所从事的学科领域内进行。大学的学科与科研建设将教师与学科紧密联系在一起，将会给予这个学科的教师更好的科研训练和更多的交流机会，为教师争取更多的资源，引领教师接近或达到学科的前沿，从而促进教师水平的提升和能力的提高。同时，提升学科和科研实力，为教师的成长和人才发挥打造良好的平台，促进了教学服务型大学吸引优秀教师和人才。

3. 学科建设是专业建设的重要基础

专业是指高等学校或中等学校根据社会分工、经济和社会发展需要以及学科发展和分类状况而划分的学业门类。我国的专业目录体系根据学科门类进行分类设置，专业寓于学科当中，学科是专业的支撑平台，强势学科形成了，专业设置也就能自然形成。大学的中心工作是教学，专业建设是搞好教学工作的一项重要内容。因此，学科建设将为专业建设奠定良好的基础，从而提升专业建设与人才培养水平。

四　教学服务型大学学科与科研建设的价值取向

教学服务型大学的学科与科研建设具有三种价值取向：内适性价值取

① 李化树：《论大学学科建设》，《教育研究》2006年第4期，第85页。

向、外适性价值取向和自适性价值取向。

1. 内适性价值取向

"理解教学服务型大学，关键是要理解教学和服务。首先，教学是主要工作，人才培养是根本任务。其次，现代服务理念是学校的基本理念，将满足服务对象的需求作为办学的基本理念，并以此为指导，以服务对象的需求来配置学校资源、布局学科专业、重视教学质量、彰显培养特色，创新管理流程，提高办学效益，实现学校的跨越发展。"① 在教学服务型大学中，教学是中心工作，学科与科研建设对内要以教学为中心，服务于教学、服务于人才的培养，服务于学校的发展。

2. 外适性的价值取向

"所谓服务本位，是指将服务社会作为最重要的目标，并以此来组织教学和科研。这里服务的对象是'大社会'，泛指象牙塔之外的任何社会组织和个人，包括政府机构、各类企业事业单位以及任何期望得到大学帮助的组织和个人。以服务为本位，意味着学校在进行教学、科研和其他任何工作时，都应该以服务社会为宗旨、目标和方向。在教学和科研的过程中，时刻注意以服务为统领和目标，教学和科研不是最终目的，教学和科研的最终目的是为了促进经济的发展和社会的和谐稳定。"② 教学服务型大学的学科与科研在为学校发展服务、为教学和人才培养服务的同时，对外要服务于经济社会的发展，特别是要以服务所在地区域经济社会发展为目标和方向。

3. 自适性的价值取向

教学服务型大学学科与科研建设有其自身的逻辑和规律，在这些规律中当然包含着与教学工作和人才培养的适当结合，也包含着利用社会的资源，适应经济社会发展需求，为经济社会发展服务。同时，学科与科研建设还有其内在自身发展的逻辑和规律，如学术性组织运行规律与机制等，因此教学服务型大学的学科与科研建设在坚持内适性和外适性的价值取向的同时，也要坚持自适性的价值取向。

---

① 徐绪卿：《浅论教学服务型大学的若干问题——兼论地方院校和民办高校的发展定位》，《教育研究》2012 年第 2 期。

② 陈新民：《教学服务型大学：新建本科院校的重要发展趋向》，《教育发展研究》2011 年第 17 期。

第二节　教学服务型大学学科与科研建设指导思想与原则

一　教学服务型大学学科与科研建设指导思想

1. 适应并满足社会发展需求

教学服务型大学以服务为基本办学理念，学校的各项工作，包括教学、科研、队伍建设等都要贯彻服务的理念，应该以服务社会为宗旨、目标和方向，这是教学服务型大学的本质要求。从学科建设的当前实际来看，学科与科研建设也需要与社会保持充分的联系和互动，在为社会发展服务的同时，获取社会给予的资源和条件，从而利于自身建设水平的提高。因此，教学服务型大学的学科与科研建设也应以服务社会发展需要为宗旨和目标，在建设过程中，以适应和满足社会发展需求作为一个重要指导思想。这一指导思想要求教学服务型大学在进行学科与科研建设时，要时刻密切注意社会发展的实际，跟踪社会发展中的问题，分析社会发展的需求，进而以适应和满足社会发展需要为方向，主动在学科与科研建设的各方面进行相应的改革和调整，从而契合社会发展需要，促进社会发展。

2. 以科研创新与应用推广为重心

学科与科研建设的重心工作是科研，进行科研创新、应用推广是学科与科研建设的直接的重要目标，学科与科研建设的其他方面，如学术团队建设、平台建设、方向凝练等可以说都是在为科研创新提供保证的。科研成果，特别是重大的科研创新是学科与科研建设水平的主要标志。而且教学服务型大学的学科与科研建设为社会服务的宗旨，主要是依靠科研创新来实现的，推进科技产品的应用与推广。因此，科研创新和应用推广应该成为教学服务型大学学科与科研建设的另一重要指导思想。

3. 促进学生就业竞争力

教学服务型大学的中心工作是教学，根本任务是培养人才。教学服务型大学注重教学服务育人，注重以人才服务社会需求，因此培养的人才最终要通过市场就业，走向社会，为社会服务，并接受社会的检验。在高等教育竞争和人才市场竞争日益激烈的今天，学生的就业不仅成为国家关注的重大事情，更成为各个高校重要的战略性工作，而且学生的就业状况也在一定程度上成为衡量各高校办学质量的一个重要指标。教学服务型大学的学科与科研建设对内要服务于教学，服务于人才培养，也就必然以促进学生成长和就业为重要目标和指导思想。

二　教学服务型大学学科与科研建设基本原则

1. 适应性原则

教学服务型大学学科与科研建设要服务于地方经济社会发展，就要从地方实际出发，最大限度地满足地方经济和社会发展的需要。只有着眼于地方、服务于地方，才能使学科和科研具有广阔的社会适应力和持久的发展动力。

适应地方经济社会发展需要，要求教学服务型大学注重发展应用学科、加强应用研究、培养应用人才，以应用性的成果和人才来服务地方经济社会发展。

适应地方经济社会发展需要，还意味着教学服务型大学的学科与科研建设积极主动地跟踪地方经济和社会发展的新情况、新问题，瞄准学科发展前沿和世界科技发展的新动向，及时调整学科和科研的内容和方向，提高学科与科研服务地方的针对性，提高服务的实效。

教学服务型大学学科与科研建设在强调适应地方发展需要的同时，也要适应学校自身发展需求，与本校定位、发展目标和战略等相一致。两者的不一致或矛盾将会损害学校的发展。

2. 以人为本原则

学科和科研队伍是学科建设的主体，是科研活动的核心。没有一支高水平的学科和科研队伍，就不可能建设高水平的学科，不可能产生高水平的科研成果。学科与科研建设主要还是人的建设，即人的组织、培养、选拔、使用、作用的发挥。教学服务型大学学科与科研建设对外要服务于地方经济社会发展，对内要服务于教学和人才培养，既要依靠教师队伍才能的发挥，同时也要考虑学生发展的需要，因此，教学服务型大学的学科与科研建设要取得成效，就要树立以人为本的观念，做到以生为本、以师为尊，充分满足师生的需要。

3. 重点建设原则

资源的有限性和学科科研发展的无限性之间的矛盾决定了任何一所大

学不可能占领所有的学科和科研领域，甚至不可能在同一学科或科研领域内的所有方向都达到较高的水平。教学服务型大学办学资源相对贫乏，学科科研基础相对薄弱，资源有限性和学科科研发展之间的矛盾更加突出，更不可能穷尽所有学科和科研领域，学科和科研建设只能在若干学科或领域进行，以期达到较高水平。对每个教学服务型大学来说，实际情况也不完全相同，其学科和科研的优势、特色、学科结构和发展水平等都不一样，在学科和科研建设中，需要从学校发展实际情况出发，选择若干对学校发展影响较大的学科，进行重点建设，寻求较大突破，以带动学科和科研整体水平提高；而且科学技术发展的趋势，也要求学校在一些新兴学科或交叉学科领域给予重点关注。另外，教学服务型大学学科与科研建设要服务地方经济社会发展的实际需要，也会使学科与科研建设有所侧重。因此，教学服务型大学的学科和科研建设必须贯彻重点建设原则，在建设中分清主次，突出重点，实施非均衡发展战略。

4. 整体性原则

教学服务型大学的学科与科研建设既要服务于教学和人才培养，又要服务于地方发展，还要与学校的发展战略相适应，而且学科与科研建设本身又是一个由多个互相联系、相辅相成的要素构成的有机系统，涉及学科方向、学科平台、科研项目、学科队伍、学科结构、学术交流、经费管理、科研成果等，需要领导、管理者、科研人员、相关行政部门、学院、研究机构等的协调配合，因此，需要用一种整体性的或系统性的思维，根据系统的整体性、相关性和有序性来开展学科与科研建设，使不同学科之间、不同研究项目之间、不同部门之间、不同类型人员之间相互支持、相互协调，充分发挥各部分、各要素的最大效能，取得学科与科研建设的最大效果。

5. 特色性原则

所谓特色，就是"事物所表现的独特的色彩、风格等"。特色性学科即区别于一般学科而具有独特表现形式的或优于一般学科的学科。突出特色是学科建设的根本所在，是形成优势的必经之路。学科特色不仅是一所学校的办学特色所在，也是一所学校的生命所在。一所大学，如果有一个或几个独具特色的学科，就能在国际上产生影响，就能在社会上立足。特色化、个性化应该成为教学服务型大学学科建设的优选战略。

教学服务型大学多为地方性院校，也多为新建本科院校，学科和科研建设相对比较薄弱，错位竞争的特色性原则是学科建设要坚持的基本原则之一。因此，教学服务型大学要本着人无我有、人有我强、人强我特的战略思想，坚持有所为、有所不为，在综合分析学校发展、教学和人才培养定位和实际情况的基础上，结合区域经济、文化、社会建设需求的特点，整合资源、扬长避短、突出重点、凝练学科方向、培育和确立具有相对优势和特色的学科、培养有特色的人才，努力构建体现优势和特色的学术队伍，从而建立学科优势，促进学科水平的提升。

第三节　教学服务型大学学科建设与科研服务模式

一　校企合作模式

教学服务型大学校企合作，主要是指教学服务型大学针对企业发展和技术上的问题与企业进行科研合作，为企业提供服务，促进企业的发展。这种合作模式主要有以下几种方式。

1. 接受企业委托进行技术开发或为企业提供发展咨询

这种方式主要是教师以横向服务形式来进行。地方企业在生产中总会遇到各种各样的技术难题，影响企业产品的质量，甚至造成生产无法进行；随着政策或经济环境的变化，或因自身原因，企业也会遭遇自身发展的困境，威胁企业的生存和发展；也许企业想增强自身竞争力，获得更好的超前的发展，寻求采用新技术和新的发展战略和途径。教学服务型大学应该主动与企业接洽，订立合作协议，由企业提供资金，利用自身优势为企业开发新技术或进行技术改造，或为企业发展提供意见。这种方式针对性很强，直接面对企业的技术和发展难题，因此学校所提供的成果可直接应用于企业，促进企业发展，发挥教学服务型大学为地方经济发展的助推作用。

2. 与企业联合成立研发中心

教学服务型大学在某些实力较强的学科或科研领域与企业联合成立研发中心，主要由企业提供资金，支持企业技术人员和教学服务型大学科研人员联合进行技术开发，或主要由学校学术人员进行技术攻关。这类联合研发中心有利于学校与企业之间的深入了解，有利于相互间的沟通交流，有利于技术问题和开发的连续性，有利于重大问题的解决或新技术的突破，从而实现学校与企业的长期合作。

3. 科技人员进企业

教学服务型大学与企业在已有一定的合作并相互信任的基础上，或者在当地政府部门的协调下，由教学服务型大学派遣科研实力强或有潜力的科研人员到企业工作。进企业科技人员的工作待遇、工作时间等由学校和企业共同商定。这种服务方式有利于学校科研人员深入了解企业的发展实际和生产、技术现状及问题，与企业生产人员和技术人员更好地合作，为企业发展、技术研发、技术问题解决提供服务。

教学服务型大学科研实力较弱，在社会上影响力有限，有些企业，特别是大企业不信任教学服务型大学的科研水平，宁愿去寻求科研实力强的大学进行合作。因此教学服务型大学应把中小企业作为主要的服务对象，主动地走出校门，积极与中小企业联系，寻求与企业的合作，与企业界技术人员联合攻关，参与企业的技术改造和技术开发，加速科技成果的转化，促进企业技术水平提升和创新能力提高；同时主动参与区域性的科技合作洽谈会、项目对接会、成果展示会，加快科技成果转化和应用。

浙江树人大学在学科与科研建设中，重视学科与科研为社会发展服务，不仅树立强烈的为社会发展服务的意识，还采取各种办法参加到为社会发展服务中去。学校面向地方经济社会发展实际，坚持产学研结合，先后成立了20多个研究机构和校企合作平台，以优势特色学科服务地方，对接产业，积极承接企业的技术研发、生产改造等任务，帮助企业创品牌、创特色，提升企业创业水平和能力。学校已在多个地方开展服务，进行产学研联合，与一大批企业开展了科研合作。

二　校政合作模式

教学服务型大学也可以与地方政府部门就社会问题和政策合作，为政府提供建议或咨询意见。这也是教学服务型大学服务地方经济社会发展的一个重要方面。

1. 为政府提供决策咨询或参考

当今社会问题的复杂化及专业化，使得政府在政策决策上面临越来越复杂、专业的问题，仅靠政府无法做出较完善的政策。教学服务型大学可针对社会各领域包括政府部门领域的热点问题和难点问题进行研究，形成研究报告，提交相关部门，供领导或部门在决策时参考；或在政府部门征求意见时，提出相关建议，提高政府政策的科学性和有效性。

2. 与政府合作开展调查研究

当某些社会问题阻碍社会发展，而政府部门又没有解决办法时，教学服务型大学如有实力，可与政府部门就这些问题联合进行调查研究，并提出解决方案。政府部门较熟悉社会运行的实际，而教学服务型大学对此理论知识较丰富，但实践知识经验缺乏，二者的合作正可以优势互补，调查更符合实际，解决方案会更有实效性。

3. 接受政府委托开展研究

政府部门人力资源有限，当某些社会问题需要解决时，教学服务型大学可以主动寻求与政府部门合作，接受政府委托，在政府部门提供的资金支持下，独立进行社会调查。调查研究得出的方案或建议直接提供给政府部门，供政府参考出台政策或直接应用解决社会问题。

另外，教学服务型大学在为企业提供服务过程中，需要政府在学校与企业间起到协调、组织、管理的作用，需要政府搭建相关平台，完善沟通机制，推动教学服务型大学与企业成功对接，为教学服务型大学更好地为企业服务排除障碍。因此，教学服务型大学必须加强与政府之间的合作，尽可能多地了解政府政策，提升服务政府政策与调研等能力。

三　科研反哺教学的服务模式

学科与科研建设必须为教学和人才培养提供服务，这是教学服务型大学学科与科研建设的重要服务内容之一。在具体实施方式上，可以采取多种方式方法。

1. 教学人员参与学科科研建设

教学服务型大学以教学为主，科研实力相对较弱，甚至有的学校部门教学人员不搞科研或很少搞科研，很少参与学科建设。学科建设与科研是提升教师学术水平的一项重要途径，也有利于教师教学能力的提高。因此，学科与科研建设要为教学更好地服务，促使从事教学的所有教师都参与科研、参与学科建设。

2. 科研人员承担教学任务

教学是教学服务型大学的中心工作，也是教师的最基本工作，但也会有部分科研能力较强的学术人员不承担或承担较少的教学任务。这种情况往往导致与教学相分离，这不利于科研服务教学。基于此，教学服务型大学应该要求或激励科研型教师承担教学任务，如承担一定的课程和课堂教学，参与教材编写，参与教研活动，辅导和帮助学生成长，承担育人任务，使学科建设和科研的最新成果、前沿知识、思维方法、先进理念带入课堂，带给学生，促进教学质量提高和学生的健康快速发展。

3. 组织教学改革研究

教学服务型大学应该把教学研究和教学改革纳入科研的体系中，用科研的理念、思想、方法体系来研究教学改革，通过这种途径来实现科研为教学服务的目标。教学服务型大学可组织教学改革项目，鼓励教学人员、科研人员申报参与；鼓励教师发表有关教学改革的成果，鼓励教师参加有关教学改革的各类教研活动等。

4. 鼓励学生参与科研

学生参与科研是直接提高学生素质，促进学生成长和成才的重要方法。教学服务型大学学科与科研建设为人才培养服务，让学生参与科研也是一个重要的反哺教学的服务途径。教学服务型大学应该组织发布学生科研项目，让学生在老师的指导下开展科研，鼓励学术人员让有兴趣基础好的学生参与其课题研究，鼓励教师和学生共同撰写学术论文、开发专利、设计产品等。同时，也应该引导激励学生在教师指导下进行发明创造，或开发新产品，并应用推广到企业需求之中。

近年来，浙江树人大学重视学科与科研反哺教学，把促进教学工作，提升教学与人才培养质量作为学科与科研建设的一项重要内容和目标。学校注重院校研究，通过省校两级教改项目有针对性地引导教师开展教学方法的改革；支持和鼓励教师申报与专业和教学工作相关的应用型课题，引导教师围绕人才培养目标开展科研工作；鼓励教师充分利用科研资源，将课题研究与学生的毕业论文设计结合，以提高毕业论文的质量；鼓励教师将研究成果融入到课堂教学中去，让学生了解科技前沿，掌握最新的科技信息；鼓励学生参加社会实践，支持和指导学生开展科技创新活动。通过科研反哺教学，学校有效整合了校内资源和学科结构，凸显了人才培养特色，促进了教学内容和方法的更新，提升了学生创业创新的能力。

第四节 教学服务型大学学科与
科研建设中的几个关系

一 学科建设与专业建设的关系

专业建设是人才培养的一个重要途径，教学服务型大学学科与科研建设为人才培养服务，除了要处理好与教学的关系外，还要处理好专业建设的关系。

专业是按社会分工和学科发展状况而划分的学业门类，是高校分门别类进行人才培养的基本单位。专业的划分以学科分类为基础，同时与社会职业分工相适应。"专业建设是根据教育教学规律和经济社会发展对人才的需求，对专业机构与布局等进行科学规划，明确人才培养目标定位，完善培养方案，深化教学内容、方法和手段改革，培养社会需要的高级专门人才的过程。"[①] 学科建设是专业建设的基础，教学服务型大学学科建设应为专业建设提供支撑。首先，学科建设要适应学校的专业建设需要，有目的地构建学科结构、设置学科方向，为专业建设奠定良好基础。其次，根据专业建设需要，通过学科建设培养高素质的学术人员，带动专业师资队伍整体水平的提高。再次，为推动学科与科研建设所建立的研究机构及其他资源，与专业建设实行资源共享，加强专业建设的条件保障。

二 学科科研与课堂教学的关系

教学服务型大学的中心工作是教学，而学科与科研建设的功能定位之一就是要服务于教学和人才培养，因此，在学科科研与教学的关系上，首先要做的是让学科科研为教学服务，促进教学工作。第一，学科建设是优秀教师成长的土壤，科研是教师发展的重要途径，通过学科与科研建设，教师的学术素养可以得到很好的锻炼和提高。作为大学学术活动重要内容之一的教学，随着教师学术素养的提高，其水平也会在一定程度上得到提升。教学服务型大学学科与科研建设在学科科研组织活动中，应尽量将从

---

① 高秀梅：《论高等学校学科建设与专业建设的关系》，《广东海洋大学学报》2009 年第5 期。

事教学的相关教师吸引进来，参与学术探讨、问题讨论和建设过程，提升其学术涵养，进而提高其教学能力。第二，鼓励学术团队中的骨干积极承担教学和有关教研活动，在教学中和课堂上，将自己个性的、鲜活的、前沿的学术知识、思想、方法、技能传授给学生，从而增强教学的活力、张力和魅力，提升教学的艺术性和学术性，提高教学质量。第三，教学研究既是学术研究的内容之一，也是深化教师对教学教育人事，提高教师教学水平的一个重要途径。教学服务型大学要激励教师在学科建设和科研过程中适当开展教学教育研究，适当组织教学改革的项目并鼓励教师申报，鼓励教师发表教学改革的论文，积极开展教学改革讨论会等，提高教师的教育教学改革能力。

教学服务型大学以教学为中心，学科与科研建设要围绕教学并为教学服务，但要注意保持学科科研对于教学的一定的独立性。学科与科研建设毕竟不是教学，是教学服务型大学的三大职能之一，要承担一定的发现新知识、进行科技创新的目标，并为社会发展提供服务。

三　学术管理与行政管理的关系

学术管理和行政管理是现代高校中的一对基本矛盾体，也是一对经常需要加以研究和协调的关系体。学术管理是高校以学术事务为对象和内容进行的管理，其实施的主体是学术人员，强调具有学术事务管理的自主性和独立性。"行政管理是高等学校为了实现学校工作目标，依凭一定的机构和制度，采用一定的手段和措施，积极发挥管理职能，带领和引导师生员工，充分利用各种资源，有效地完成学校工作任务，实现预定目标的组织活动。"[①]

学科和科研建设根本上是提升学术水平，是高校实施的一项学术管理。学科方向凝练、学术团队建设、科研项目研究、学科科研平台、科研成果评价等学科科研的基本内容是以学术为主的，而在高校教职工中，学者是最了解这些学术事务的，应该对这些基本的学科科研工作具有决定权和管理权。但是，学科和科研建设的工作中也不尽然是学术事务，也有部分属于行政事务，也涉及其他方方面面，因为在建设中，学术事务和行政事务的界限有时并不清晰。教学服务型大学的发展关注基层学术能力的建

---

① 张应强：《大学管理思想现代化研究》，《高等教育研究》2001 年第 4 期。

设与提升，但是要关注行政管理发挥一定的职能，转变行政职能，加强服务能力水平建设。第一，实现对资源合理有效的配置，即按照学校的发展规划，对人、财、物的投入、分配和调控；第二，维护整个学校系统的正常运转，即对日常教学、科研、后勤等方面的工作状况和进程进行检查、反馈和协调，处理学校与外界各方面的交往联系，保证学校各项工作按预定的计划进行。[①]

教学服务型大学的学科科研建设要注重为地方经济建设和社会发展服务。从学校的视角，应强调学科和科研建设发挥服务保障功能，同时施以必要的监督，而这种监督主要是根据学科科研管理的有关规定实施，同时也要充分考虑学科科研建设的特点。这样既能有效发挥行政对学科科研的积极促进作用，又可以减少矛盾。而从学科科研方面，则应当始终明确学科科研是在教学服务型大学之中，应当发挥活力，面向科技创新与社会服务，协调好与学校行政之间的关系。

四　市场需求与学术发展规律的关系

教学服务型大学的学科与科研建设要服务于地方经济社会发展，适应地方经济市场的需求，但其本质上又是一种学术活动。教学服务型大学是一所应用型大学，也是一所开放型大学，应该注重学术与市场之间的关系协调，发挥好服务市场、服务社会的基本功能。

学术研究与市场的相互作用、相互促进。教学服务型大学往往定位于应用型研究，学术研究结合市场的需要，开展应用技术研究和科技创新，实现科技成果转化，能直接为社会发展做出贡献。学术研究在适应市场需要的过程中，通过与市场、企业、生产的结合，能从中获得大量的社会、科技和生产信息，取得学术成果应用于实践的经验，这些信息和经验返回到学术研究中，可以检验学术研究成果，促进知识更新和新理论产生，使学术研究内容更具时代感和适用性，也因此能提高教师的理论素养，开阔教师的视野，激发其研究的热情和动力。而且在服务社会的过程中，要主动寻求资源，以支持学术研究的进一步开展，融合学术价值与市场价值，实现两者的双赢。

----

① 张坤其：《试论高校行政管理与学术管理有效协调的模式建构》，《内蒙古师范大学学报》（教育科学版）2009 年第 1 期。

但是，学术研究和市场需要又是互相排斥、矛盾的，教学服务型大学在提供社会服务的过程中要注重两者的关系处理。美国纽约州立大学副校长约瑟夫·C. 伯克指出："学术和商业有着不同的目的和取向，他们被不同人格的各种专业人员追求着。学术的目的是通过探索来发现真理并传播这些基本原则；而商业的目的则是通过畅销产品的开发和供应来获得利润。学术组织寻求的是一种不变的东西——永恒的真理，而商业组织寻求的则是一种不经久的东西——能卖的产品。"① 市场和商业的本能是对利润的追求。学术为市场的服务，也会给学术发展带来不利影响。学术为市场提供服务，接受市场给予的资源支持，必定带有商业意向性，从而支配学术的发展方向；学术也不得不按市场的逻辑行事，从而失去本身的目标；而且科研人员也会因此淡化自己的本职工作而参加到获取经济利益的研究中，追求真理的科学研究也会被置于经济利益的掌控之下，造成学术研究功利化，导致知识生产质量下降，损害学术自身的良性发展。

教学服务型大学的学科与科研建设要做到的就是如何既适应市场，服务地方经济社会发展，又保持自身的学术本性，使市场对学术的影响控制在一个合理的限度内。教学服务型大学学科与科研建设一方面应以开放的心态关注市场，主动适应市场、接受市场的干预和要求，与经济建设紧密结合，开展应用性研究，实现社会效益和经济效益；另一方面要充分考虑自身的发展，长远规划，在接受市场利益的同时把自身的发展利益放在首位，注意过滤市场要求，拒绝不合理或者影响自身根本利益的要求，坚守自身的根本使命，把握自我发展方向，保持学术本性，使自身在市场的大潮中健康发展。

五　硬件与软件的关系

学科与科研建设既包括外在的有形建设，如实验室、仪器设备、图书资料、校园基本建设等"硬件"建设，又包括内在的无形建设，如思想建设、学风、学术氛围、管理制度等"软件"建设。一定的"硬件"设施是开展学科科研建设的基础，没有相应的基础条件，工作就无从谈起。但是，相比之下，"软件"建设更为重要。"硬件"具有刚性的特征，可

---

① ［美］约瑟夫·C. 伯克：《大学的学术研究》，谭庆德译，上海人民出版社 1998 年版，第 69—70 页。

以通过加大投资而实现，只要投入到位，操作起来相对容易些。相对而言，学科科研建设的软环境具有弹性特征，具有更大的灵活性和持久的吸引力，往往是学科科研综合实力的重要标志，是学科科研建设不可或缺的部分。因此，学科科研建设既要重视"硬件"建设，更要重视"软件"建设。

教学服务型大学相比重点大学办学资源有限，在硬件投入上会有不足，且学科科研整体水平尚不高，因此，只有通过软件建设的努力，才能有更好发展的支撑。另外，学科科研建设的主体是教师，教学服务型大学以服务为基本办学理念，对内服务于教学和人才培养，以生为本、以师为尊，也决定了学科科研建设要注重建设一个优良的学术生态环境。"重视学术生态环境建设，努力创建一个民主、自由、平等宽松的学术生态环境。学者之间相互尊重，承认差异，相互欣赏；要公平地给予教师发挥创造力的条件，鼓励和容许不同意见的存在，完善学术规范，恪守学术道德；要进一步完善高校的学术管理机构，充分发挥专家学者在学科建设、学术评价和管理中的主导作用，保障学科建设的先进性、科学性和学术评价的公正性。"①

第五节　教学服务型大学学科与科研建设的战略举措

一　牢固树立为地方经济社会服务的理念

教学服务型大学在认识研究自身的办学实际和经济社会发展及高等教育发展现状基础上，提出了以服务为本位的办学理念。这是教学服务型大学对自身的理性认识、理想追求及所持的教育观念和哲学思想，是教学服务型大学的灵魂和文化精神的象征。它也是教学服务型大学与外部世界诸多元素之间关系的规定，以及内部管理及运转的哲学基础，指引着教学服务型大学如何办大学和办什么样的大学。学科与科研建设作为教学服务型大学的一种重要职能和活动，也应树立为社会服务的基本理念，特别是为

---

① 鞠永熙：《地方高校学科建设需处理好的几个关系》，《山东省青年管理干部学院学报》2010 年第 5 期。

地方经济建设和社会发展服务。

教学服务型大学要通过各种途径和方法，组织学科与科研管理人员、学科科研团队人员学习、讨论服务的理念，逐步形成共识，使服务理念深入人心，增强相关人员服务的自觉性和主动性，在学科与科研建设的整个过程中都牢牢以服务为理念，提升学科与科研建设的服务水平和能力。

二　完善服务导向的学科与科研建设制度

教学服务型大学需要制定以服务为导向的管理制度，以此来激励和引导学术人员以为社会发展服务为目标开展相关学术活动；同时也规范学术人员的行为，协调他们之间的冲突和矛盾，并通过规定合理的学科、科研团体内部关系结构，为学术互动提供一个相对有序稳定的活动空间，构筑良好的科研秩序，使得学科与科研为社会服务的目标能更顺利实现。学科与科研建设制度包括学科的设置与调整、管理机构、资源分配、执行制度、检查评估制度、奖惩制度、科研项目管理、经费管理制度等。教学服务型大学要根据地方经济社会发展要求和学校实际，及时制定完善相关制度；在制度文件中，以服务的基本理念为统领，制定出为地方服务的指导思想、实施细则、考核指标、奖惩措施，以此要求或指引学术人员在开展学科建设和科研的过程中能自觉主动地贯彻服务的理念，将服务理念贯穿于工作的整个过程中。

三　以服务为导向创新学科科研组织平台

学科组织是学科布局的载体，学科科研发展必须以学科科研组织为依托。教学服务型大学学科科研建设既要顺应当代科学的发展趋势，又要服务地方经济社会发展，必须在学科科研组织上注重以服务为导向进行创新。教学服务型大学应建立健全学科科研管理机构，明确学校、学院、学科点、研究机构的责权利，构建以服务为导向的学科与科研组织和平台；根据地方经济社会发展需要，针对具体问题，成立科研项目团队，融合相关学科科研领域，促进各学科之间的合作、交叉和渗透；积极地适度调整现有组织结构和学科结构，增设适应社会需要的学科，合理调整原有学科；建立跨学科的研究中心或基地，整合全校范围内的多学科力量和科技资源，实现科研和技术资源共享，形成交叉学科发展的良好契机和适应社会发展需要的服务机制，以科研项目带动平台建设，以研究任务推动技术平台的发展；结合地方发展实际，与企业合作，建立校企合作基地或研究中心，校企互动，发挥各自优势，实现双方互赢。

四 构建灵活高效的服务激励机制

"大学学科建设管理机制是指在学科建设管理系统内，各组织在实现管理目标过程中相互作用、相互联系、相互制约的形式及其运动原则和内在的、本质的工作方式。"[①] 教学服务型大学学科与科研建设要实现为地方经济社会发展服务的目标，保证建设成效，需要构建起为地方服务的灵活高效机制。

一是建立服务地方的目标导向机制。教学服务型大学学科科研建设以服务地方发展为目标，并将目标层层分解，科学设定学校、学院、学科、学术人员的目标任务，并逐级由上到下进行目标引导。同时，学校还须根据学科科研建设的近期、中长期目标，与各级管理人员的工作目标相结合，建立科学的目标管理体系。

二是建立服务地方的协调机制。教学服务型大学学科与科研建设为地方发展服务，涉及学校的整体发展，既有宏观层面上的把握，也涉及学术团队建设、科学研究、资源配置、科研项目、学术交流等具体办学内容，还与地方经济发展情况、地方政府、企业、社会团体等有密切关联。因此，在学科科研建设中，教学服务型大学应协调好学科科研建设组织目标和职能部门目标、组织目标和个人目标、各级的责任目标、职能部门之间的目标；学校职能部门、学院、学科、研究机构、各有关人员、地方政府和企业等之间要及时进行信息沟通，实现信息共享；并在及时有效信息沟通和共享基础上，通过建立有效的协商方式和方法，及时解决建设中可能产生的问题、冲突等，以顺利实现学科科研建设目标。

三是建立有效的激励机制。激发各部门、组织、人员，特别是学术人员的积极性，是有效推动学科科研建设向服务地方发展目标前进的有力措施。以服务为导向，除对学术人员进行适当的物质激励外，也注重进行精神激励，创造能发挥学术人员才能的平台，对取得的成绩给予一定的荣誉，创造机会让学术人员参与学科科研建设决策和管理，满足学术人员的

---

① 梁传杰、肖敏：《大学学科建设管理机制的系统构建》，《武汉理工大学学报》（社会科学版）2011年第5期。

各类需要。

四是建立服务地方的评价机制。学科科研评价机制在提高学科科研建设水平，促进学科科研可持续发展中发挥着重要作用。教学服务型大学要以服务地方发展为指引和要实现的学科科研建设目标，制定科学合理的评价方案和方法，本着目标性原则、客观性原则、激励性原则、可操作性和科学性相结合的原则，定期或在建设周期结束后对照学科科研建设各级目标和实际取得的效果，进行科学的评价，以及时发现问题、找出偏差、分析原因、总结经验、制定下一步的措施，以保证学科科研建设为地方发展服务目标的实现。

五　营造为社会服务的学科科研氛围和环境

"学科环境既是影响学科建设诸要素的集成，又是学科建设的结晶。它既包括大环境（自然环境、政治环境、经济环境、文化环境），又包括小环境（主要指校园环境），含软（学术氛围）、硬（基础设施、科研条件）两个方面，两者结合起来便构成学科的生态环境。大学在营造大环境上作用有限，但在营造小环境上大有可为。"[①]

教学服务型大学要营造一种为社会服务的学科科研氛围和环境。在硬环境方面，主要包括基础设施、设备资源和信息资源等的投入和建设上，要加大对服务地方经济社会发展的学科方向、科研项目、科研成果应用、学术活动、研究中心等方面的资源支持，为学科科研建设服务地方发展提供基础性保障。在软环境方面，一是努力营造一种为社会服务的学术氛围，鼓励学术人员走出校园，积极融入社会，走向企业，开展应用研究，解决企业和社会发展难题；二是给予学术人员在服务社会的研究方向上、研究内容和研究的方式、方法上尽可能大的学术自由，让学术人员在自由环境中充分发挥自身才能，以最优秀的成果和技术服务社会；三是鼓励各学科之间多开展合作，并针对经济社会发展问题，实行一定程度的交叉融合，联合攻关，实现为社会服务的功能；四是相关政策上加大为社会服务的支持力度。

第七章

教学服务型大学的学生服务体系

对学生事务的研究，在近年来的高等教育研究尤其是院校研究中越来越凸显出重要地位。美国院校研究协会（AIR）的会刊《高等教育研究》（*Research in Higher Education*）所发表的各类论文中，关于学生事务方面的论文占有相当大的比重。对学生事务的研究，主要涵盖学生管理与资助、学生态度、咨询需要、学术指导、学生评教、学生需求、学生学习与成长评定、学术绩效等方面。[①] 对学生事务的关注，从一个侧面表明了美国高校对学生事务的关注和重视。

教学服务型大学对外服务社会，对内服务师生。因此，学生服务体系在教学服务型大学建设中占有非常重要的地位。如何创造条件、优化资源，为学生的"成长成才服务"，更好地落实"以学生为中心"，建设一个完善的学生服务体系，就成为建设教学服务型大学中一个非常重要的课题。

第一节　建立教学服务型大学学生
服务体系的必要性

一　学生服务体系的内涵辨析

服务学生，已经成为当代高等教育中非常重要的一个理念。早在1952 年，卡尔·罗杰斯就提出了"以学生为中心"的观点，引发了本科教育基本观念、教学方法和教学管理的系列变革，给高等教育带来了巨大

---

① 周川、蔡国春、王全林、万力维、宋旭峰：《院校研究：高等教育研究的新领域》，《高等教育研究》2003 年第 5 期，第 46—51 页。

的影响。① 1998 年联合国教科文组织在世界首届高等教育大会宣言中，将以学生为中心的教育思想和办学理念写进了世界高等教育大会宣言。《宣言》指出：在当今日新月异的世界，高等教育需要以学生为中心的新视角和新模式。要求国际和高等学校决策者，应把学生及其需要作为关心的重点。《宣言》还大胆预言：以学生为中心的新理念，必将对整个世界 21 世纪的高等教育产生深远的影响。②

刘献君认为，"以学生为中心"，即以学生的学习和发展为中心，实现从以"教"为中心向以"学"为中心转变，从"传授模式"向"学习模式"转变，从而提高学生的学习质量，使学生在知识、能力和素质上获得全面提升。③ 很显然，这个论述是从教学的过程来理解服务学生的。教学当然是体现服务学生的重要方面，但是学生服务体系的构建却不能仅仅关注教学，教学仅仅是学生服务体系建设中的一个方面。

所谓学生服务体系，是指以学生的成长成才为根本目标的服务体系。从服务内容来看，这个体系不仅服务于学生的学习，也关注学生在校期间的生活。从服务目标来看，这个体系不仅促进学生在校期间的学习和生活，还服务于学生毕业后的就业甚至是终生的幸福。从这个体系所涉及的部门来看，不仅包括教学部门、学生工作部门、科研部门和后勤部门，也包括学校的机关管理部门。从根本上说，学生服务体系的构建需要建立一种全新的"以学生为中心"的理念。落实这种理念，不是某一个或者某几个部门的任务，而是涉及了学校所有的部门和机构。从最广泛的意义上说，一所大学的所有组织和机构，都是为了服务学生而设立的，只不过有的机构和学生之间的关系更近，比如学工部门、教务部门、后勤部门，而有的部门和学生之间的关系相对较远，比如科研部门、人事部门，这些部门从表面上看似乎和学生之间没有必然的联系，但是就其实质而言，这些部门也应该是为学生的发展服务的。

服务学生不能停留在喊口号上，而必须通过扎实的行动落实到每一个细节中。服务学生也需要不断地进行创新，要根据社会的变化、技术条件的变化、学生和家长对高校需求和期待的变化，在不断的创新中提高服务

---

① 转引自刘献君《论"以学生为中心"》，《高等教育研究》2012 年第 8 期，第 1—6 页。

② 徐同文：《现代大学为什么要以学生为中心》，《中国教育报》2008 年 1 月 21 日。

③ 转引自刘献君《论"以学生为中心"》，《高等教育研究》2012 年第 8 期，第 1—6 页。

学生的质量和水平。

有这样一个案例。为了使新生更快、更早地融入到大学生活，让新生和家长更好地感受学校的关怀，在新生报到之前，浙江树人大学人文学院通过"三提前三保证"等措施，给新生送去关怀和服务，让新生始业教育前移。其中，"三个提前"包括：一是提前在新生录取通知书里发放新生QQ群号和老师的微博等资料；二是提前选好新生班主任和班主任助理；三是提前建立每个班级的QQ联系群。"三个保证"包括：一是保证班主任助理联系到每位新生并且做好他们的兴趣爱好、学费缴纳情况、有何困难等记录；二是保证新生班主任联系到每位外省新生和困难学生；三是保证2013级学生事务管理员和团学学干每天实时在线解答新生在新浪微博、QQ群里的提问。

在上述案例中，我们发现了对服务学生的时间上提前。以往学生只有在进入校园之后才得到教师的关注和指导。但是借助于现代的通信技术和沟通手段，学校和教师可以在学生尚未进入学校时就提供指导和服务，避免了学生在办理入学手续时可能遇到的困难和障碍，从而提高了新生的报到率，也体现了服务理念的落实。

应该说，建立学生服务体系，树立"以学生为中心"的理念，并不存在难以理解的地方。但是，由于一些学者在阐述"服务学生"的相关观点时，将"以学生为中心"的理解片面化，从而引起了理论界和高校管理中对"以学生为中心"的误解。例如，以下两个观点就时常困扰学生服务体系的建设，有必要进行澄清。

1. 应该像对待顾客还是像对待病人一样服务学生

服务学生，以学生为中心，不能做表面上的庸俗理解。很多学者将学生看作是消费者和顾客，而高校就是提供教育服务的企业，这种类比在一定程度上是有道理的，这种观点认识到学生是学校的重要收入来源，是学校价值的载体，可以鼓励学校和教师重视学生，更好地替学生着想。但是，过犹不及，不能使"学生消费者"理论走向极端。在企业领域，消费者的需求就是命令。顾客若有足够的钱，那么企业就需要在经营许可范围内尽量满足消费者的任何要求。但是，在现有条件下，大学既无能力又无可能以这种方式来提供教育服务。那种认为学生就是"顾客"和"上帝"，学生消费者和其他领域的消费者没有差异的观点是不恰当的，从根本上讲，这种观点并不能够真正地服务学生。

　　我们的提醒其实是有针对性的。在一些私立中小学中，教师对学生笑脸相迎甚至唯唯诺诺，而学生对老师却态度冰冷，俨然一副"小老板"架势。这样的学校显然不能培养出优秀的学生，这样的学校不可能实现可持续发展。根据我们对一些民办中小学的跟踪研究，一些"贵族"学校之所以最后走向没落甚至倒闭，很大原因是学校不敢批评学生，最后的结果导致学生自我意识膨胀，在学习上也缺乏竞争力。这样的学校最终会失去家长的信任，从而失去存在的价值。

　　这种现象在大学中也不同程度地存在。目前很多高校都实行了学生评教制度，学生的评教结果能够反映教师的考核，甚至在某种程度上决定着教师的职称评聘等。一些教师为了得到学生的好评价，就降低对学生的学习要求并且一味地满足学生的一些不合理要求。这种庸俗的服务不是真正的服务，因为这不利于学生的全面成长和进步，所以和真正的服务学生是背道而驰的。

　　正是从这个意义上，Phillip H. Shelley 等很多学者指出，如果仅仅将学生看作是普通的消费者，就会降低教师对学生的传统学术要求，从而降低教育质量。Phillip H. Shelley 指出："应谨记保持传统的学术期望，不要让学生认为交付学费就可以得高分。我们必须鼓励学生钻研学业，要求他们为自己最终的成功负责；承认每位教职员工在各自领域内都是专家（尽管他们还要不断学习，偶尔也会出错）。对这种新关系最恰当的比拟应来自医学界——学生就像病人，而教授们则是医生，非商界。""将学生视为病人比将其视为消费者更合适。我们应当要求学生积极主动地参与到学业之中，像医生希望病人能按时按量服药、配合治疗一样让学生了解，取得优异成绩需要认真上课、完成作业、进行思考，只付费不能确保教育成功。这正如你去看病，只付钱而不遵从医生的嘱咐，怎么可能痊愈呢？"①

　　也就是说，真正的服务学生源于高校对学生"发自内心"的爱和责任，但是这种爱不是溺爱，不是讨好巴结学生，是严爱结合，其根本目的是促进学生身心健康发展，提升学生的知识素养、技能素养和文化素养。

　　2. 学生应当如何参与学校的决策

　　近年来，学术界广泛地讨论学生管理问题，有些观点认为，要"把

① 　Phillip H. Shelley：《高校如何对待学生：消费者·病人？》，《世界教育信息》2005 年第 6 期，第 56—57 页。

学生视为教育改革的主要参与者，包括参与学校重大问题的讨论、评估、课程与内容改革、制定政策与院校管理等"。① 还有观点认为，"和西方大学悠久的大学生参与历史和现状相比，目前我国高校大学生参与管理正处于探索阶段，不仅表现出参与程度低、层次浅的问题，同时在组织机构及制度上也尚未达到成熟。由于部分学生的利益要求没有在学校决策中得以显现，造成了许多高校学生不顾法律后果与学校冲突的现象"②。

　　的确，学校在作出重大决策，尤其是在事关学生切身利益决策的时候，应该广泛听取学生的心声。我国高校的教育政策制定和实施往往是"自上而下"，这样的教育政策在运行过程中，学生很少参与甚至没有参与，缺乏利益表达的渠道，从而难以维护自身的正当利益诉求，也容易引发学生对政策公正性与合理性的质疑。所以，有学者建议，可以在教育政策运行的过程中引入"听证制度"，从而拓展学生"参与"和"表达"的空间。③

　　但是，对学生参与学校决策问题也不能走向另一个极端。认为学生应该大面积全覆盖地"参与学校重大问题的讨论、评估"等，可能还不适应当前我国高等教育的发展实际，还不能作为我们今后的努力目标。因为学校政策的制定，需要建立在对学校工作全面把握的基础上，而学生并不具有全面把握学校现状和未来发展趋势的可能性。若学生过多参加学校的决策，不仅浪费学生本该用来学习的时间和精力，而且学生受自己经验和阅历所限，并不可能制定出符合学校发展实际的政策。前哈佛大学校长博克在谈到教授和学生在遴选校长的过程中所应发挥的作用时说，他不赞成学生参加校长遴选，连教授也不必参加遴选。诸如校长遴选等重要的任务应由富有事业经验，对学校忠诚，知人善任，从整体利害着眼的人来承担。作出重要决策的人不宜过多，五六人优于 20 人。因人数多不易相互沟通，且大家推诿责

----

① 吴绍芬：《实践以学生为中心　提升本科教学质量——"'以学生为中心'的本科教育变革"国际学术研讨会综述》，《中国高等教育》2012 年第 8 期，第 50—51 页。

② 王彬：《大学生参与学校管理——学生消费者视角》，2009 年中国教育经济学学术年会论文集。

③ 李爱良：《教育政策运行中学生利益的表达》，《湖南师范大学教育科学学报》2010 年第 1 期，第 74—76 页。

任，竭尽心力的人反而少。① 博克关于学生和教授参与校长遴选的观点，同样适用于学生参与学校其他重大决策的问题。

二　教学服务型大学建立学生服务体系的必要性

为了促进学生的成长成才，提高教育教学质量，大学学生服务体系必须围绕服务学生的理念，真正关心爱护学生，促进学生成长成才。"服务学生"、"以学生为中心"虽然并不是很新的理论观点，但是，对于很多人而言，似乎并没有真正理解其内涵。那么，教学服务型大学为什么应该树立以学生为中心的理念，建立学生服务体系呢？

1. 大学因为有学生的存在而存在，大学生是大学存在的基础

大学既是人才培养的机构，又是科学研究的机构。但是，学校的根本任务是人才培养。大学有人才培养、科学研究和社会服务三大职能，其中，人才培养是最基本、最核心的功能，离开了人才培养，大学就不能称其为大学。

根据大学三大职能的重点不同以及人才培养的类型和层次的不同，传统的分类方法一般将大学分为高职院校、教学型大学、教学研究型大学、研究教学型大学以及研究型大学。为了凸显社会服务职能，应该建设教学服务型大学。高职院校、教学型大学的主要任务就是人才培养。教学研究型大学和研究型大学虽然承担着社会服务和科学研究的重任，但是人才培养仍然是基本的职能。就研究型大学而言，虽然在某个时期内国家赋予其的主要任务可能是进行科学研究，解决某一个时期国家重大的技术问题，但是，就学校的整体来看，人才培养仍然是研究型大学的最基本职能。可以说，大学的存在是因为有学生的存在而存在的，"没有学生就没有大学，学生毕竟是大学存在的理由"。② 学生是大学赖以存在的基础。

教学服务型大学作为当前大学分类体系中的一种类型，注重教学，注重通过人才培养服务社会。对于教学服务型大学而言，必须树立服务学生的意识，将人才培养放到更加重要的地位上。教学服务型大学更要着重思考"培养什么样的人"以及"如何培养人"等核心问题。作为教学服务

---

① 涂经诒：《美国大学校长的遴选经验——兼谈大学组织及功能》，载黄俊杰主编《大学校长遴选理念与实务》，北京大学出版社 2006 年版，第 121 页。

② 胡赤弟：《高等教育中的利益相关者分析》，《教育研究》2005 年第 3 期，第 38—46 页。

型大学，如果在上述两个问题上没有自己独到的解决思路和设计，即便其他的显性指标再"卓越"，那也只是本末倒置，其发展也不可能持续和长久，并将偏离教学服务型大学的基本定位。

2. 学生是大学使命实现的主要载体，学生的成功决定了学校的价值

办什么样的大学、怎样办好大学？培养什么样的人、怎样培养人？是中国特色社会主义大学必须思考和回答的根本问题。办好中国的大学，必须有中国特色，这个特色中最大的一点，就是我们要坚持社会主义办学方向，以立德树人为根本任务，立德，就是要立社会主义核心价值观这个大德，树人，就是要培养德智体美全面发展的社会主义建设者和接班人。立德树人，奠定了中国大学的使命基础。具体说来，大学的使命包括四个方面的内容，即人才培养、科学研究、社会服务、文化传承创新。培养什么样的人才、用什么样的理念和模式进行培养？科学研究应该研究什么、怎样研究？社会服务应该服务于谁、怎样服务？文化传承应该传承什么、如何传承？对于这样一些问题的不同回答，学校工作中对于大学职能的不同侧重，构成了不同大学之间大学使命的异同。

大学的一切工作都是为了培养学生。教学服务型大学把"服务"作为自身的定位，以服务国家需求、服务社会需求、服务学生需求为办学使命，以人才培养为主要服务内容，教学工作服从国家发展战略，人才培养直接对接社会需求，积极主动为学生的成才成长创造条件，培养人格健康向上、道德品质优良、服务意识较强、基础知识较实、应用能力较高的高级应用型人才，这样一个宏伟的大学使命和具体的培养目标，最终是需要在所培养的学生身上体现的。培养好每一个学生，服务每个学生的需要，是学校义不容辞的职责。同时，广大学生的成功与否，决定和检验着学校的使命是否准确。大学人才培养的价值目标是否实现，将通过学生的质量、毕业生的社会影响等得到体现，并最终决定学校能否获得社会信赖和认可。由此可见，学生是学校大学使命实现的主要载体，学生的成功决定了学校的社会价值，从而最终决定了学校能否可持续发展。

3. 学费是学校经费的重要来源，学生数量决定了学校经费总额

经过 30 多年的改革开放，社会投入已经成为教育投入的重要组成部分，学费已经成为大学经费的重要来源。对于我国大部分民办高校而言，学费是学校主要的甚至是唯一的经费来源，目前我国民办高校公共财政资助政策尚未建立，也无法像美国的私立高校那样得到大量的社会捐赠，民

办高校要生存和发展，只能依赖学费。只有拥有较多的生源，民办高校才能够不断发展，若生源减少，将直接影响民办高校的生存。从表面看，民办高校的生源数量取决于政府所给予的招生指标，但是从根本上说，民办高校的生源数量还是取决于自身对生源的吸引力。近几年来，随着适龄人口的大幅减少和高等教育毛入学率的快速提高，少数民办高校已经面临生源萎缩的紧张局面。在山东等省份，一些民办高校的实际招生只能完成计划招生的 50% 甚至更少，面临着"倒闭"的风险。未来，我国高校（尤其是公办高校）所提供的受教育机会进一步增加，而大学适龄人口可能还会减少，这将导致学校之间激烈的生源竞争，而民办高校会面临更大的生源危机。因此，民办高校更加需要树立服务学生和以生为本的意识，以更加积极主动的态度来迎接生源减少的挑战。

对于公办高校而言，学校的主要经费来自政府拨款，但是学生所缴纳的学费也是公办高校重要的资金来源。根据教育部颁印的 2012 年《全国教育经费统计年鉴》，2011 年全国教育经费总收入中财政性公用经费投入不足 45%，其余为社会筹资特别是学生学费。而政府对公办高校的拨款，在很大程度上也是根据学生的数量来拨付的。《财政部、教育部关于进一步提高地方普通本科高校生均拨款水平的原则意见》指出，2012 年各地地方高校生均拨款水平（指政府收支分类科目"2050205 高等教育"中，地方财政通过一般预算安排用于支持地方高校发展的经费按在校生人数折算的平均水平；包括基本支出和项目支出，不含中央财政安排的专项经费）不低于 12000 元。这意味着，一所高校招收的学生越多，得到的经费资助也就越多。

所以，从经费来源的角度看，学校与企业具有类似性的：学校的生存也在很大程度上依赖于学生——一定程度上可以看作是"顾客"——的数量。只有更多的"顾客"认可并购买学校提供的教育服务，学校才能生存和发展。企业领域中"顾客是上帝"的说法在一定程度上也适合于大学。这就要求我们树立服务学生的意识，从而保证学校的可持续发展。

4. 学生是学校声誉最主要的传播者，关注学生就是关注学校的声誉

"大学声誉是在大学发展中起着重要作用的'无形资产'。"[1] 声誉对

---

① 王连森、栾开政：《大学声誉形成机理与管理策略——基于利益相关者的分析》，《现代大学教育》2007 年第 5 期，第 66—70 页。

学校的发展起着至关重要的作用。图7-1是大学声誉的树状图，左边部分表示对学校声誉传播起关键作用的三个群体的"成就"，右边部分表示对学校声誉传播起关键作用的三个群体的"诉说"。"成就"所产生的声誉效应不需要成就获得者主动对外诉说，"成就自身有翅膀"，成就会被社会主动关注和传播，正所谓"桃李不言下自成蹊"。当然，成就获得者可以向外诉说，这也会加强成就所产生的声誉效应。而"诉说"则是诉说主体主动对外传播的，诉说主体如果不主动传播，社会就不会了解诉说的内容。

　　图7-1中，第一层叶子代表在校生，第二层叶子代表教师，第三层叶子代表校友。需要注意的是，传统中有些被认为是学校重要的利益相关者，比如用人单位、政府、媒体等，没有出现在这幅图中。很多人认为，这些高校的利益相关者也是学校声誉的重要传播者。但是，用人单位、政府和媒体等利益相关者仅仅是学校声誉的传播者，而不是创造者。以媒体为例，媒体对大学的报道只能根据学生、教师和校友等人的"诉说"进行真实的报道。所以，这幅关于高校声誉的图中并没有媒体等利益相关者的位置。

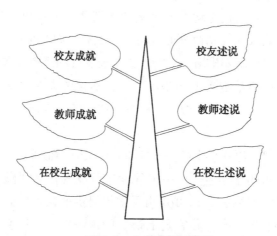

图7-1　大学声誉树状图

　　在校生可以通过"诉说"或"成就"这两种方式向外传播学校的声誉。从"主动"的方式看，学生是教育服务的消费者，而且学生消费教育服务的时间是三年或四年，所以他们对学校的体验和评价往往是比较客观准确的，他们会通过各种方式向外界传播。大部分学生一般会以积极的方式向外传播自己所就读学校的正面信息，但是，一旦学校太"亏待"他们，他们也会毫不客气。民办高校尤其要注意这一点，因为民办高校的学生是完全付费上学，所以他们会对学校提出更高的要求和期待。一些民办高校中，相当比例的学生对自己所就读的高校给予负面评价。在网络非常发达的今天，学生的负面评价可以通过多种介质（如微博）在短时间内向大量的受众传播，这对学校的声誉是非常不利的，甚至会给学校带来致命性的打击。

在校生也可以通过"成就"的方式向外传播学校声誉。学生取得的成就是学校教育质量的体现之一，学生的成就以各种方式被散布之后，会提高学校的声誉。很多高校将学生在校期间所取得的成就作为学校的宣传点。研究型大学往往宣传学生在科学研究中所取得的创新，而职业院校也会宣传学生在职业技能大赛中所取得的成就。

教师也可以通过"成就"和"诉说"的方式向外传播学校的声誉。从"静止"的方式来看，教师所取得的成就，为社会做出的贡献，都会提高学校的知名度和美誉度。从"主动"的方式看，教师对外所散布的关于学校的评价也会影响学校的声誉。有些教师，对学校的各方面表示不满（包括学校管理制度、学校工作环境等），会通过自己的关系网络向外传播，从而影响学校的声誉。

校友对学校声誉的传播也是通过"成就"或"诉说"两种方式来实现的。对于校友而言，其成就就是学校最好的名片，是对学校声誉的最好传播方式。以斯坦福大学为例，截至2006年的统计，斯坦福大学诞生了17位诺贝尔奖、4位普利策奖、220位美国艺术和科学学会会员以及128位国家科学学会会员的强大阵容，可视为美国研究型大学的典范。耶鲁大学培养了5位总统并创造了连续3届总统都出自耶鲁的奇迹，另外，还培养了20名诺贝尔奖获得者。[①] 同样，哈佛大学、耶鲁大学等世界名校，之所以具有世界性的声誉，最重要的原因是它们所培养出的很多学生都成为各个领域的领军人物。

在学校声誉图中，第一层是学生，而处于顶端的校友实际上就是已经毕业的学生而已。因此，高校要逐步建立起良好的声誉，最重要的就是培

① 乔海曙、许国新：《校友捐赠和高校发展：社会资本视角的分析》，《教育科学》2006年第10期，第50—53页。

养出一批批优秀学生，帮助他们成人成才。大学无法通过宣传和广告的方式在短期内提高学校的知名度和美誉度，过度的广告反而会导致学校声誉的降低。

5. 学生是学校潜在的捐赠者，关注学生就是关注未来的捐赠收入

美国等国家的优秀私立大学，来自校友的捐赠在学校的总经费中占有相当高的比重。以麻省理工学院（根据"2013 年《泰晤士报》世界大学排名（TOP200）"，该校世界排名第五）为例，该校在 1999—2000 年度的校友捐赠收入占当年度总支出的 42%。从美国高等教育整体来看，2005—2006 年度美国各大学捐赠收入为 280 亿美元，2006—2007 年度各大学捐赠的基金增加了 6.3%，达 298 亿美元，2007—2008 年度美国高校捐赠突破 300 亿美元大关，达 316 亿美元，增长了 5.3%。[①]

当然，美国大学能够吸收大量来自校友的捐赠，既与美国捐赠文化发达、历史悠久有关，也与美国健全的捐赠法律制度有关，包括捐赠抵税制度、捐赠监督制度等，除此之外，还与美国大学注重开发校友资源、加强校友会建设有关，其中很重要的一个原因是美国的大学从学生刚入校开始，就善于培养与学生的感情，感情的培养从学生入校到学生毕业，再到学生的工作并持续学生的一生。正因为长期的感情培养，当学生事业有成的时候，就会对母校表达自己的感恩之情，捐赠就成为校友向母校表达感恩之情的方式之一。"校友情结是校友对母校的一种深厚感情，这种内心深处延绵不断的特殊感情成为捐赠的内在动因。"[②]

实际上，校友捐赠可以从某个角度衡量一个大学的教育质量。因为校友捐赠不仅能衡量一所大学所培养的校友"是否有成就"、"是否爱母校"，更能衡量出一所大学的凝聚力，也能间接地衡量出一所大学的可持续发展水平。这也是国外的一些大学评价机构设有"校友捐赠排行榜"的原因。

我国大学的校友捐赠收入在学校总收入中的比重一直很低，近年来虽有所增长，但总量依然不高。校友捐赠收入总额不高的原因是多方面的，主要有：第一，我国改革开放的时间较短，从整体上看，我国的富翁数量还不多，而且改革开放以后所诞生的很多富翁并没有接受过大学教育；第

① 邹晓东、吕旭峰：《校友情结：美国高校捐赠的主要动因》，《比较教育研究》2010 年第 7 期，第 72—77 页。

② 同上。

二，捐赠文化不发达，我国虽然也有捐赠传统，但是受"熟人观念"的影响，捐赠者往往选择在自己的家乡捐赠，而捐赠方式往往是新建一所学校；第三，国家捐赠法律不健全、捐赠资金流向缺乏监督，国外有成熟的捐赠抵税等政策，但是我国的政策尚不完善。此外，对捐赠资金缺乏有效的监管，2012 年引发社会强烈关注的"郭美美事件"暴露出捐赠资金缺乏监管的严重问题。

除了上述原因之外，我国高校捐赠收入不高的一个重要原因是我国高校不善于培养和学生之间的感情，所以，即使学生在毕业后事业有成，也不愿意将钱捐给母校。长期以来，我国的高等教育都是典型的"买方市场"，学校不怕没有生源，"你不来有更多的人想来"，缺乏服务意识，制定政策不是从学生的角度出发，对学生的态度冰冷，甚至还故意刁难学生。可想而知，在这样的学校毕业之后的学生，即使事业有成，也不可能愿意将钱捐给母校。

为了使更多的校友能够成为学校的捐赠者，国外许多大学都是从学生入校的第一天起，就注意培养学校和学生之间的感情。学校各个部门、全体成员树立服务学生的意识，制定政策都会考虑学生的利益和感受。争取到校友的捐赠，应该是一件"放长线钓大鱼"的事情。有些高校在校友工作中比较势利，总是盯着那些有钱有势的校友，而不去想怎样投资于每一个学生让其成为日后自豪的校友，这样的学校很难得到更多的校友捐赠。

可见，提出建设教学服务型大学的目标，并且特别指出教学服务型大学应切实建立完善的学生服务体系，树立"以生为本"、"以学生为中心"的理念，具有很强的现实针对性。

第二节　教学服务型大学学生服务体系的内容及实施机制

体系（system）是指一定范围内或同类的事物按照一定的秩序和内部联系组合而成的整体。学生服务体系是一个全面完整的体系，需要学校方方面面的努力。具体来说，包括学生需求的调查和反馈、学生学习指导服务、学生生活服务、助学服务、教师评价和激励、就业指导和服务等。从逻辑的意义上看，这几个部分并不是严格并列的，部分内容存在着相互交叉和重叠，但是从高校实际工作来看，学生服务体系主要包括以下几个方面。

一　学生需求的调查、甄别与反馈机制

知己知彼，百战不殆。在市场营销中，企业采取的一个非常重要的工作就是对企业的消费者进行调查，因为只有了解顾客的消费偏好才能有针对性地提供高质量的产品和服务，同样，只有调查消费者在消费企业所提供的产品或服务的感受，才能发现自己所提供的产品或服务需要改正的地方。美国的院校研究，在很大程度上借鉴了市场营销中顾客调查的本质和内涵。美国的院校研究已经开发了非常系统的、可以进行多年跟踪比较的调查问卷，极大提高了服务学生的水平，进而提高了教育教学质量。

从美国的经验和我国大学的实践来看，最常见的几种问卷调查有：

新生概况调查。大学新生一般都怀揣着对大学的美好梦想和期待进入校园。那么，他们对大学都有哪些期待、哪些目标，他们的家庭背景、知识结构如何，这些问题的调查对于学校设定人才培养的目标、培养模式都有重要意义。此外，大学新生的调查作为高校对大学生跟踪调查的开始，当将新生调查结果与其他时间段的调查结果进行对比时，能够发现学生在学习动机、学习目标、学习困难、学校满意度等方面的变化，这对于学校改进教育教学质量具有重要作用。

年度在校生调查。主要了解大学生的学习情况、生活情况，了解他们对学校的期待、要求和不满的地方，了解他们对教师的印象、态度以及对教师的需求。这样的调查能够及时发现学生对学校的需求情况，根据他们的需求完善相应的政策并改进教育教学方法和手段。

毕业生问卷调查。了解学生在经过四年的大学教育之后，他们是如何评价即将离开的母校的？这个时候的调查，既能够显示大学对毕业生的关注，更能够听到他们真实的评价，这对于学校改进教学具有非常重要的作用。我国有一些民办高校，很多毕业生是抱着对学校的愤怒之情离开学校的。如果这些学校能够对学生的意见进行认真的收集、反映并及时作出相应的调整，或许可以早一些避免走下坡路的境况。当然，对于发展态势很好的高校甚至是研究型大学而言，对即将离校的学生进行调查，也能够发现自身需要提高和改进的地方。

校友现状及其成就调查。校友是学校所培养出来的最终"产品"。校友离开学校，在职场打拼一段时间后，能够从另外的角度对学校的发展提出意见和建议。比如，校友在学校中的哪些经历对现在工作的影响最大？学校的专业是否合理？学校的教学方法是否合适？学校的社团活动应该如何完善？这些调查对于学校发展都具有明显的意义。

对学生的调查，要注意样本的代表性。要通过随机抽样的方式选取样本，从而使调查结果能够最大限度代表全体学生。当然，对于校友调查而言，随机抽样较为困难，但是选取的样本也应该包括不同专业、不同届别、不同发展成就的校友，从而获得更大的代表性。

二　学习指导和助学服务机制

大学生中有一些特殊的群体，这些群体需要高校提供特殊的帮助和服务。所谓特殊的帮助和服务，主要是"一对一"式的、"心与心"之间的交流和沟通。根据浙江树人大学的梳理，这些群体包括：

1. 学习困难的学生

学习是大学生的第一要务，也是人才培养的关键。由于主、客观多方面的原因，大学中客观存在一些学习困难的学生，需要特别关注。学习困难的学生在大学的四个年级都存在，但大一阶段的学校困难学生尤其需要引起关注。从高中到大学的转换，是学生在学习生涯中的重要转换之一。在这个转换中，很多学生不能很好地适应大学的学习规律和学习进度，从而陷入了学习紊乱之中，表现为学习困难、学习目标不清晰、学习动力不足等。对于这些学生，需要任课教师、辅导员和班主任进行有针对性的辅导和帮助。学校需要建立一种学习困难学生的鉴别和帮扶机制，让学习困难的学生尽快从学习失败的阴影中走出来，从而享受大学阶段学习的快乐和成功。

2. 网络困境的学生

这些学生也是高校需要重点帮扶的对象。网络如同毒品，可以让人上瘾。陷入网瘾的大学生虽然希望摆脱网络，但是却很难做到。所以高校对于陷入网瘾的学生，不能一味地批评和斥责，而应该以各种适合他们的方式来对待他们。

当然，大部分学生都不能称之为严格意义上的"网瘾"。但是目前各种网络游戏对学生学习时间的侵占是很多的。有调查显示，19.05%玩游戏的男生会连续玩 5 小时以上，44.05% 的男生每周上网的次数在五次以上，11.9% 玩游戏的男生会经常通宵上网，而低年级的男生这个比例更高；15.45% 的男生每周在游戏上的花费超过 30 元，低年级男生更愿意在游戏中花钱。

所以，对于数量相当庞大的以网络游戏消磨时间的学生群体，高校应该给予高度关注。当然，这也是一个系统工程，除了对学生进行交流和沟通之外，更重要的是用更富有吸引力的、有挑战性的活动来充实大学生的学校生活。如果学生感到学习毫无挑战性，毫无吸引力，自然就会在网络游戏中寻求刺激和安慰。

3. 生活困苦的学生

我国大部分大学生的生活来源主要依赖家庭。所以，当家庭的经济较为困难时，就会导致学生出现一系列的危机，他们的自卑心理严重，学业也往往大受影响。近几年来，很多高校都建立了"绿色通道"制度，即先办入学手续后交费。教育部规定各公办普通高等学校都必须建立"绿色通道"制度，即对被录取入学、经济困难的新生，一律先办理入学手续，然后再根据核实后的情况，分别采取不同办法予以资助。今后还应该进一步坚持、完善绿色通道制度。

当学生入学后，高校还应该通过各种方式对他们进行资助。国家助学贷款主要是解决学费和住宿费困难问题，国家助学金往往向特殊学科专业倾斜，国家奖学金主要是激励学生勤奋学习全面发展，国家励志奖学金主要奖励品学兼优的家庭经济困难学生。在符合条件的高校，可以通过勤工助学的形式减轻学生家庭的经济压力，以顺利完成学业。最后，对于特殊困难群体还可以通过学费减免的方式给予特殊照顾。

除了家庭经济困难的学生之外，还有很多父母离异的大学生，虽然他们在经济上并不是很困难，但是家庭矛盾深深地困扰着他们，对这些学生，也必须给予高度的关注，让他们得到关心和照顾。

4. 情感困乏的学生

情感问题是导致大学生出现严重心理问题的重要根源。有调查显示，情感问题已经成为继学业压力、就业压力之后，导致大学生自杀的主要原因。所以，高校要加强对大学生爱情观的教育和抗击感情挫折的教育。高校可以开设相关选修课程或者心理感情诊所等途径给大学生进行爱的教育，教会大学生如何更好地对待爱情、性以及各种心理问题，让他们知道哪些会导致好的结果，哪些会导致不好的结果，提升他们对爱的理解。

对于受到感情挫折的大学生，高校要及时发现，及时疏导。这需要辅导员、班主任等群体做好对学生的观察和了解，一旦出现相关的苗头，就应该立即采取措施进行适当的干预和指导。

5. 就业困扰的学生

随着高等教育大众化的推进以及高等教育普及化的逐渐到来，大学生就业难、就业质量不高等问题在困扰着很多大学生，大学生已经不再是天之骄子。尤其是来自农村地区的贫困家庭的大学生，他们的家庭为了让他们完成学业而负债累累。这些大学生的就业压力非常沉重，他们非常需要在毕业后立即找到一份工作来维持成本越来越高的城市生活并偿还家庭和本人所借的债务。所以，高校开展就业服务中，应该首先关注来自农村地区和贫困家庭的大学生。

三　教师评价和激励机制

大学非大楼之谓也，大师之谓也。教师对于一所学校的教育质量和声誉起到至关重要的作用。对于学生的成长来说，教师的作用也是不容忽视的。好教师能够传道、授业、解惑，不仅是对专业知识，而且对于学生今后的发展，甚至人生的幸福，都能够产生非常重要的作用。图7-2是大学教师功能图。在这个图中，大学教师的功能在整体上被分为传道、授业和解惑三部分。其中，传道细分为人文关怀、价值规范和培养学生健全人格三个方面，授业细分为传授专业知识、教给学生学习方法以及知识应用三个方面，解惑则分为情绪管理、情感引导和培养思维能力三个方面。

对照图7-3，我们发现，现在很多教师并没有很好地发挥"传道、授业、解惑"的作用。导致这个现象的原因之一是当前我国高校的教师评价和激励机制存在一定的偏差。当前我国的教师评级和激励机制，是以科研为基础的评价机制，这种评价机制将教师的工作积极性和工作重心吸引到了科研和社会服务中。教师要评职称、要提高待遇，就要完成科研、项目、经费、奖励等量化指标，而与学生进行交流、辅导学术等这些对学生发展意义重大的事情，对教师自身的重要性远远低于科研和社会服务。因此，要通过考核方式的变革，将教师从喧闹的社会活动拉回课堂，让他们聚焦课堂教学、关注课堂教学，关注学生学习。要将教

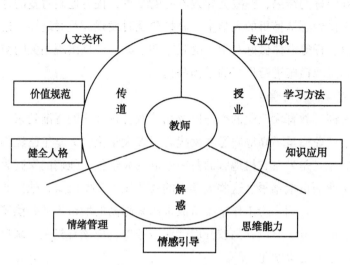

图 7-2　大学教师功能图

学情况和学生评价，尤其是毕业学生的评价，纳入教师考核体系，为那些乐于从教、善于施教的教师提供发展平台，在制度层面形成激励教师教有所乐的机制。

　　良好的师生关系是大学教育的基石，而教学活动是一个充满生机的整体系统，是建立融洽师生关系的重要载体，课堂是大学校园建立师生关系的最重要场所。对于大学师生关系的异化，我们应该从教学这一环节人手，通过教学制度、教学方式的变革，重新构建师生的"从游"关系。许多学者认为教师和学生之间的关系应该是"从游"的关系，而不能像是"奏技者和看客"的关系。梅贻琦在《大学一解》中提出："学校犹水也，师生犹鱼也，其行动犹游泳也，大鱼前导，小鱼尾随，是从游也，从游既久，其濡染观摩之效，自不求而至，不为而成。反观今日师生之关系，直一奏技者与看客之关系耳，去从游之义不綦远哉！"①

　　教学过程就是学生对教师进行品读的过程，如果教师在教学过程中能够带给学生智慧的启迪，就会让学生感受到学习过程的美好。如果学生为教师娴熟的公式推导、潇洒的背诵或深邃的思想所折服，就容易产生对教师的敬畏感，进而转化为对知识的渴求。但是，如果教师忽视与学生的情

　　① 《大学一解》：http：//baike. baidu. com/link？ url = - Y6YB9b5tv1We0q08COfDbaPlzsUv YB7KzT-RF1ZYwDGYXCOMXFSRFF6_ pMhadVSnUiobRmsEajxNR1EJyKRH_

感交流和心灵互应，缺失组织者和引领者的功能，课堂气氛冷淡，教师对学生的感染力和感召力趋向弱化，那么，学生的学习积极性必然下降。

在国外，小班化、个性化的教学非常普遍。据了解，耶鲁大学 75%以上的本科教学班少于 20 人，这就给师生互动、加深了解、建立良好的师生关系提供了条件。在国内，部分高校着眼于创新人才的培养，也开始探索诸如本科生导师制、小班化教学以及教授指导下的专题讨论会等个性化教学模式。不过，这些模式不应该只是少数学生才能独享的优质资源，而应该在探索基础上形成制度，在所有的学生中推广共享，这样不仅有利于从整体上提高人才培养质量，而且在客观上能构建有利于师生互动的教育生态，促成融洽的师生关系。高校应当围绕师生互动的便利、深入，建构一种开放的教学及校园空间，如教授的办公室定期向学生开放，教室的空间布局要便于师生随时讨论等。

四 学生生活服务机制

"以生为本"的生活服务机制是指应该尽量给学生创造一个优美的学习和生活环境，让学生在愉悦的学习环境中度过四年的大学时光。

1. 建设优美的校园环境

很多大学都和优美的校园结合在一起，这些学校的学生或许会对自己的校园表现出自豪。武汉大学、厦门大学、北京大学、清华大学、中国海洋大学等大学，都以其优美的校园风光而受到人们的称赞，校友更以自己优美的校园而自豪。毫无疑问，优美的校园增加了学生和校友对母校的情感。遗憾的是，校园环境是难以改变的。因为校园环境与学校所处的地理位置有关系，比如厦门大学、中国海洋大学、深圳大学靠近大海，北京大学校园中有湖，武汉大学毗邻东湖而且校园中有山，这些也都难以仿效。

但是，校园可以在小范围内进行修改完善，学校中的每一棵树，每一片草地，每一片花圃，每一个角落，通过适当的改变完善之后都能够增加学校的吸引力，都会使学生的心灵得到愉悦。一所学校对学生的吸引力，往往都是体现在这些细节上面。评价校园的好坏，不在于校园的大小，而在于其规划建设是否合理，是否与学校的教育协调促进，校园建设应该体现"一切为了学生，一切为了教学科研"。

2. 尽量为学生提供优良的宿舍环境

大学生很长的时间都是在宿舍度过的，因此，宿舍的生活质量在很大程度上决定着大学期间的生活质量。随着经济社会发展，大学生"民生"问题凸显、学生服务体系也要有所关注。

例如近年来大学生宿舍的空调安装问题成了一个具有普遍性的话题。气候变暖是不争的事实，极端高温酷热天气延长。与此同时，随着经济的发展和人们生活水平的提高，居民家庭的空调安装率越来越高。我国南方地区的很多高中的教室和宿舍也安装了空调。当学生从有空调的家庭和高中走到大学时，忽然发现大学的教室和宿舍却没有空调，就会产生对学校失望甚至是愤怒的情绪。2013年酷暑期间，南京、上海、重庆等多所城市的大学生，通过各种方式表达了安装空调的愿望以及对学校不予安装空调的不满甚至是抗议。所以，在酷热难耐的城市，给大学生宿舍安装空调，是一些"火炉"之城的大学重要的民生问题，也需要引起重视。

3. 建设可口、低价、安全的学校食堂

民以食为天。大学生基本上是在食堂用餐的，因此，食堂所提供的饭菜质量和饭菜价格，自然成为决定大学生是否对学校满意的一个重要因素。

大学的"食堂"并非"餐馆"，高校食堂首先是为师生服务的后勤机构，其次才是从事经营的餐饮业主。传统意义上的高校食堂并不承担赢利创收的任务，而只是立足于满足师生的基本生活需要。近些年来，随着高校后勤化改革，很多高校食堂的运作模式发生了明显变化。相当多的高校将食堂经营权转包给物业公司或个体经营者。在这种情况下，食堂的公共属性被极大削弱，市场化属性得以强化。此举在提高食堂效率、增加收益之余，也带来了诸多负面影响。

有的大学食堂变相提高饭菜价格或减少饭菜数量，有的高校食堂因为学校对饭菜价格作出规定，所以就在降低成本上"下工夫"。近年来有多家媒体报道很多不法商贩将"黑心油"卖给高校食堂。从服务学生的角度看，我们应该对"食堂承包"这个问题进行必要的反思。"食堂承包"或许减轻了学校的管理负担，甚至还可以为学校增加一定的收入，但是，其代价都是学生生活成本的上升。因此，包括食堂在内的后勤社会化，是否是明智之举，这是需要深刻反思的一个问题。

从经济学的角度看，保持学校内各个食堂之间以及学校内部食堂和学校外边餐馆之间合理的竞争生态环境，对于提高学校食堂的饭菜质量和经营水平也是有帮助的。只要学校有多个食堂，就能够展开有效的竞争，竞争的结果有利于提高饭菜的质量并降低饭菜的价格。另外，如果校园不实行封闭管理，学生可以在学校内的食堂和学校外的餐馆之间自由选择，减少学生对学校食堂的意见。有一些学校，以保障学生安全和饮食卫生为理由，实行封闭管理，不允许学生外出就餐，这种方式实际上有损学校在学生心目中的地位和形象。

五　全程化的就业指导与服务机制

教学服务型大学以服务为基本宗旨，对外服务社会，对内服务学生。无论是服务社会还是服务学生，都要求学校将学生的就业工作放到重要位置，切实加强对学生就业的指导和服务，提高学生的就业率和就业质量。

教学服务型大学服务社会的途径有几个：首先，教学服务型大学通过培养市场适销对路的应用型人才，通过提供人才培养的职能，为社会提供人力资源服务。这是教学服务型大学最主要的服务内容。其次，可以通过自己的科学研究为社会服务，解决企业所面临的技术难题。再次，教学服务型大学还可以对外提供培训服务。最后，学校可以通过自己所培养的人才为社会服务，很显然，只有学生顺利就业，才能够实现对社会的服务。教学服务型大学服务学生，帮助学生成长成才，最重要的标志之一也是看学生的就业水平和就业质量。

特别值得一提的是，教学服务型大学中大部分学生的目的是毕业后能够顺利就业，希望继续深造并能够成功考研的比例相对不是很高。根据教育社会学的调查，在大众化条件下，越是高水平的大学，来自中上阶层家庭的学生的比例越高，而一些新建的本科院校和收费相对较高的民办本科院校，其学生来自低收入家庭的比例相对较高。低收入家庭对子女毕业后的就业期望更加迫切。低收入家庭的子女读完大学之后，因家庭经济十分困难而可能无法继续读书了，因此非常需要在大学毕业后立即找到工作。对于很多农村家庭或其他低社会阶层的孩子而言，他们毕业后不仅要通过自己的工作来养活自己，而且还需要在经济上支持尚在读书的弟弟或妹妹，或者负担家庭中的其他开支。[①] 相比较而言，城市的孩子在大学毕业后，即使暂时找不到工作，也不会有太大的生活压力，因为家庭依然可以

---

① 廉思将一些就业状况不佳的大学毕业生称为"蚁族"，并认为他们是继三大弱势群体（农民、农民工、下岗职工）之后的第四大弱势群体，他们如同蚂蚁般的"弱小强者"，所以称之为"蚁族"。参见廉思《蚁族——大学毕业生聚居村实录》，广西师范大学出版社 2009 年版。

为他们提供生活的保障，而且家庭一般也不需要他们提供经济支持。

近几年，随着高校扩招，大学毕业生就业问题受到了国家和社会的高度关注，教育主管部门将学生的就业率作为考核高校的重要指标之一。在政策的指引下，各高校都十分重视就业工作，但是，就业工作仍然存在很大的改进空间。

1. 职业前瞻教育有待继续加强

所谓职业前瞻教育，是指学生在刚刚进入大学之前，对学生介绍的有关本专业前景的教育。职业前瞻教育有利于树立大学四年的职业目标。一旦有了职业目标，就会有更大的学习动力，有更加明确的学习方向。

职业前瞻教育包括如下几个方面：第一，向刚入校的学生介绍学生就读专业的毕业生就业情况，比如本专业的毕业生的考研情况，直接工作的毕业生的就业岗位、收入状况等，这些信息可以让学生对毕业后有一个客观的认识，从而激发他们的学习动力。第二，学生在四年的学习期间，要学会哪些基本的知识？哪些知识、能力和素质有助于形成本专业学生的核心竞争力？第三，应该通过哪种学习方式，来培养自己的核心竞争力？

长期以来，我国的大学生在进入大学前几乎没有受到与职业生涯相关的教育，高中生们在高考填报志愿时比较盲目，缺少对所选专业的准确认识。很多学生是在几乎不了解的情况下报考某个专业的，所以，如果不在他们刚进入大学的时候进行职业前瞻教育，就会导致他们学习的无目的性。2013 年 8 月，笔者进行了一次关于"大学生对自己所学专业了解情况"的小范围调查，结果显示，我国高校入学教育中普遍存在专业介绍笼统、不够清晰的实际问题。问卷调查数据显示，只有 12% 的学生认为专业介绍翔实具体，64% 的人认为专业介绍笼统、不实际，另有 24% 的人更指出学校根本没有专门的专业介绍活动。笔者的调查还发现，很多学生（尤其是社会科学和人文科学的学生）甚至在大三的时候还不知道自己毕业后可以从事什么工作，更不知道本专业需要掌握哪些基本知识，需要学会哪些基本技能，需要养成哪些基本素质。可想而知，这样的学生很难有过硬的就业竞争力。

职业前瞻教育一般是以学院或者专业为单位进行的。某个学院或专业开展职业前瞻教育的质量和水平甚至是判断一个专业往届毕业生就业水平和质量的标志。职业前瞻教育的质量和效果不佳的专业，可能就是就业率和就业质量不高的专业。有一些专业，没有太大的"底气"告诉学生他

们毕业后会从事什么工作，会有多高的薪酬，因为往届毕业生的就业质量
很差。所以，从某一个学院或专业开展职业前瞻教育的情况也能衡量出某
一个学院或专业教育质量的高低。

2. 就业竞争力有待继续提高

就业力是指学生在劳动力市场中的竞争力，这种竞争力是教学服务型
大学的学生应该具备的核心竞争力之一。图7-3是一个包含14个特征点
的大学生就业核心竞争力图。大部分特征点很容易理解，但有几个特征点
需要特别解释和强调一下。

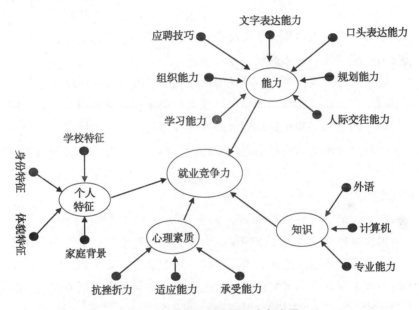

图 7-3　大学生就业核心竞争力图

身份特征主要是指大学生是否是党员、是否是学生干部、是否有荣誉
称号等。根据教育经济学的"信号理论"，雇主在很难辨别应聘者素质高
低的时候，往往就会根据这些外在的"信号"而选择雇员。

体貌特征如大学生的身高、容貌、气质等。在应聘中，很多企业不会
明确提出身高和容貌的要求，但实际上这些特征却是很多用人单位在选聘
人才的时候的重要标准。随着产业结构的转换，第三产业在现代经济体系
中的比例越来越高，在第三产业即现代服务业中，体貌特征可能在大学生
的就业中产生越来越重要的影响。部分特貌特征是难以改变的，但在礼
仪、气质等方面还是给高校留下了一定的空间，所以，现在很多大学越来

越重视对学生礼仪的教育。

规划能力是指计划能力，所谓"预则立，不预则废"。有一些大学生对自己的大学生活有很好的规划，所以很容易找到好工作，而且很快就能适应工作的状态，所谓"机遇偏爱有准备的头脑"。还有一些大学生则是"做一天和尚撞一天钟"，没有明确的目标和规划，这对实现高质量的就业是十分不利的。

这14个特征点中，有一些是相互影响的，甚至在一定程度上还相互包含，比如人际交往能力和口头表达能力就是相互影响的。但是这些特征点之间仍然有较大的区分和不同。对于人际交往和口头表达而言，有些口头表达能力不高的人也很善于人际交往，而有些口头表达能力很高的人却到处树敌，交往能力并不高。

从这个图中，我们可以清晰地看出学校对于提高大学生就业竞争力的努力空间。一般认为，传授知识仍然是大学最重要的教育内容。对于理工专业的学生而言，对知识的掌握、理解和应用程度基本上代表了专业技能的大小，对就业水平和质量也起着直接的作用，技术基本上就代表了理工科学生的看家本领。所以，对理工科的学生而言，要重视他们对技术的掌握和运用能力。

然而对于部分文科专业而言，知识在就业中所发挥的作用就要小一些，学生就业核心竞争力更依赖于综合能力和心理素质，这是高校在进行人才培养时需要特别注意的。人际交往、组织能力、文字表达能力、快口表达能力等，应该成为人文社科学生的强项。如果不重视培养他们的综合素质，这些学生在就业时就会遇到较大的困难。

第八章

教学服务型大学的文化建构

胡锦涛同志在清华大学100年校庆大会上的讲话中指出：全面提高高等教育质量，必须大力推进文化传承创新。大学本身是具有选择、批判、传承和创新人类文化职能的文化社会组织和机构，而且它往往会通过文化的手段创设的育人环境和氛围来达到教育目的和影响教育效果。定位为教学服务型大学的高校，又该如何通过文化的力量来实现教学服务型大学这一目标呢？本研究认为其基本实现方式至少应体现在：一是要充分认识教学服务型大学的文化影响；二是要准确把握教学服务型大学的文化特征；三是积极探寻教学服务型大学的文化建构路径。只有把教学服务的办学理念与定位、办学目标与追求等用文化的方式与学校的办学实践、与师生的成长成才等结合在一起，才能在一个比较短的时间里师生共同参与，凝心聚力地建成教学服务型大学。

第一节　教学服务型大学的文化影响

从一般意义上讲，大学文化是"学校办学历程中积淀下来的反映办学渊源、固有传统、地域特色及风情，并与时代特色相结合的文明成果和特征的总和。它是校训、校徽、校旗、校歌、校风、校史、办学思想、育人理念、学校使命、办学环境等多种因素的综合体。"① 也有学者从文化主体出发，提出：大学校园文化是以大学生为主体、教师为主导，在大学具体环境中长期生成、凝炼所形成的特殊社会群体文化，它包括师生的道

---

① 李双辰：《管理创新视域中的和谐校园文化建设》，《思想教育研究》2009年第5期，第33—36页。

德品位、价值指向、行为模式、人际关系等文化现象。不论对大学文化做何表述，其实质是不变的，即大学文化在存在方式上，既是精神的又是物质的；既是师生共同遵循的价值理念、精神追求和制度安排，又物化为校园科技、文化活动和校园景观环境。教学服务型大学的文化与所有类型大学的文化一样，在学校的建设与发展中具有重要的地位和独特的作用，并且以一种不为人所感觉的方式自觉地渗透在大学的师生中。

一　文化是教学服务型大学的存在之基

睦依凡曾提出"当大学走进社会的中心，我们无法排除大学还有一定的政治属性、经济属性，但就整体而言，大学体内流淌着的还是文化的血液。文化属性是大学永恒的特征不变量。离开文化，大学就不再有教育的发生；离开文化，大学不再有学术的产生；于是，离开文化，大学就不再是庄重、尊严、神圣、自律并让人憧憬、崇敬、向往的大学"①。也正如顾秉林先生所言：大学教育本身是一种传承、适应、批判、选择、创造文化的活动。教学服务型大学作为大学分类的有机组成部分，也符合大学的这一基本特征，而且它可能比别的类型的大学更需要文化的力量。

教学服务型大学对文化的需求首先体现在"教学服务型大学"这一名词进入理论探讨的视界时，那一时期面临的首要任务是要告诉大家：教学服务型大学是一种办学定位还是一种办学类型？教学服务型大学的本质特征是什么？它与以往大学的核心区别何在等基本的问题。其次便是在教学服务型大学进入实践领域后，当一种新的办学追求出现，如何在实践中实现其本质要求，需要我们改变哪些原来的观念与行为，从而建构起与之相适应的模式等问题无一例外都必须先从理念入手，以文化的方式、文化的力量来解决。

从本质上来讲，大学的人才培养、科学研究、社会服务和文化传承创新等功能都是大学的文化功能大系统在不同方面的具体体现，是一所大学共同存在的基础。经过一段时间的努力与探索，以教学和服务为核心的理念正在被师生接受，围绕"服务"理念的服务体系、服务制度、服务环境正在营造。在这一转变过程中，通过不断探索如何在大学的教学、科

---

① 睦依凡：《大学者有大学文化之谓也——兼谈大学新区的文化建设》，《教育发展研究》2004年第4期，第10—14页。

研、管理、服务和文化实践中，构建起教学服务型大学文化的建设体系和大学人的服务意识，在更加宽广的社会文化发展视野中，审视、思考和重构既继承传统又彰显时代特征的大学文化。也唯有此，教学服务型大学的理念才能深入人心，教学服务型大学的实践与探索才能符合学校的发展目标。

二 文化是教学服务型大学的育人之路

大学的本体功能在于育人，人才培养是教学服务型大学最重要的组织职能。如何实现育人的目标，首要的是要坚持《国家中长期教育改革和发展规划纲要》（2010—2020 年）提出的"要以学生为主体，以教师为主导，充分发挥学生的主动性，把促进学生健康成长作为学校一切工作的出发点和落脚点。关心每个学生，促进每个学生主动地、生动活泼地发展，尊重教育规律和学生身心发展规律，为每个学生提供适合的教育。努力培养造就数以亿计的高素质劳动者、数以千万计的专门人才和一大批拔尖创新人才"。徐绪卿认为：教学服务型大学就是指在尊重高等教育规律的基础上，以现代服务理念为指导来配置办学资源和运行、管理的教学型大学。人才培养是学校的主要工作①。大学在从教学为主、教学与科研并重、再到教学科研与社会服务并重，发展到教学、科研、社会服务与文化传承创新的大学职能的演进中，我们可以清晰地看到：当前大学正在着力形成以文化科学知识为形态，以多种形式课堂与活动为载体，以掌握一定文化知识为目标，以形成一定文化气质为追求，并被已在某种文化模式生活与工作中的教师为中介，培养受教育者逐步地成为具有理想人格与高尚精神、扎实理论与实践能力的高级应用型人才的这样一种文化育人范式。在这样一个转变过程中，以生为本的理念逐渐确立，学生的主体地位得到尊重，学生对于大学文化的接受度和参与度也在增强。

文化是人创造的，同时文化也在育人中扮演着不可或缺的角色。当代大学生在心智发育上已趋成熟，单纯的说教模式并不能获得直接的教育效果，而在大学文化的建设中，通过激发学生的文化自觉性，积极参与各种文化活动，形成师生共进的文化氛围，文化育人的力量也得到体现。也正

---

① 徐绪卿：《浅论教学服务型大学的若干问题——兼论地方院校和民办高校的发展定位》，《教育研究》2012 年第 2 期，第 84—88 页。

因为此，大学文化原本就具有的引领大学生成长成才的导向功能、教育功能、塑造功能和熏陶功能就得到了充分的展现。而当一所大学通过文化建设在全体师生员工形成了以服务为核心的共同价值观，它就会形成强大的凝聚力和向心力，对全体师生员工，特别是对学生产生巨大引领、导向作用，把学校整体的价值及行为取向引导到学校所确定的教学服务型大学建设的目标上来。

三　文化是教学服务型大学的特色之魂

《国家中长期教育改革和发展规划纲要》（2010—2020 年）中明确指出：要制定高等学校分类标准和相应的政策措施，使各种类型的学校合理分工，在各自的层次办出特色。特色是一种事物区别于其他事物的特殊本质，大学特色是一所大学在长期的发展历程中自觉形成的比较持久稳定的专有性或显著性发展方式和被社会公认的、独特的、优秀的学校特征，从根本上来说，大学特色即文化特色，文化个性和文化魅力是高校的灵魂。这些特征除了体现大学的学科、专业优势等方面外，更多地体现在校训、校风、教风、学风、师生的价值追求、行为模式、文化制度、文化环境等大学文化中。一般来说，一所大学的特色主要由意识形态、物质形态、组织形态等许多方面构成。大学文化一旦形成，就具有鲜明的个性，并会表现出历史的连续性。如果说大学文化具有普遍性的话，那么一所好的大学，它的文化一定具有个性，且个性鲜明并独具魅力，它的影响力会超越这所大学的物理空间和地理区域，在更大的范围内成为社会文化的有机组成部分，影响人们的行为选择。"大学要生存与发展就必须办出特色，从一定意义上说，特色就是质量。特色就是服务与质量的特殊性"。如清华大学的"严谨"、南开大学的"笃实"、浙江大学的"求是"等，都使这些大学以不同的办学特色而闻名。

教学服务型大学的特色在什么地方？这既是理论研究者们要着力回答的问题，也是教学服务型大学的实践者们要着力建构的方向。笔者认为：文化之于教学服务型大学而言，以服务为价值追求和核心的精神文化、以服务为载体的行为文化、以优化服务为目标的制度文化、以服务为宗旨的环境文化将成为教学服务型大学与教学型大学、研究型大学、教学研究型大学等各类高校文化之间最本质的区别与特征。关键就是在实践中如何着力培育和彰显教学服务型大学的文化特质，并使之真正成为育人的重要力量。特色化将成为教学服务型大学在办学过程中对那些适应社会发展需求、符合教育规律、得于学校生存发展的因素的主要追求，也将是教学服务型大学实现新职能的文化嬗变过程。基于这些，把握教学服务型大学的文化特征进而通过文化自觉的追求实现特色就显得非常重要。

四　文化是教学服务型大学的引领社会之翼

随着大学从社会的边缘走进社会的中心，大学在自身发展的同时，也承担起越来越多的社会责任。在普遍认可大学具有人才培养、科学研究、社会服务的三大功能的同时，文化的传承创新被更多的人认为是大学与生俱来就具有的功能之一，而且是更为独有、影响更深远的社会功能。美国社会学家帕森斯曾说过，大学已成为现代社会的中心机构，大学教育之良莠足以影响乃至决定一个社会的文化与经济的盛衰。基于大学对社会的这一重要意义，赵国刚教授将教学服务型大学定位为以教学为中心，以育人为根本，以服务为宗旨，教学、服务并重。通过强化服务功能，构建起与区域经济和行业发展需要紧密结合的服务型办学体系；通过服务的途径，着力提升办学质量和服务社会的能力，实现与经济社会有机联动、互融互通，增强教育与经济社会发展的适应性①。从他对教学服务型大学的这一界定中，我们可以看出这类学校比以往的任何高校更要密切与社会的联系，人才培养定位与模式、学科专业设置、科研学术取向等无一例外必须服务于社会，尤其是地方经济社会发展的需要。而这样的学校，其文化的社会影响力也将会得到更直接、更充分的体现。

教学服务型大学从象牙塔里走出来而超越象牙塔的第一个特性就是服务性，走出象牙塔而逐渐走入现代社会的中心，努力成为社会新文化的生长点，以其独特的文化气质和品格服务于地方经济建设，引领社会前进。"在一个复杂的现代社会，除了科技能力以外，还必须有文化能力。"② 加强社会资源的积累以及文化能力的培养已经成为教学服务型大学的一个共识和一种努力。从教学服务型大学文化的教育功能而言，其文化的真谛在于培养学生健康的文化意识，促进大学生的社会化，积累大学生的社会资本，培养大学生的文化能力，促进学生全面发展，着力提高学生服务国家

---

① 赵国刚：《教学服务型大学转型发展初探》，《中国高等教育》2010 年第 24 期，第 14—15 页。

② 杜维明：《人文学和高等教育》，《清华大学教育研究》2003 年第 4 期，第 1—10 页。

与服务人民的社会责任感、勇于探索的创新精神和善于解决问题的实践能力，使他们成为关心政治、对人类对世界对国家对社会对文化均有责任感的"公共知识分子"和"正直的具有道义感的好公民"①。在直接地更紧密地面向社会服务与培育人才的过程中，教学服务型大学通过培养大量具有创新精神和创新能力的人才，并对传统的和现有的不合理因素进行扬弃，在推动自身大学文化发展的同时，也反哺社会文化的创新。

五　文化是教学服务型大学的竞争力之核

大力增强学校的办学实力，这是所有大学追求的重要目标。一所大学的竞争力可以分解为许多要素，如学科的影响力、师资队伍的整体素质、学生来源与质量、各种硬件设备的质和量、学校的办学资金、历届毕业生的成就等。但如果进一步分析这些要素，会发现它们与学校的文化力紧密地联系在一起。文化力即文化所具有的力量，这一概念是由日本学者名和太郎在《经济与文化》一书中首次提出的，已为当代国际社会所普遍认同。它是一种比物质的力量更强大、更深厚的力量，是学校竞争力中一个重要的组成部分。"文化力作用于教师和学生的思想、情感、灵魂，影响学生的成长水平和发展方向，对大学师生的影响程度之深、时间之长、范围之广都是难以估量的。"②

对于一所教学服务型大学而言，文化是立校之基。特别是通过努力追求，使文化传统、地理环境、办学目标、办学理念等综合形成的文化机制成为教学服务型大学运行的主导机制后，大学文化的建设对教学服务型大学就具有更为重要的意义，它不仅是学校发展的程度指标，更是学校的走向和能否可持续发展的重要问题，也是学校核心竞争力的有机组成部分。大学的核心竞争力是在学校长期发展过程中形成的最具优势、最具特色、最具冲击力的竞争力。大学的核心竞争力等于"优势学科+一流学者+大学文化"，即以优势学科为标志、以一流学者为支撑、以大学文化为灵魂，是三位一体的。抓好大学文化的建设和发展，是不断提升大学核心竞争力的必由之路。浙江树人大学原校长朱玉在《树人探究》一书的后记

---

① 睦依凡：《关于大学文化建设的理性思考》，《清华大学教育研究》2004 年 2 月第 25 卷第 1 期，第 11—17 页。

② 杨毅仁、刘树道：《文化力是一流大学竞争的软实力》，《教育探索》2009 年第 1 期，第 37—40 页。

中提出"学校的办学实力十分重要的方面，是一所学校的文化力。也就是学校先进的办学理念与思想，办学模式，催人奋进的办学精神，良好的学风、教风、校风，成功的办学经验的积聚、沉淀，优良的办学传统、风格、习惯等等"。①

第二节　教学服务型大学的文化特征

一般而言，大学文化对学校所有成员、特别是对学生具有现实影响和潜在影响的文化要素主要包括四个方面：一是由价值取向、理想追求、思维模式、道德情感等构成的精神文化；二是由大学师生自觉选择并参与而形成的行为文化；三是由大学的组织架构及其运行规则构成的制度文化；四是由大学的物理空间、物质设施构成的环境文化。四者形成一个以精神文化为核心，行为文化为表现，制度文化居中，环境文化为外的，彼此相互依存、相互补充、相互强化，并且共同对学校教育发生影响的文化同心圆，并进而形成一个推动学校和谐、可持续发展的文化生态系统。教学服务型大学要作为一种大学类型而存在，就必须在其发展过程中，形成其特有的精神、气质、价值观、行为模式、制度体系、环境氛围，从而形成具有教学服务型大学这一类高校所独有的文化特征。

一　以教学服务为核心的文化理念

理念是一个哲学范畴，是事物的共性。大学理念即是对"大学"这一社会存在的最完美最完全的本质和特性的规定，是其本然或应然的状态，它指引和决定着大学的功能、定位、价值选择和发展方向，决定着大学精神的基本内涵和特质，制约着大学文化的建设与发展。对于教学服务型大学而言，现代服务理念是学校的基本理念。之所以坚持这一基本理念，一是源于党的教育方针的要求。党的教育方针明确提出要坚持"两个服务"，即教育为社会主义现代化建设服务，为人民服务。高校必须牢固树立主动为社会服务的意识，全方位开展服务。这是在中国共产党领导下办社会主义大学的基本要求。二是源于大学发展以来自身的多种职能履

---

① 朱玉：《树人探究》，浙江人民出版社 2009 年版，第 239 页。

行的要求。"服务"源于高校的三大职能，但高于原有职能的含义。一般认为，社会服务的职能是大学教学和科学研究职能的延伸，是以满足社会需要为目的的各种服务活动。正如威斯康星大学提出："服务应当成为大学的唯一理想"。三是教学服务型大学的内在要求。在教学服务型大学，"服务"在这里有了新的内涵和新的定位。教学服务型大学中的"现代服务理念"，是吸收教育服务、服务科学和服务经济理论研究的精华，将满足服务对象的需求作为办学的基本理念，并以此为指导，以服务对象的需求（经济社会发展的需要、学生全面而自由发展的需要）来配置学校资源、布局学科专业，重视教学质量，彰显培养特色，创新管理流程，提高办学效益，实现学校的跨越发展。围绕这一核心理念，教学服务型大学的大学精神也得以重建。

"大学精神蕴涵在大学理念之中，是人们投射到大学这种社会设置上的一种精神祈望与价值建构，是大学自身存在和发展中积淀而成的具有独特气质的精神形式和文明成果，是大学发展的理想、信念和价值追求，是大学的本质特征在精神层面上的反映，是大学的灵魂和大学生命力的源泉，是大学文化的精髓和核心之所在。"① 大学精神文化是大学文化的灵魂和核心，更是教学服务型大学建设和发展的推动力，在本书的第四章，学者专门对教学服务型大学的理念进行了系统的阐释，并有清晰的理论，在本章，我们要进一步关心的是：教学服务型大学应该在现代服务的理念下具有什么样的精神文化特征呢？

在对我国部分已开展教学服务型大学的观察和分析中，我们认为：一是坚持把立德树人作为教学服务型大学教学与服务追求的实现目标，并且以此为目标，合理配置学校的办学资源，形成有效的人才培养机制；二是形成和保持一种大学精神的动力来源于现代服务这一共同的核心办学理念，并且要由这个共同理念为基础，形成大学成员的共同价值追求，引领大学成员自觉行为，形成凝聚力；三是以教学为基础，以全面的人格培育和扎实的基础学习为教育目标，以培养符合地方经济发展需要的应用型人才为追求，来实现大学的基本职能；四是形成一整套实现教学与服务追求的行为规范、学术规范、学习规范等文化规范，成为约束和引领大学成员

---

① 程光泉：《哲学视野下的大学理念、大学精神、大学文化》，《北京师范大学学报》（社会科学版）2010 年第 1 期，第 121—126 页。

朝着既定方向前进的指针。这些特征应该成为教学服务型大学精神文化的重要组成部分，并引领文化建设的其他工作。

二　以开放服务为表征的文化体系

按照系统论的观点，一个与外界有着物质、能量和信息交换的系统属于开放系统，而强调面向社会需求的教学服务型大学无疑是一种开放系统。当代大学的开放性"已经超越了文字和宗教的约束，成为大学的一项传统，成为大学不可或缺的一项基本性质"①。教学服务型大学多为地方性高校，这些学校有一个非常重要的特征就是体现在重视服务区域经济和地方经济的发展，与地方经济、社会发展需要关系直接，与所在区域企、事业人才培养要求关系直接，与地方的科研与科技服务关系直接，这就使得教学服务型大学的文化在天然上具有开放性，在文化上，与企业文化、地域文化、民族文化联系紧密，并且在大学精神、治学理念、办学体制、教育对象、教学时空、管理过程、评价方式等多个层面上得到体现。"判断一种文化是否具有强大的生命力，主要看这种文化在与其他文化的交往过程中能否吸收或影响其他文化，从而提高自身发展的层次，显示出强劲的发展趋向。"②

也正因为此，教学服务型大学的文化体系充分体现了高校为学生服务，为社会服务的价值导向，在其各种校园文化活动、教学教研活动、管理服务活动中，师生的思维习惯指向于服务与开放，行为模式指向服务与开放，强调将自身纳入整体社会大系统，主张在坚持基本的学术自治原则下，开门办学、开放办学，密切与社会的关系，主动适应经济、文化、科技发展，融入区域经济、国际竞争和社会发展体系中，使教学服务型大学作为一种生产、保存、传递知识和文化的组织，在与外界进行信息、物质、能量交换过程中，与外界之间及其内部各要素之间不断进行全面的协调、交流或互动，以不断更新自身的方式回应变化的社会环境，增强其生存和发展能力，并使学校得以健康发展。同时，从学校内部管理来看，也存在着开放性，这就是调动师生的积极性和主动性，体现大学民主，努力让校内所有教职工、学生以及校外社会人士和广大校友等可以通过各种渠

---

① 纪宝成：《对大学理念和大学精神的几点认识》，《中国高等教育》2004年第1期，第10—12页。

② 徐小洲等：《高等教育论》，人民教育出版社2003年版，第154页。

道参与到学校规划制订、管理、质量评估之中，形成师生共识，凝聚各方力量，推动学校发展。

随着教学服务型大学人才培养与市场、企业的高度紧密的联系，以企业冠名的班级、甚至企业部分出资的班级等教学服务型大学的新型学生组织出现，企业较早地介入了高校的人才培养过程，甚至参与了人才培养的全过程。在这种人才培养模式下，除了企业人才所需要的各种专业知识和操作技能进入人才培养的过程性环节外，各种企业文化也在渗透进教学服务型大学，企业的价值追求、经营理念、管理模式、服务流程等企业文化的核心内容丰富着教学服务型大学文化元素，并深刻地影响着一类学生群体的成长，并通过这些师生群体在校园内发酵、新生，构成了教学服务型大学开放性文化的重要组成部分。

三　以高效服务为追求的文化制度

建立以高效服务为追求的现代大学制度是教学服务型大学文化的目标之一，也是其本质特性之一。"大学是在一个制度框架之内实现目标的。这个框架对大学的存在是至关重要的，它体现在大学的程序性和管理性工作当中。这个制度与大学之理念不可分离，但又对大学理念形成了持续威胁。"[①] 由于长期传统文化的深刻影响和新中国成立以后我国长期实行高度集中的计划经济体制，致使我国的大学不像学府更像政府，用行政本位取代了文化机制，大学的管理运行机制行政化趋向严重，现代大学制度尚未有效建立。突破传统的办学模式与思维定势，教学服务型大学从一开始就要求以服务科学的价值追求和理念来优化学校的组织管理流程、制度并确立社会服务导向的内外合作机制。服务科学的精华主要是"以服务对象为中心，从服务对象的需求出发，设计产品内涵和管理流程，以最大限度地提高服务的质量和管理的效率"。并要求在制度与文化建设过程中逐渐形成制度文化。因此，对于教学服务型大学制度文化建设而言，其制度文化充分体现了"以人为本"的价值理念和价值诉求。

教学服务型大学的制度设计首先考虑两个基本价值追求：一是着力变管理为服务，要使工作在校园里的教师主体牢记以生为本的育人理念和服务理念，把人的尊严、人的发展、人的价值放在第一位，明确工作方式是

---

① ［德］卡尔·雅斯贝尔斯：《大学之理念》，上海世纪出版集团 2007 年版，第 64 页。

服务，评价标准是服务。二是提升服务质量和水平。制度设计的核心追求应该是如何更好地尊重人发展的内在需要和客观规律来组织实施服务，机关部门为基层教学单位服务，基层单位为师生服务。引入企业的服务理念，克服高校行政化的弊端，优化服务流程，减少工作环节，建立直接面向师生的服务制度体系。

四　以和谐服务为目标的文化环境

人是环境的产物，人也创设环境，使之更适宜于人的自身发展，满足人的需要。大学环境文化是大学文化的物化形态，是大学人对象化活动的结果，不仅能够对外直接展现大学鲜明的形象和文化氛围，体现大学人的智慧、力量和意志，也能够以间接的方式对置身其中的大学人产生潜移默化的影响，使它在育人方面有着独特的功能。

教学服务型大学的文化环境需要以人为本，以生活在校园的师生为本来精心构建。一方面，作为大学人工作、学习与生活的物质条件，它不仅与大学人的自身利益息息相关，为大学人提供必要的活动场所，而且又是学校向大学人开展教育活动、陶冶情操、美化心灵、启迪智慧的重要手段。另一方面，作为大学学术氛围和校园风尚的集中体现，大学精神环境则主要肩负着塑造大学人特别是大学生高尚品质和优良品行的重要使命。大学人在学习、工作和日常生活中时时刻刻都要受到大学环境的影响，即使离开大学之后，他们在思想观念、道德品质、纪律意识和文化素养等方面，都还会长期地印有大学环境的"文化胎记"。大学环境文化还可以内化为大学人的人格追求和行为准则，对大学人起着一种软约束的作用，处处潜移默化地熏陶着、规范着大学人，使大学人发自内心地去自觉遵守，从而成为大学教育的一个重要组成部分和独特的育人载体。

五　以科学服务为体系的文化生态系统

所谓文化生态是指文化生成、存在、传承、创新的生态状况，具体来说主要是指各种文化类型和文化因素相互影响、相互冲突、相互融合而有序的文化生存发展环境。武汉大学学者冯天瑜等在《中华文化史》上篇第一章，就专门对"文化生态"进行了界定，他们将文化生态划分为三个层次，即自然环境、社会经济环境和社会制度环境，三层次彼此之间不断通过人类的社会实践（首先是生产劳动）进行物质的及能量的交换，构成一个浑然的整体，同时，它们又分别通过复杂的渠道，经由种种介质对观念世界施加影响。

教学服务型大学作为一种物理空间和组织机构，从外部看，它存在于人类、民族、国家、地域的文化生态系统之中，既有依附性又具有其独立性；其内部看，存在着多种文化形态，这些形态的文化通过相互影响和相互作用、相互制约而有机联系，并共同构成了学校文化的整体生态系统。一方面教学服务型大学的现代服务理念本身就要求大学系统内各个要素要以人为本，以实现服务为目标而形成合力，同时体现出师生和谐、人与学校环境和谐、制度与机制和谐等和谐共生的价值取向与价值追求，并在实践中以校园生态为载体，以内和外顺、稳定有序为主要目标，满足师生全面发展的需求，文化气息浓郁，富有生机与活力，从而构成一个和谐的环境。

另一方面教学服务型大学的文化在时间、空间上存在整体联系。在近年来的实践中，定位为教学服务型大学的高校往往并不是办学一开始就有这样明确的办学目标和定位，各高校从办学以来形成的文化总是以一种不以人的意志为转移的方式传承到现在，并渗透在教学服务型大学的文化当中，无法剥离，也不能剥离，这是大学文化建设的逻辑起点。从空间来看，往往经历了时间的沉淀和历史的风雨的校园环境等更具有文化的气息，更能感染人。同时，一所大学的文化只有开放地超越物理空间而走向社会，才是一种符合社会发展的文化。因此，教学服务型大学的文化并不是割断时间与空间的全新的文化，而是一种既具有传承性也具有创新性的文化。只要坚持了传承与弘扬相结合，按照辩证法的要求，融扬弃于一体，就能建立和发展符合生态秩序的教学服务型大学的文化体系。

第三节　教学服务型大学文化的建构

教学服务型大学的文化建设应当以系统思维方式对其要素构成、结构形态以及外部环境进行综合分析和统一布局，形成中心明确、层级合理且精神文化、行为文化、环境文化、制度文化等变量因素之间互渗互动、有机结合、彼此衔接、相互影响的结构。对于教学服务型大学而言，当前都已进入内涵发展时期，大学文化的建设对学校具有重要意义，它不仅是教学服务型大学发展的程度指标，更是事关教学服务型大学能否实现可持续发展的重要问题。

一　以服务为核心构建大学的精神文化

大学精神具有引导大学校园文化建设的理论与实践价值，制度文化、行为文化和环境文化建设皆以大学理念和大学精神为核心形成向心结构，它们有着同一精神内核，受着共同的理念与精神的支配、驱动，同时又成为这种理念、精神的直观体现和真实反映，并使精神文化得以弘扬。实践中，至少可以通过三个不同的层次来使服务的理念深入人心并得以实现。

1. 强化学校服务师生与社会的理念

教学服务型大学是一种全新的发展定位，强调的是以教学为重点，以满足社会发展需要为宗旨，以师生利益和学校发展为核心，充分体现了"面向对象教育服务"的基本属性。学校的一切工作都要以服务师生的成长成才和服务社会需要为宗旨，从专业设置、人才培养模式、培养计划制定、课程设置、学生思想品德教育、学生社会实践、科学研究等方面都要服从和服务于这一办学定位。而从大学发展的历史来看，正是在社会需求的刺激和大学内在发展需要形成的张力中，大学不断调整与社会之间关系，从而获得发展的动力和新的契机[①]。要根据高等教育与社会发展的规律，主动提高学校对经济社会发展的介入度和贡献率，为加快科技创新和区域经济开发提供强大的动力。要引导师生关注经济社会发展的需要，关注国民经济建设的重大课题，主动将社会需求纳入自身的研究视野，实现教学、科研与社会服务有机结合。唯有如此，教学服务型大学的理念才能真正建构并指导实践。

2. 强化教师服务学生与社会的理念

受中国传统文化的影响，"师者，传道授业解惑也"的职业定位，"天地君亲师"、"师道尊严"的社会地位，使教师处于一种高高在上的管理者甚至于统治者的地位，并形成在学生面前天然的居高临下的心理，但这种传统思想正在发生变化。"我们应该从根本上重新评价师生关系这个传统教育大厦的基石，特别当师生关系变成一种统治者与被统治者的关系的时候。这种统治与被统治的关系，由于一方在年龄知识和无上权威等方

---

① 张美茹、宁新娟：《开放式大学探析》，《理论导刊》2008 年第 4 期，第 109—111 页。

面的有利条件和另一方的低下与顺从的地位而变得根深蒂固了。在我们当代的教育界中，这种陈腐的人类关系，已经遭到了抵抗。"[1] 这种对师生关系进行重构的要求在教学服务型大学的建设过程中显得更为迫切和重要。教学服务型大学从根本上要求教师放下架子，坚持以生为本、坚持为社会服务的理念，把自己转变为一个提供服务的人。当前，部分大学教师中服务角色的转换尚未完全实现，有的教师的教学与社会需要脱节，与学生需要脱节，使得老师提供的知识与学生的需要、社会的需求之间存在较大的差距。教学服务型大学特别强调教师要面向服务对象的需要，以对象为中心开展教学教育活动。学校及教师要站在学生的立场和视角去关注、接纳学生，特别要关注学生的成才需求和现实困惑，寻找对策，寻求共鸣，这样的服务才能得到学生的欢迎。

3. 强化学生服务学校与社会的理念

教学服务型大学的学生要牢固地树立面向社会成长、成才的理念，"两耳不闻窗外事，一心只读圣贤书"的传统读书人的形象在现实社会里已无存在的空间。学生应有意识地自觉地与社会需要接轨，着力于服务社会的发展。这样一种服务的理念应该融入学校教育和服务各项活动中。如，在教学过程中，国外一些服务型大学为了提高大学服务社会的能力，将学校与社区、企业的合作与学生的课程结合起来，开展服务性学习活动，"通过一次性和短期服务性学习、连续的课外服务性学习、课程中的服务性学习、集中的服务性学习等形式，实现大学、教师、学生和社区之间关系的重构与资源的重组，培养学生的服务精神与创业技能，以增强学生服务于社会、企业、社区的意愿"[2]。

当然，教学服务型大学同国内所有高校一样，需要一个核心价值体系来引领师生的思想行为、精神追求和发展方向，以确保大学办学的稳定与发展。而我国高校承担的培养社会主义事业合格的建设者和可靠的接班人这一使命则要求教学服务型大学把社会主义核心价值体系作为大学人的共同价值观，使大学的行为得到合理的规范，并真正实现大学的功能。

---

[1]　联合国教科文组织：《学会生存——教育世界的今天和明天》，华东师范大学比较教育研究所译，教育科学出版社1996年版，第107页。

[2]　王淑杰：《国外服务型大学的理念与实践》，《外国教育研究》2008年第11期，第6—9页。

二　以服务为特色构建大学的行为文化

行为文化是精神文化的外化，是行为主体在组织活动中行为文明程度的外在体现。校园文化中的行为文化主要是通过活动载体实现其文化力的。校园行为文化由于实施的主体不同，主要分为教师为主体和学生为主体实施的两类行为文化。

1. 以教师为主体的服务行为文化

教师是教学服务型大学教育改革、开展服务的主要力量，在大学文化的兴起和发展过程中起着主导作用，是文化建设的主要引导者、实施者和推动者，是学生获取知识、发展能力、形成健全人格的服务者。教学服务型大学的文化的快速形成与发展，离不开教师积极主动的参与、引领和实施，他们的导向作用体现在各个方面，包括教书、管理与服务等方面。

中国人历来重视"学高为师、身正为范"，苏联教育家苏霍姆林斯基也说过"教师个人的范例，对于受教育者的心灵是任何东西不可替代的最有用的阳光"。对于高校而言，校风教风学风建设是校园文化建设的重要任务，以高尚的师德引领学生道德建设，以优良的教风引领优良的学风，就成为高校教师着力实践的文化内容。可以通过教师积极参与师德师风大讨论、师德师风标兵评选等活动，构建起勤奋学习、潜心研究、严谨治学、教书育人、勇于创新、真诚服务的教师共同价值追求，并通过教师的努力，形成校园内文化建设的重要风向标，引领青年学生重视校风与学风建设。

同时，教师还是学校各类"坛文化"的主体，学校通过组织论坛、讲坛等校园文化活动，形成一种知识服务实态，并逐步成为学校的主流文化活动方式，成为大学文化发展一种价值导向，它在大学文化建设中起到了一种引导性和基础性的作用。这些讲坛、论坛从内涵上来讲，它崇尚人文、科学、理性、创造等，比其他活动包含更多更深厚的价值理念；从参与度来讲，活动的长期性可以囊括所有的在校学生和老师；从意义上来讲，讲坛作为一种学术服务，它将教师在学术研究或人生场域所思考的重要问题及成果，通过知识或学术讲座的形式向学生传播推广，对学生的思想价值观念、知识体系以及文化生活产生广泛和深刻的影响，大学人之间的精神切磋和学术思想之间的碰撞所产生的火花成为大学文化创新的源泉，它对于营造学校文化氛围和形成文化环境，实现文化育人有着无可替代的作用。

　　教学服务型大学面向社会的服务除了着力培养地方经济社会发展所需的人才外，还有一块以教师为主体的重要文化服务活动，那就是根据地方经济、文化和社会发展的需要，积极选择科研项目，服务企业发展、服务农村建设、为地方政府决策提供支持等。当然，教师作为大学文化建设两大主体的一极，肯定是在全方位地参与各种校园文化活动，并在各种文化活动中实现服务育人的功能。

　　2. 以学生为主体的服务行为文化

　　学生是大学文化活动的参与者，更是大学文化的受益者。学生在校期间服务意识的形成，服务行为的实践等都在各种文化活动中得到提升。一直以来理论界都在提倡大学生要实现"自我教育、自我管理、自我服务"的三自模式，其中"大学生的自我服务是个体性自我服务、群体性自我服务和社会性自我服务的有机结合，自我服务总体上体现为大学生主体性与创造性的发挥"①。这里我们特别关注的是群体性自我服务和社会性自我服务。所谓群体性自我服务是指学生群体参与以团队协作为主要形式的服务，范围涉及生活、学习、安全稳定、校园社交等各个方面，其受益者主要是广大学生群体，当然学生也可以为教师和学校服务。社会性自我服务是指学生在校园以外承担社会发展责任，显性受益群体为社会公众，隐形受益群体则为大学生自我。在群体性自我服务中，许多大学生自觉地参与到各种校园文化活动中，党员帮扶困难学生、学生宿区自治小组等，这些活动无疑也是服务行为文化的重要组成部分；在社会性服务上，每年暑期，全国大学生组织上万支小分队分赴农村、社区、田间地头、车间厂房开展各类志愿服务已形成大学生中最响亮的文化品牌。通过形式多样的社会实践，大学生走出校门，到基层去，了解社会，体察民情，掌握现实社会真实的状况，通过活动增长才干，锻炼能力，培养品格，从中体味到成长的快乐。在学生的各种服务活动中，大学生们得以发展自主意识、自立能力，通过学生的自律、自治、自理，最终达到自觉，使大学生在个人发展与社会需求中找到一个良好的结合点，不但是接受社会规范约束、适应现实环境、服务社会发展的人，也是拥有自我、拥有个性、获得充分发展

　　① 金一斌：《论主动服务学生与学生自我服务的紧密结合》，《思想政治教育研究》2010 年第 9 期，第 26—30 页。

的人。

3. 以员工为主体的服务行为文化。

大学除了师生以外，还有一支庞大的队伍，就是从事管理和服务工作的员工。根据有关规定和大学的实际情况，目前大学的员工（包括管理和后勤）队伍大致上占到教职工总数的30%~45%。这是一支不容小觑的校园文化建设和传播队伍。

学校的一切工作，都是着眼于提高学生的素质、促进学生的全面发展。教学服务型大学文化以服务理念为引领，对外服务国家、服务社会，对内服务师生，由此形成浓郁的"服务"文化。管理和服务是维系大学日常运行的重要保障，也是立德树人的重要路径。广大员工承担大量管理工作和服务工作，是"对内服务"的直接承担者，也是"服务"文化的建设和传播者。他们通过自己的言行举止给学生带来一种潜移默化的影响，以自己的言行体现和传播大学的文化，从而培养学生正确的世界观、人生观和价值观，这种教育是学生在课堂上和教科书中无法找到或看到的，也是教师教学工作所难以替代的。因此，员工在大学中的角色十分重要，其服务行为文化也关乎教书育人、管理育人和服务育人目标的实现，关乎教学服务型大学"服务"理念的落实和贯彻。

教学服务型大学的员工，首先就要树立主人翁精神，认同教学服务型大学的"服务"文化。在思想上必须理解和认可"服务"理念，牢固树立为师生"服务"的思想，高度认识"服务"在大学中的重要地位，增强职业自豪感，积极主动做好各自的工作，这实际上是教学服务型大学文化的重要体现。其次，要树立奉献精神，积极主动做好各项管理和服务工作。大学员工的工作，与教师相比具有特殊性，尤其是在工作的时间、空间和内容方面，更具自身的特色。要围绕学校中心工作，热情地为师生提供优质服务，以自身的言行，使师生处处感受到学校集体的温暖，感受到学校健康、积极、向上的校园氛围，感受到浓郁的服务文化。再次，要加强职业道德建设，提高管理服务技能和水平，提高服务质量和服务境界。

管理战线员工要树立严谨务实的工作作风，树立强烈的责任心和奉献精神，牢固树立"管理就是服务"的思想，及时帮助师生解决工作、学习和生活中遇到的困难和问题，共同营造良好的育人环境，以正确的思想引导学生，以高尚的情操感染学生，以模范的行动带动学生，以出色的工作影响学生，将育人工作贯穿于言传身教中，创新管理文化。

后勤战线员工要认真履行岗位职责，树立全心全意为师生服务的思想，服务热情、周到、妥帖，积极为师生员工提供优质服务，通过严谨的工作作风和良好的服务举止，把服务育人和服务文化落实到工作中。

总之，只有做到全校上下教学育人、服务育人、管理育人、环境育人，才能落实教学服务型大学全员育人、全过程育人、全方位育人的重任。

三　以服务为保障构建大学的制度文化

制度文化是制度和文化的有机统一，是大学文化的运行主导系统，是思想、精神、理念与各种规范、制度、机制的高度融合与良性互动，是在人才培养、科学研究和社会服务等长期的办学实践过程中逐渐形成的管理模式和管理方法。大学制度作为大学文化的一部分和大学制度文化的一个重要层面，是大学精神与办学理念的外在表现，是大学精神依附的体制平台，它从根本上决定着学校正常运行和创新发展的组织文化形态。它是学校管理规范化和先进性程度的重要标志，是实现教学服务型大学办学目标必不可少的保障机制。

1. 以服务和育人为理念设计大学制度

一般而言，大学制度具有双重品格：一方面它是办学理念的凝聚和客体化；另一方面也是办学理念所规定的用以组织教育教学的客体。教学服务型大学制度设计的理念共识应是：教学服务型大学不仅要重视教学也要重视服务，不仅要培养人才更要促进人的全面而自由的发展。大学的根本任务是育人，服务也是为了更好地育人。大学的一切制度都要体现育人的目的，学校一切工作的出发点和归宿都是为了教育人、培养人，有利于人的全面发展。"一切为了学生、为了一切学生、为了学生一切"应该是每一位教育工作者的共识。通过制度设计与实施，着力通过规范调节，把服务和育人的理念内化于大学人员身上，使他们按照办学理念的方向活动，变个人的活动为符合理念所期望的发展的存在，使理念这一原本存在于客观世界之外的力量转变成为现实性力量。同时，"大学制度凭借其力量，把个人活动中的实践理性反映到办学理念中，通过支持或反对某些理念而扬弃主观世界的某些方面和规定，使现实活动在对象化过程中获得理念的表征，以形成新的理念和文化，从而进一步升华为一种无形的力量，这正是通过制度建设和制度创新，规范生活在大学中的每个人的行为，逐步培育大学文化和大学精神的过程"①。因此制度文化强调制度的文化层面与规则层面的内在一致性，即制度的价值观念、道德伦理、思想意识与制度和习惯、规范、规则的内在一致性，从而形成一种强大的内在力量指导人们实践。

2. 以秩序重构为目标设计大学制度

在教学服务型大学建设过程中，原有的行政权大于学术权、管理大于服务的制度体系很显然需要扬弃，在扬弃的基础上开展的制度建设其实就是对大学内部自由秩序的一种重构。其制度设计要着力于打破原有的固定行为习惯，才能建立起一种适应学校转型的新秩序。一方面，要着力于拓展大学师生主体的自由空间，使大学内部的成员始终富有积极性、创造性，个性得到充分张扬，潜能得到充分发挥，大学便获得了发展的动力和自我更新的能力。如在教学制度设计上可推出学生选任课教师、增加学生选修课程、增加学生第二次专业选择机会、人才培养上的平台加模块等制度设计，都能为大学生成长成才提供更大的空间和更多的时间。另一方面，整合校内外各种力量，构建各种力量互动的平衡点，形成高效率的有机联合，有利于促进大学文化和大学精神的培育，推动大学的发展。如为重构"服务高于管理"的文化，可以在校院两级机关和后勤管理部门推行工作首问负责制。首问责任制是指首位接受以来访、来电及来函方式到所在处室部门办理公务、联系事务、反映情况等事项的工作人员，应负责现场处理或引导办理有关事宜，使之得以及时、有效办理的责任制度。其实这一制度设计所涵盖的理念是：坚持管理就是服务，坚持大学行政管理机构的存在是为了满足师生的需要，满足高校实现四项职能的需要。这一制度要求管理部门要切实以师生为本，坚守大学管理的服务性和权力的有限性。这一制度的有效实施，将改变学校机关"门难进，事难办"的现状，防止工作中出现推诿、扯皮现象，而建立起一种以服务为导向的管理文化。

3. 以实践为路径形成制度文化

从制度到制度文化是需要一个过程的。尽管制度一旦进入实施阶段，便会以一种文化理念在指导着人们的实践，但形成制度文化尚需要反复的

---

① 张治理：《论大学制度建设与大学精神培育》，《中国高教研究》2006 年第 3 期，第 39—41 页。

积累和沉淀。制度文化是大学制度积淀于人的内心而形成的认知与习惯，是在大学及大学人具体的行为中反映出来的价值观念和行为方式。"当大学制度体现为一系列制度安排时，它必然反应一定群体的文化价值和文化观念，大学制度的意义恰恰在于它在日积月累之中积淀了丰富的精神文化内涵。"① 对于教学服务型大学而言，要真正地树立起大学制度的权威，必须创造一种有利于制度权威的文化环境，形成一种制度文化体系，使得大学共同体达到自觉认同和遵守，共同形成一种文化继承和创生的合力而推动大学的发展。潘懋元先生认为"大学制度包括组织机构、决策机制、激励机制、资源配置机制、工作机制，也包括科研、教学和社会服务活动的运作模式和制度创新机制"②。制度建设涉及学校的方方面面工作，也是一个系统工程。传统观念中，人们往往仅仅把制度建设看作是学校规章制度的制定、修订和执行这样一个机械的冷冰冰的过程。如果把学校制度文化建设仅仅理解为规章制度的制定，并把规章制度作为一个"本该如此"的教条去执行，那教学服务型大学的制度文化建设就无从说起。尽管大学制度文化建设往往同样经历着制定制度文本——运行实践——反馈修正——再实践的这样一个不断循环和不断完善的过程，但从制度设计出发开始，它就应该始终把握服务与育人这个核心，从文化系统建设的要求出发，着眼于制度文本在整体框架中的统一性和层次性，建立起一套完善的、互相补充的制度体系；从制度设计就要着眼于制度体系的导向性、激励约束力和人性化，而不搞形式主义。

4. 以执行力为重点建设制度文化

制度要发挥其本来应有的作用必须通过大学师生对制度的执行。但现实中，在大学内部，一些学校的规章制度在一定程度上还仅仅是管理的工具，大学的办学理念、发展目标、价值追求等没能充分地转化为大学的制度要求，规章制度存在的价值主要还在于管理者的需要，制度的随意性较大；在执行层面，大学内部规章制度往往束之高阁，不能形成有效的约束力。再好的制度，如果执行不到位，也难以体现其存在的价值，发挥不出应有的效力。因此，教学服务型大学制度文化建设从一开始就要高度重视大学制度的执行力。要坚持大学制度的权威性、严肃性和刚性。制度执行

---

① 高桂娟：《现代大学制度演进的文化逻辑》，中国海洋大学出版社 2007 年版。

② 潘懋元：《走向社会中心的大学需要建设现代大学制度》，《现代大学教育》2001 年第 1 期，第 29—30 页。

是一项严肃的工作，大学制度的严肃性不仅体现在内容上，更体现在制度实施的过程之中。大学制度一经颁布，就对全体师生员工和大学所有组织产生普遍的约束力，要增强对制度的理解与认识，使制度执行一开始就进入既定的轨道。同时大学制度还具有刚性，尽管我们经常讲"制度是死的，人是活的"，但活的人要对死的制度抱有敬畏之心，抱有制度既定就必须不折不扣地严格执行的理念。对制度中存在的问题可以通过实践总结后进行修正与完善。

四　以服务为目标构建大学的环境文化

马克思说过："人创造环境，环境也创造人。"[①]　人类行为与环境之间是一个相互作用的关系：一方面，人类创造并改变着环境，另一方面环境也对人产生巨大影响。从广义上讲，校园环境文化既包括教学、科研、生活等硬件设施以及其他校园环境建设情况，也包括学校的价值观、信仰、制度建设、管理水平、人际关系、工作氛围等一系列软件要素。狭义的校园环境文化主要是指学校的硬件，即校园环境及物质设施等要素，是校园文化的物质载体；是融有大学精神文化要素的校园规划布局、校舍建筑、人文景观和校园绿化美化等综合而成的物化的静态文化；也包括随着信息化社会建设而形成的高校网络环境文化，它是大学人对象化活动的结果。本章所指环境文化主要是从狭义上理解。

1. 重视实体环境建设中的服务性

校园是师生工作学习生活的场所，是学校赖以生存发展的物质条件，是"教书育人的场所"，校园环境对培养大学生的修养、情操、品德等综合素质都是不可缺少的要素。从课间休息、室外阅读，到聚会交往、散步休息等大部分生活都与户外的环境空间息息相关。它是一种改造人的精神、性格、气质、习惯的强大教育力量。校园环境是大学形象工程的体现，直接反映学校的综合实力、办学特色和个性品质。在校园环境、硬件设施设备的建设，特别是学校标志性建筑、教学设备添置、科研场所、实习场地、校容校貌、历史文物、校名校碑、生态环境、人文景观等建设中，要以人为本，从便于提供服务的角度考虑学生的学习生活设施，在色彩、亮度、建筑布局、空间设计等方面要充分考虑人的生理、心理特点，

---

① 《马克思、恩格斯全集》第一卷，人民出版社 1995 年版，第 92 页。

符合学生的行为活动特点。无论是教学设施、学习设施还是生活设施，都应体现人文关怀，符合人性化的要求，在这些设计、装饰和布置中充分体现出对人的关怀与尊重。

2. 重视网络环境文化的服务性

随着信息技术的发展，网络已经成为高校师生学习、生活和工作的重要媒介，网络是一个包罗万象的世界，以高校师生为建设主体参与创建的数字化互动媒体（如论坛、博客、QQ 群、手机短信）、各种服务管理系统等为载体而形成的虚拟环境已成为高校校园环境的重要组成部分，并成为大学文化的一个新的聚合点和展示平台，更成为教学服务型大学体现服务追求的重要阵地。高校是人才、知识密集的地方，与社会上的其他群体不同，大学生对网络的参与度更强，需求更高更广泛，这些特点决定了高校对网络的要求不仅仅是提供一个单纯的技术平台和交流的场所，完善的服务体系才是形成和谐、健康、向上的高校网络文化的关键。一方面学校应重视建设可供大学师生享用的丰富网络资源，建设综合网络服务平台。可以使学生从网上选课到课程预习、网上作业，到老师与学生的交流，再到完善的图书服务，生活保障以及学生日常的社团、交际，就业与创业、学术与科研等都可以在强大的校园网络资源平台上实现自身的需要。另一方面要把大学文化的内涵融入网络环境中，使网络成为高校文化育人的重要阵地。信息技术通过各个终端把世界各地和各色人种紧密地连接在一个平台之上，并以极强的包容性和变革性把不同区域的政治、经济、文化放在自己背景和机制中，从而把人类带入了信息时代。在信息化时代，高校师生的生活方式越来越市场化、社会化、网络化、国际化，人们在思想认识、生活方式、道德选择、价值取向等方面的独立性、多样性、差异性、选择性日益增强。信息时代这一深刻的变迁导致高校师生在认知方式和思维方式上也发生了巨大变化，给高校文化建设带来了新机遇和新挑战。从网络环境文化建设的主体和文化建设的方式来看，正在由教师"一元集中"向师生"多元分散"、由"自上而下"单向主导式向"自下而上"的互动式转变。从文化影响的客体来看，人们思想活动的独立性、选择性、多变性、差异性明显增强，这更需要高校通过构建制度与机制，牢牢地坚持育人这一根本任务，在网络环境文化中进一步增强学校自身的元素，彰显教学服务型大学的特色。

3. 环境文化建设中要体现个性

每一所大学都有自己的办学追求，在高校文化具有共性的基础上，我们更要重视把学校特有的人文文化的精神符号存在于每一个物质实体之中，形象而具体地表达一所教学服务型大学所倡导和追求的服务理念与育人的价值，使人一走到校园就直观地感觉到人文文化氛围。浙江树人大学在实践中围绕"树人"这一核心理念和"崇德重智，树人为本"的校训，在环境文化建设上建成了树人广场、树人礼堂、树人园、树人之家、崇德路、重智路、"树人为兴国之本"题字石刻、"崇德重智，树人为本"题字石刻等融校训、学校精神的建筑、道路等，使师生置身校园中，处处能感知"树人"文化的精神，构成了树大文化的物质基础，也形成了学校文化的特色。

任何大学文化不是凝固不变的，而是不断自我超越和发展的，这个过程是一种解构和重构的过程。大学文化需要在培育中坚持，在坚持中发展，在发展中积累，在积累中提升，在提升中创新。教学服务型大学的文化建设最首要的任务就是要在学校最核心的本质属性中去寻找特色、着力培育和确认优势，明确今后文化建设的方向，把理论思考和实践探索结合起来，把研究问题和解决问题贯穿始终，由认识到落实，在这个过程中逐步地建设和形成教学服务型大学独特的大学文化体系，进而形成学校强大的文化力。

第九章

教学服务型大学的组织设计

第一节　教学服务型大学的组织目标

大学组织目标是组织设计的基本前提之一，对于大学组织的机构设置与职权划分具有重要意义。科学合理的大学组织结构，必须充分融合大学组织目标、使命与功能，尤其是对于大学组织目标而言，清晰的目标内涵、外延与层次是大学组织设计科学性与合理性的基础。

一　组织与组织目标

1. 组织的基本概念

在管理学和组织行为学中对"组织"的理解有两种表述，第一种含义"组织"即为一种行为，即把特定的要素组合起来形成某种活动的行为过程；第二种含义"组织"是由人、财、物等要素构成的具有特定功能的机构。本研究中的"组织"指第二种含义，指承担特定任务的社会机构。

对于组织行为学中的"组织"概念的表述，学者们的观点也难分伯仲，已有的研究将其归纳为以下几种[①]：古典组织理论认为，组织是由人们构成的具有特定目标和正规化社会结构的集合体，是为达到一定目标而设计出来的工具，具有特定的目标、结构化层次等特征。行为学派组织理论则认为，组织是一种心理与社会的系统，强调组织中的人是具有社会和心理因素的"社会人"，具有正式组织与非正式组织之分。组织协作理论的创始人切斯特·巴纳德（C. I. Barnard）则认为，组织就是朝着一个共

---

① 季诚钧：《大学组织属性与结构研究》，博士学位论文，华东师范大学，2004 年。

同目标或一组共同目标而合作工作的两个以上的人群。系统学派和权变学派组织理论则认为，组织是以实现某种目的而以某种方式联合起来的人力物力系统，强调组织是一个开放系统，组织界限是柔性的、可渗透的，组织不断与外界进行资源、能源、信息的交换，是一个分工有序的子系统的统一体。

根据已有的研究观点，笔者对"组织"基本内涵综括如下：组织是指人们为实现一定的目标，在一定规范的控制下相互协作，组成具有特定结构的社会团体，具有三层基本含义：一是强调组织的"目的"性以及由此产生的组织"功能"、"使命"和"任务"；二是强调组织的"结构"性，组织由特定的成员、机构和物质条件构成；三是强调组织的"控制"性，要实现组织的目标，维系组织的结构要素，必须通过权力、规范或文化对组织进行控制。

2. 组织的构成要素

关于组织的构成要素，切斯特·巴纳德把组织要素概况为共同的目标、协作的愿望和信息三个基本要素[①]，认为组织的产生和存续只有通过这三个基本要素的结合才能实现。巴纳德认为，没有目标就没有协作，各个成员的行动和决策通过组织目标而统一起来；其次协作的意愿即指成员为组织目标贡献力量的愿望，成员的协作愿望使各个成员的力量凝聚为一个整体；最后是信息，在组织的两端是组织目标实现的可能性和对组织有协作愿望的成员，把这两者连接起来，使之成为有机体的，是信息的传递过程。但是，巴纳德对组织要素的理解更多强调了社会心理层面，缺少对组织形成的物质条件和控制机制的描述。

明茨博格指出，组织"有三个规定性"[②]：第一，每个社会组织都是由人构成的；第二，每个社会组织都有一个明确的目的或目标；第三，每个组织在其组织内部都有某种程度的规范，从而把其成员的行为约束在一定的规范之中。在他看来，组织由组织成员、特定的目标和一定的规范三个要素组成。明茨博格对组织要素的认识比巴纳德有所进步，他提到了组织成员，组织成员是实现组织目标最重要的力量。但组织不是人员汇集起来的"集聚体"，组织成员必须进入按照一定规则设计出来的组织机构

---

① 许玉林：《组织行为学》，中国劳动出版社 1996 年版，第 335 页。
② 苗素莲：《中国大学组织特性历史演变研究》，博士学位论文，华东师范大学，2004 年。

中，组织的力量才会显示出来。

卡斯特和罗森茨维格认为，组织是一个属于更广泛环境的分系统，它由目标与价值分系统，技术分系统，结构系统，社会心理分系统和管理分系统组成。达夫特从组织结构设计的角度出发，把组织分为结构性纬度和关联性纬度，认为组织由环境、文化、目标与战略、技术、规模和结构六种要素组成。利维特认为，社会组织由社会结构（包括规范结构和行动结构）、参与者、目标、技术和环境组成的体系，这五个要素都代表了组织的重要组成部分，没有哪个要素是占绝对优势的，它们之间互相影响。于显洋在他的《组织社会学》中，认为组织由目标、结构、群体与群体之间的关系、组织文化四个要素组成。人们一般依据组织的一个或几个要素考察组织的特性，对多种多样的组织进行分类。按对成员的控制手段，分为强制性组织、功利性组织、规范性组织；按功能和目标分，有生产组织、整合组织和政治组织；按组织目标和受益者的关系，有互利性组织、赢利性组织、服务性组织和公益性组织。按组织内权力的分布，分为集权或科层的金字塔型组织与分权或扁平型组织；按规模分为大型组织与小组织；按工作的程序化、标准化程度分为有机组织与机械组织。

综合各方的研究，笔者认为，组织构成要素可以分为三个基本维度：第一，组织的功能要素，包括组织愿景和使命、组织目标和承担的社会责任，它是组织得以存在的要素，也区别不同组织最显著的要素；第二，组织的结构要素，包括组织规模、组织架构、人员结构，它是维系组织的物质要素；第三，组织的控制要素，包括组织的权力、规范和文化，它是维系组织的精神要素。

组织要素的三个维度实际上也是构成组织特性的基本维度，组织特性是组织构成要素及其组合方式所形成的本质属性的外在反映。因此，组织功能、组织结构与组织控制这三个基本要素的结合形成了组织的基本特性。

3. 组织目标

目标，就其词义而言，一般是指"想要达到的境界或目的"或"前进的标尺、标准"，在管理学和组织行为学中则是指"个人、部门或整个组织所期望的成果。"作为组织在一定时期所希望获得的成果，组织目标不是唯一的，而是由一系列子目标构成的目标集，反映了特定时期组织愿景和使命的属性和要求。

一般而言，组织目标具有目的性、系统性和动态性。目的性是指目标是组织在一定时期所希望达成的具体成果，具有强烈的目的性。任何组织的设立都有明确的目的，这是组织生存的理由，也是其在社会系统中的价值所在。但是，目的是一个笼统、抽象的概念，它需要用具体的、可操作、可考核的指标反映给组织中的每一个成员，成为组织成员的前进方向。所以目标是目的的具体化，是组织的动力系统。系统性是指目标具有纵向和横向结构，是由一系列相互联系、作用的目标构成的目标体系。纵向方面，从组织的高层到基层，目标可以分为整体目标、部门目标、个人目标，从目标的性质而言，分别对应战略目标、战术目标和执行目标。从上到下，目标层层分解、层层指导；从下到上，目标层层支撑、层层保障。横向方面，各层次的目标既相互独立，又相互联系、相互协作，形成为一个目标链。纵横目标交织一体，形成目标体系。动态性是指目标不是一成不变的，它随着组织的发展而不断演化，是组织发展的阶段性产物，是组织的内在因素和外在因素的函数。

组织目标伴随着组织的成长而不断演化，受组织内部因素和外部因素的影响，内因是组织目标形成的决定因素，外因对组织目标的形成起辅助作用，外因通过内因起作用。外部因素包括宏观环境和中观环境，宏观环境主要指政治、经济、科技、法律等，它们对组织目标的方向起指导作用；中观环境包括区域经济水平、地理位置等条件，以及组织之间的合作与竞争状态。内在因素包括组织愿景、使命和组织的自身微观条件。组织愿景是组织对所追求的终极目标和对社会承担的义务的高度概括，是指建立在组织成员共同价值观基础之上的，对组织发展的共同愿望，它表现为组织成员共同认可、接受并内化为自身追求的组织使命、任务、目标以及价值信念体系。组织使命是指组织在社会中所处的地位、起的作用、承担的义务以及扮演的角色。愿景和使命决定了组织的整体目标，对组织的战略起引领作用。另外，组织自身在人、财、物等方面的条件对组织的具体目标的形成和落实起到支撑作用。

二 大学组织目标

1. 大学组织要素

（1）功能要素。功能要素是大学组织最重要的要素，包括大学愿景和使命、目标和承担的主要社会责任，它是组织得以存在的理由，是一所大学区别于另一所大学的"标志性"要素。大学公认的使命主要是知识的传承、生产和应用，即大学具有教学、科研和社会服务三大功能。每所大学都会根据自己的愿景、办学历史和条件，确定自己贡献社会的主要使命。有的大学以教学为其主要使命，则"教学目标"就是其主要的功能要素，也是它区别于其他大学的标志性要素；有的大学以科学研究或社会服务为主要使命，则"科研目标"和"社会服务"分别是其功能要素。

（2）结构要素。大学组织结构要素主要包括组织结构、学科结构、专业结构、组织规模、教师结构、科研教学的硬件设施，它是维系大学存在的物质要素。其中组织结构、学科专业结构是大学组织结构的重要因素。

大学组织结构包括组织架构形式和层级，"是规定任务如何分配，谁向谁报告，正式的协调机制和相互关系的模式"，[①] 是为了完成工作任务、实现组织目标在职责、职权等方面的分工、协作体系。大学组织结构形态具有以下几种主要类型：直线制组织结构，职能制组织结构，直线职能组织结构、事业部组织结构以及矩阵结构等。上述几种组织结构形式实际上都在大学组织层面上存在与应用，直线制作为一个基本形式已经被整合到不同的组织结构类型之中。我国的大学组织存在着"校—院—系型"、"校—系—研究所（室）型"、"校—院—系—专业教研室型"以及"校—院/系/研究所—研究室/专业教研室型"等组织结构形式。宣勇研究认为，"直线职能制"比较适合教学型大学，"矩阵制"适合研究型大学，"分权事业部"比较适合教学研究型大学[②]。

学科专业结构是指各种学科专业类型的构成关系以及彼此之间的构成方式，是彰显大学特色的重要指标，也是大学使命和功能定位的主要载体和基础。人们只要谈到大学的办学特色，总是从该大学的学科或专业的种类、水平去评价。周川、万力维等都认为学科和专业是高校的"基本组成要素"[③]。大学组织建制由学科专业的类型、结构、性质以及状况等因素决定，以各类学科和专业为基石建构并发展形成的学术组织，牢固地制

①　Stephen. P. Robbins, *Organization Theory*, *Structure*, *Design and Application* ［M］. New Jersey: Prentice Hall Inc. 1987: 04.

②　宣勇：《大学组织结构研究》，高等教育出版社 2005 年版，第 171—199 页。

③　万力维：《控制与分等——大学学科制度的权力逻辑》，南京师范大学出版社 2006 年版，第 2 页。

约学科专业的质量与水平。从社会科技经济发展分析，学科专业结构往往与产业结构、行业结构等相对应，适应产业经济发展需求，这也是高等教育发展外部适应性的重要契合点之一。如果某一专业人才培养数量大幅超过行业需求，则往往导致结构性就业率下降。

（3）控制要素。任何组织功能的实现，都离不开控制，它是使组织的物质要素形成合力不可或缺的关键要素。大学组织的控制要素包括大学的权力、制度、规范和文化，它是维系大学的精神要素。伯顿·克拉克在《高等教育系统——学术组织的跨国研究》中把大学的组织要素概括为工作、信念和权力三大基本要素[①]：除了第一个要素强调了大学组织的物质层面外，其余两个要素都反映了大学组织的控制要素。其中，第二个要素为信念，是指组织成员主要的行为规范和价值观，或称之为大学的组织文化，它在大学中发挥着巨大的影响，是激发组织活力、维系组织生存与发展的核心象征。第三个要素是权力，主要包括以层级制度为依托的行政权力和以知识的占有优势为基础的学术权力。

2. 大学组织目标

大学组织目标是指在一定时期内，大学所希望达成的目的和成果，是大学愿景、使命的高度概括，是大学职能、任务、目的的具体反映形式。大学组织目标也是成员统一行动的标准，是大学一切活动的依据，是大学组织计划与控制的基础，是考核大学组织办学成果和水平的标准。作为一种学术性组织，大学是提供教学和研究条件和授权颁发学位的高等教育机构，是聚集在特定地点传播和吸收高深领域知识的一群人的组织。目标必须与这一组织的基本范畴相契合。因此，不同类型的大学又具有自身不同的组织目标。

大学的组织目标有什么特性，是否具备一般组织目标所具有的目的性、系统性和动态性？对于这个问题，部分学者认为大学的组织目标的最大特性是具有模糊性，即与一般的组织目标相比，大学组织目标的目的性和系统性不明显。

导致模糊性的原因，一是与大学组织的学科多样性、知识复杂性和组织结构松散性的特性有密切关系。松散结合是大学不同于其他组织的独特

---

① 伯顿·R. 克拉克：《高等教育系统——学术组织的跨国研究》，浙江教育出版社 1994 年版，第 313 页。

性质。伯顿·克拉克在论述教育系统有序和无序的矛盾时，认为高等教育系统中的底层结构，即以学科为主的层次朝着分化和松散型结构变化，并且随着学科和专业领域的日益专业化，其聚集形式越来越松散，因而它所遵循的是学科、专业知识和专业化无序状态的逻辑①。正如马奇所说的，"它不像人们想象的那样，有统一的目标，技术线路明晰，程序规范，每一个问题与答案间都存在唯一的适切联系"。② 二是与大学组织目标难以量化有关。美国著名高等教育管理学家罗伯特·伯恩鲍姆（Robert Brinbaum）对此有深刻阐述③。伯恩鲍姆通过对企业组织使命的分析后指出，企业组织的目标是明确的，管理是统一的。衡量企业的标准是金钱，企业的目标就是"赚取利润"，而高等教育组织却没有类似的标准和目标。其原因，一方面是高等教育的目标难以取得一致；另一方面是因为与人们的成就相关的目标的实现和实现目标的活动都不能以令人满意的方式记入"资产负债表"。尤其是一些规模大、错综复杂的学校组织已经证明，实现目标的确定性和统一性几乎是不可能的。

笔者认为，大学作为社会组织的一种，组织目标是组织使命或其承担的社会功能的具体化，组织目标的性质则是对组织目标的内涵和本质的描述和刻画，因此，组织目标仍然具有一般组织目标的特性，即目的性、系统性和动态性。目的性主要是指大学组织的基于使命、愿景下的任务完成，作为特殊的社会组织，由于其涉及的专业教育门类的广泛性和探索知识的学科领域的无限性，导致其具有与众不同的组织结构和众多的组织目标，但其总体目标是明确的，大学组织的愿景、使命决定了大学的总体目标。大学组织目标的系统性缘于大学组织结构的形式和所从事活动的特殊性。大学组织具有组织结构上的多层性和学科专业上的广泛性，这使得大学组织目标在组织内部和组织之间形成了一个网络，正如高等教育专家伯顿·克拉克指出的，无论在哪里，高等教育工作都按学科（Discipline）和院校（Institution）组成两个基本的纵横交叉的模式。大学组织目标的动态性主要表现为大学目标的阶段性和发展性，任何大学的组织目标都有一个演化和发展的过程，都是从目标模糊到目标清晰，从低层次目标到高

① 伯顿·R. 克拉克：《高等教育系统》，杭州大学出版社 1994 年版，第39—41页。
② 转引自程勉中《现代大学管理机制》，人民出版社 2006 年版，第5页。
③ 罗伯特·伯恩鲍姆：《大学运行模式》，别敦荣主译，中国海洋大学出版社 2003 年版，第11—15页。

层次目标。随着社会环境的变化和组织自身办学条件的改善，组织目标从一个阶梯迈向另一个阶梯。

三　教学服务型大学组织目标

组织目标是组织使命和任务的具体反映，是组织在一定时期想要达到的目的，是组织彰显其职能定位的重要标志。所以，要建设一所名副其实的教学服务型大学，必须制订出内涵丰富贴切，具有指导意义的组织目标。为此，笔者根据教学服务型大学的内涵、使命和任务，提出教学服务型大学应确立以下目标。

1. 教学服务型大学总目标

教学服务型大学总体性目标主要以服务社会的理念统揽全局，以应用性人才培养为中心，以应用性科学研究为抓手，以社会服务为根本目标，全面提升服务意识和水平，为地方各项事业的发展做贡献。

教学服务型大学的组织目标并不是只强调教学和社会服务，而是涵盖了教学、应用科学科研和社会服务三大职能，其所强调的"服务"含义是："遵循高等教育发展规律，运用'教育服务'的理念和'服务科学'的方法，吸取'服务'精华，以'服务'对象的需求配置学校资源，布局学科专业，重视教学质量，彰显培养特色，创新管理流程，提高办学效益，实现跨越发展。"[1] 服务理念贯穿于学校的全部工作当中，教学服务型大学区别于具有服务职能的大学的关键在于它的一切活动，包括教学和科研都以公众和社会的需要为标的，将顾客利益放在学校工作的首位，强调与社会的零距离接触，大学机构整体及其成员全面融入社会。[2]

2. 教学服务型大学的分目标

在上述总目标的基础之上，教学服务型大学的组织目标应该分解为以下三个分目标：

（1）教学及学生培养目标。以服务师生为理念，遵循教育规律，以人为本，通过全面服务提升办学质量和学生素质，为培养大批服务于地方

---

①　徐绪卿、周朝成：《教学服务型大学——民办高等学校的新定位》，《中国高教研究》2011 年第 10 期，第 59—62 页。

②　张立娟：《服务型大学理念下的地方综合性大学专业建设》，《成人高教学刊》2010 年第 1 期，第 55—58 页。

各项事业的高级应用型人才做贡献。

　　教学服务型大学是以培养人才为中心，强调人才规格的应用型和地方性，这是区别于研究型大学和教学研究型大学的重要方面。教学服务型大学必须以服务于应用型人才培养为中心和根本任务。应用型人才是与知识理论型人才区别的一种人才，他们相对于高职院校的学生，具有较为扎实的理论基础和发展的潜力；而相对于知识理论型人才，他们具有较强的动手能力、实践能力，能够解决生产经营和管理过程中的实际问题。

　　地方性人才培养目标的确立，是为了解决三个方面的问题：一是解决"两个不适应"的问题。我国高等教育计划经济、行政化影响过深，没有真正遵循教育规律和市场经济规律，因此，产生"两个不适应"。教学服务型大学建设就是要遵循"两大规律"，按照两种需求——经济社会发展的需求、学生全面发展的需求，来构建办学体系，创新办学模式，从根本上提升办学质量和服务能力。二是解决如何进一步提升服务区域经济社会与行业发展的能力，突出办学特色的问题。作为地方高校，其重要使命就是要为区域经济社会与行业发展提供最紧密、最直接、最有效的服务，而教学服务型大学的重要功能之一就在于此。三是解决学校可持续发展的问题。作为一所地方性高校，如果不能有效地服务和支撑区域经济社会发展，不能为学生提供优质的服务，那么在未来市场竞争中就必然会被边缘化和淘汰①。所以，教学服务型大学在专业设置上应该适应生产力前进的方向，紧贴社会和职业岗位的需要，体现适应性和前瞻性，密切关注当地经济发展动态，不断调整相关专业，满足地方发展之需要。

　　（2）学术及科研目标。以科研服务教学和地方经济为理念，大力开展以应用性为特色的科学研究，为地方经济建设和各项事业的发展，为社会的科学技术进步做贡献。

　　科学研究是教学服务型大学人才培养和社会服务的重要抓手，没有科学研究就没有培养人才和服务社会的基础和手段。"作为教学服务型大学，主要以人才培养为根本任务，同时必须加强科研水平，拓展服务空

---

　　① 赵国刚：《教学服务型大学转型发展初探》，《中国高等教育》2010年第24期，第14—15页。

间，增强服务能力，为服务地方经济发展打好基础。缺乏科研的大学是缺乏真正内涵的大学。从办学实践来看，教学服务型大学的科研工作应该加强而不应该削弱。一方面，这些学校过弱的科研，将制约人才培养质量和服务水平的持续提高。另一方面，通过科研和社会服务，增强学校的服务能力，促进教学内容的更新和教学水平的提高，同时也可以加强与地方政府、企业以及社会团体的合作，推广科技成果转化，丰富产学结合的内容和从社会获得一定的办学经费，支持教学条件改善，扩大学校服务的联系和影响，更好地搞好人才培养工作。"[①]

当然，教学服务型大学由于自身在科研方面的弱势以及区位特点，应该把科研的重担放在应用性研究和科技成果的转化上。十八届三中全会通过的《中共中央关于全面深化改革若干重大问题的决定》中指出，要深化科技体制改革，建立产学研协同创新机制，强化企业在技术创新中的主体地位，推进应用型技术研发机构市场化、企业化改革。这对于教学服务型大学建设给出了新的指向，要把科研的立脚点植根于地方经济和各项事业的沃土中，尤其要推动教学服务型大学应用性技术开发后的技术产品到市场商品的转化，因此，根据教学服务型大学的技术定位与服务面向，把科研服务对象锁定在中小企业、地方政府和社会基层组织，同时不断推进部分研究机构的市场化、企业化改革，真正面向社会经济发展服务。

（3）社会服务目标。以现代服务理念为指导，以服务科学的原理为手段，以地方各项事业为舞台，以满足社会需要为目的，提供优质、便捷的服务，为现代服务业的发展做贡献。

培养人才和科学研究的最终目的是服务社会，所以，以现代服务理念为指导，以服务科学的原理为手段，以地方各项事业为舞台，以满足社会需要为目的，提供优质、便捷的服务是教学服务型大学的终极使命，是教学服务型大学价值之所在。为此，首先必须创新观念，在思想上牢牢树立服务意识，让服务理念贯穿于学校的各项工作之中，使之成为全体教职工价值观的组成部分，引领学校各项事业；其次，实施流程再造工程，改造传统的组织结构，建立适应育人服务和社会服务的组织

---

① 徐绪卿：《跳出"象牙塔"高度 聚焦地方院校的新定位》，《光明日报》2011年10月27日（第13版）。

架构，制定科学、规范的服务流程和管理制度；再次，创新服务机制，建立面向政府、企业和社会产业经济发展的组织合作机制，为强化社会服务功能进行制度创新。另外，教学服务型大学还应该加强和完善学科建设与专业建设，拓展社会服务能力。一是嫁接与改造传统专业，使之适应社会转型和经济结构的调整，二是增设一些宽口径的工科专业，增强服务功能。

　　在上述总目标和分目标的基础上，教学服务型大学还应根据各自的办学条件和区位环境特点，进一步对目标进行分解和细化，制定出更具操作性的执行目标，如师资队伍建设目标、应用型人才培养目标、科研方向和发展目标、产学研合作目标等，形成一个层层落实、层层保障的目标体系，使教学服务型大学的使命具有坚实可靠的基础。

第二节　教学服务型大学的组织特性

　　一般组织由功能要素、结构要素和控制要素构成，它们之间形成一个三角关系，缺一不可（见图9-1）。功能是系统与环境作用时所表现出来的作用，它是系统结构的外化形式，而结构则是功能的内化表现。控制是人造系统的必然要求，也受系统结构的影响，它对系统的功能具有保证、加强的作用，对系统的结构起到维持作用。

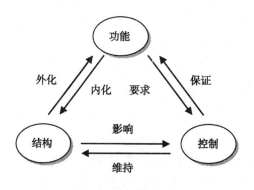

图9-1　组织构成三要素

　　依据上述组织要素构成模型，从三要素维度对我国教学型大学、研究型大学、教学研究型大学和教学服务型大学的组织特性进行了对比分析（见表9-1）。从中显示，教学服务型大学具有以下组织特性。

表 9-1　　　　　　　　　　**各类型大学的组织特性**

组织特性＼大学类型	功能特性（使命、职能）	结构特性（组织结构、学科专业、教师结构）	控制特性（权力类型、控制方式）	组织的综合特性
教学型大学	综合性人才培养为使命；教学为主要职能	直线职能制组织结构，传统学科专业为主，"教学型"教师为主	往往以行政集权为主；严密的过程控制	育人性、刚性、严密性、集权性
研究型大学	精英人才培养和知识技术创新为使命；科研兼教学为主要职能	矩阵制或团队制的组织结构，前沿学科与边缘学科为主，"学术型"教师为主	往往以学术分权为主；强调对结果和目标控制	创新性、学术性、育人性；柔性、松散性、分权性
教学研究型大学	高级人才培养为主要使命兼有知识创新；教学兼科研为主要职能	事业部制＋矩阵制组织结构，传统与边缘学科或专业为主，"教学科研型"教师	适度分权，以行政权为主，规范权辅之；以过程控制为主兼有目标或结果控制	育人性、学术性、准柔性，准松散性，准分权性
教学服务型大学	应用型人才培养和应用型科研为使命；教学兼社会服务为主要职能	直线职能制＋虚拟制组织结构，应用性学科专业为主，"双师型"教师为主	适度集权，以行政权为主，规范权辅之；以过程控制为主兼有目标或结果控制	育人性、人本性；准刚性、规范性、准集权性、开放性

一　育人性

教学服务型大学以教育服务为理念，通过提高育人过程各个环节的服务质量，全面提升育人水平，把学生培养成为基础扎实、知识面宽、人格健全，具有较强适应能力、实践能力和创新精神，服务于地方经济和各项事业的高级应用型人才。育人性具体表现为以下方面：首先，人才培养的层次以本科为主，有条件的学校可以适度开展应用性研究生的培养。教学服务型大学为地方建设培养人才，要确保人才服务基层、服务企业，使他们留得住、安心干，人才培养的层次不宜过高。其次，人才培养的规格突出理论性与应用性的结合。使得培养出来的人才相对于高职院校的学生，具有较为扎实的理论基础和发展的潜力；而相对于知识型人才，他们具有较强的动手能力、实践能力，能够解决生产经营和管理过程中的实际问题。再次，人才培养的归宿和落脚点在于服务地方经济和各项事业上，专业设置以本地的经济结构、行业特点、人才需求为原则，使得培养出来的人才在服务地方经济过程中适用、可用、管用。

二　人本性

人本性是服务的本质特征，任何服务最终都是针对人的，所以，以人为本是服务行业宗旨和行动指南。教学服务型大学是特殊的服务组织，人本性将始终贯穿于育人服务、科研服务和其他社会服务之中，成为有别于其他类型大学的组织特性。教学服务型大学的人本性应该体现在以下方面。首先，育人理念的人本性，学校的一切大政方针都要以有利于学生成长和身心健康为出发点和归宿，树立以生为本的思想，把学生的满意与否看成是办学质量的重要标准。其次，育人服务过程的人本性，学校的各项学生管理制度、工作流程都有方便学生。再次，教学过程的人本性，学校的授课教师、实验指导教师、教学管理教师、辅导员、班主任应该从学业、思想、生活等方面满腔热情地关心学生，成为他们贴心的良师益友。最后，在教学服务型大学的社会服务方面，学校要放下架子深入基层，多承担一些知名大学不屑一顾的"小课题"，为企业、社区提供快捷、便利、周到的服务。

三　准刚性

所谓准刚性就是组织结构以刚性为主，适度柔性。教学服务型大学由于其主要的职能是育人，高质量完成各项教学活动是组织的主要任务，注重面向社会经济发展服务，是一个开放性的组织。为了实现这一职能，组织保持一定的刚性，有利于教学政令的统一和贯彻，有利于教学过程的质量控制，有利于教学成果的衡量、对比和评价，提高学校整体的办学水平。同时，教学服务型大学还要履行服务社会的职能，这就需要组织结构具有适当的柔性，使得各学院（系）的学科、专业、师资能够灵活组合、协作，自主、灵活地出击，主动承揽各类社会项目和课题，以适应社会环境和社会需要的不断变化。组织的柔性既可以通过传统的组织内矩阵制形式，也可以采用组织外的虚拟组织形式，因为服务可以通过组织自己的力量实施，也可以通过"采购"或"外包"实现服务。

四　规范性

规范性是服务型组织的另一个本质特性，服务的本质就是对客户实施一道道流程，服务质量的好坏主要体现在服务流程的规范性上。教学服务型大学的组织规范性应该体现在以下方面。首先，管理活动的规范性，行政管理、科研管理、教学管理、学生管理、后勤管理要有章可循，制定科学合理的业务流程和规章制度，从各级行政岗位到教学岗位，编制科学规范的岗位说明书和工作流程图；学校的大政方针公开透明，人员提拔、任用、奖惩、科研支助、奖学金支助、困难金补助等做到程序公平、结果公平。其次，教学环节的规范性，授课环节、考试环节、实验环节、实训环节、毕业设计环节等要做到有纲可循、有书可导、有账可查。同时，在实施严格过程控制的前提下，适度进行目标控制、自我控制，提高教学人员的主动性和积极性。其次，对外服务的规范性，项目的签约、实施、交付要严格按照法律和合同，提供服务的标准、流程要科学和规范，收费要有依据、合理，实行预决算制度，科研经费的支出严格遵守财务制度。

五　准集权性

所谓准集权性是指组织的权力分配以集权为主，适度进行分权。准集权性是教学服务型大学的组织使命、结构所决定的。责、权、利匹配是组织设计的重要原则，如前所述，教学服务型大学的主要职能是人才培养，通过优质的育人服务达到服务社会的目的，同时，通过应用性的科学研究服务于地方经济和各项事业。为了达到育人服务和社会服务的双重职能，切实提高教学质量和社会服务质量，教学服务型大学必须采取准刚性的组织结构，在比较刚性和规范的组织结构中，保持适度的弹性、灵活性和机动性，这就要求有与之对应的权力结构。作为规范教学过程、统一办学标准的手段，组织的集权是必不可少的。与此同时，教学服务型大学还要承担服务地方经济和各项事业的职责，这就要求组织具有开放性和张力，能够适应和满足社会的需要。由于承担社会服务职责的任务主要落在学校各个院、系身上，给予它们适度的权力，使之与其承担的责任相对应，是教学服务型大学实现社会服务职能的有力保障。权力结构的准集权性正是教学服务型大学实现组织双重使命的必然体现和迫切要求。

六　开放性

既然教学服务型大学的建设是与对象密切结合在一起的，它就不可能是一个封闭的系统。事实上，教学服务型大学本身的内涵，就决定了它具有开放的组织特性。由于教学服务型大学的资源、教学的方案设计和内容安排是与"服务对象"的要求相一致的，甚至有些是"服务对象"直接提出要求的，在人才培养的目标、内容、机制和路径方面，"服务对象"具有相当大的发言权和选择权，因此，"服务对象"在这里就不可能是被动的、沉默的和无所作为的。相反，由于具有相同培养的目标和实现路径，其实施过程的主体应该是多元的，多样的，这就必然会影响和制约高校的治理模式。虽然这并不表示学校的主体地位和作用的缺失，但是与以往传统的高校人才培养相比，它确实让渡了许多作为培养主体的权利。高级应用型人才培养，仅仅有学校的参与是不现实的，也是难以做到的，它需要产学高度融合，校政、校企结合，各利益相关者全过程参与，共同担负教学服务型大学的人才培养任务。因此教学服务型大学在组织特性上，具有开放包容的性质。

第三节　教学服务型大学的组织结构

一　大学组织结构

大学结构要素是大学组织三大构成要素之一，组织结构是结构要素中的一个基本组成部分。大学组织结构对于大学组织发展来说至关重要，一个科学合理的组织结构设计有利于大学组织的有效运行与协同发展，提升组织建设与发展水平。北京大学阎凤桥教授的研究指出，组织结构对大学组织的效益会产生关键性的影响，组织的分化和整合是大学组织结构的动态特征，分化的程度对于组织效益会产生影响，而组织规模、环境会影响到组织结构，从而对结构效益产生影响。①

1. 大学组织结构的基本内涵

组织结构是指组织内部各组成要素及相互联系的关系与方式，是组织内部的各子组织之间的相互关系和联结形式。因此，实质上，大学组织结构实际上是一种基于内部各个组织机构之间的关系结构，各个组织架构实际上是大学组织结构的组织表现形式或者形态，如前面所提到的直线制组织结构，职能制组织结构，直线职能组织结构、事业部组织结构以及矩阵结构等几种主要类型的大学组织结构形态，而"校—院—系型"、"校—

① 阎凤桥：《大学组织与治理》，同心出版社 2006 年版，第 289—290 页。

系—研究所（室）型"、"校—院—系—专业教研室型"以及"校—院/系/研究所—研究室/专业教研室型"等是大学组织的结构形式。

大学组织结构是大学运行机制的基本依托，学校的建设与发展、创新能力的提高在很大程度上受学校组织结构的限制。大学组织结构对于大学权利分配是否协调，分工是否合理以及运行是否高效具有至关重要的作用。主要表现为以下几个方面：第一，良好的大学组织结构有助于大学组织成员之间建立稳定的工作关系；第二，良好的大学组织结构有利于大学教学与科研任务的合理分配；第三，良好的大学组织结构保证了信息的上传下达以及组织成员之间相互配合；第四，良好的大学组织结构有助于更好地统筹与配置大学组织资源，提高教育与科研人员的积极性，增强学术组织的活力，使科研成果的产出更加丰富；第五，良好的大学组织结构有利于提升大学科研和教学工作的效率；第六，良好的大学组织结构有利于组织的开放和有效运行等。

2. 影响大学组织结构架构的基本因素

按照斯蒂芬·P. 罗宾斯以及玛丽·库尔特的总结，影响组织结构设计的权变因素主要有战略、规模、技术以及环境不确定性，这些因素同样是影响大学组织结构设计的基本因素。当然，这些因素可能会单独影响大学组织结构的设计，也可能通过不同因素组合影响大学组织结构的设计。

第一，战略因素。组织结构应该促进组织目标的实现，因为目标是由组织的战略决定的，所以，使战略与结构紧密配合。绝大多数的战略分析框架都倾向于集中考察三个维度：一是创新，因为创新需要有机式结构提供灵活和自由流动的信息；二是成本最低，降低成本则需要努力通过机械式结构取得高效率、稳定性和严密的控制；三是模仿，模仿者同时使用前面两种结构。大学发展战略制约着大学组织结构，如果大学实施重点战略[①]，则直接影响大学内部重点建设的行政机制，包括了行政权力主导、顶层设计机制以及管理思想变化，对于大学内部重点建设中涉及的行政部门、学术组织（包括各种形式的学术组织，如学院、学科、团队等）一般采用科层制的整合机制，实现大学内部组织及其关系之间的调整，进而影响到大学组织结构设计。

第二，规模因素。大型组织倾向于比小型组织更高程度的专门化、部

---

① 李卫东：《大学内部重点建设》，华东师范大学博士论文，2009 年，第 133—134 页。

门化和集权化，规则条例也更多。大学规模的扩张不仅表现为师生人数的增加，还往往表现在管理职能、服务范围等大学职能职责范围的扩展。因此，大学规模扩大后，大学组织需要通过内部适应和外部适应两个基本规律，调整组织设计，发展一个新组织结构来适应新的规模与管理需求，例如可能增加管理层级，或者扩大管理幅度，或者增加管理部门等，往往从较为简单的组织结构向较为复杂的方向发展，例如从直线式结构转变为事业部制或者矩阵结构，这一点在我国近十年的高等教育大众化变迁中体现得尤为明显。

第三，技术因素。一个组织将投入转换为产出的过程与方法，会在常规化程度上表现出差异。一般地说，技术愈是常规化，结构就愈显得标准化的机械式特征。组织越是采用非常规技术，就越可能实行有机式的结构。近十年来，信息技术是作为技术因素影响大学组织结构最为明显的因素之一，一方面信息化建设使得大学内部组织可以处理、承载更多的工作任务，约束了因为大众化规模扩张而需要增设组织或增加成员；另一方面是各高校都设立了信息网管部门。

第四，环境不确定性。组织结构的调试是减少环境不确定性的一种措施，环境不确定性程度越大，越需要组织有机式设计所提供的灵活性。反之，在稳定、简单的环境中，组织机械式设计倾向于最有效。在我国，政治环境对于大学组织结构产生制约影响，大学要按照政府的法律法规设置组织机构，例如党的组织机构，一些行政机构以及学术委员会的设置、"985工程"的平台与基地等都是一种政治的强制力的作用结果。①

二　三种不同类型大学的组织结构

大学组织结构的类型多种多样，前面已经提及大学组织中的直线制、直线职能制、事业部制、矩阵制、委员会制等结构形式，其中最为常见的有三种基本结构：科层制组织、事业部制组织和矩阵组织。一般而言，不同的大学类型，往往会采用不同的组织结构形式。

1. 教学型大学倾向于采用科层制组织结构

教学型大学的扩张导致高等教育大众化进程的加快，其形式多样、种类繁多。教学型大学以知识传授与学生发展为取向，具有学校主导型、管

---

① 李卫东：《大学内部重点建设》，华东师范大学博士论文，2009年，第131页。

理垂直化的组织特征，实行刚性化的科层结构。它强调行政权力对学校教学资源的整合和导向，关注教学过程的规范、制度的统一、管理的严格，具有刚性化、集中化的特点。

2. 教学研究型大学倾向于采用事业部制组织结构

教学研究型大学强调教学与科研并重，强调研究生教育与本科教育并举，以知识应用于社会发展为组织目标取向，其管理的重心在学院，是扁平化的事业部制结构。这样的组织结构有利于增强学科资源的整合，通过学术权力与行政权力双管齐下，加速学科发展。

3. 研究型大学倾向于采用矩阵组织结构

研究型大学是科学知识的创新源，是著名学者和大师云集的地方，是卓越的科学技术的研究平台。研究型大学以知识创新与学术发展为组织目标，其管理重心下移至学科。研究型大学的学术权力影响力增大，行政权力弱化、服务的功能增强，彼此关系错综复杂，尤其是以项目化服务社会，组织结构设计往往倾向于柔性化的矩阵组织结构。

三　教学服务型大学的组织结构设计

教学服务型大学是指"在遵循高等教育基本规律和基本规范的基础上，以现代服务理念配置办学资源和运行、管理的特色大学"。[①] 作为一种大学类型，教学服务型大学是高等教育大众化发展到一定程度大学发展满足社会经济发展需求的产物，也是部分地方性本科院校在新形势下调整办学定位的战略选择。因此，从上述影响大学组织结构的因素分析，"战略"和"环境不确定性"因素对于教学服务型大学的组织结构产生主要影响，它们对于教学服务型大学的组织结构调整是共同作用的，要求教学服务型大学建立相应的内部组织结构，表现为以下几个主要方面：

1. 确立服务导向的高效组织结构体系

当一所学校定位于教学服务型大学，学校的办学理念、目标、制度以及战略等就必须进行调整，从组织层面分析，就必须围绕服务理念为中心，调整新定位之下的大学组织设计，架构一个面向教学服务型大学的组织体系。一是将服务理念融入大学组织设计；二是要面向学生为中心的人

---

① 参见徐绪卿《浅论教学服务型大学的若干问题——兼论地方院校和民办高校的发展定位》，《教育研究》2012 年第 2 期，第 84—88 页。

本理念，改造教学服务组织体系；三是面向社会服务，面向科学技术应用创新，在学术组织设计及其产业转化等方面进行组织体系再造和服务流程再造。既要建立精简、高效的决策机构，又要在实际运作中把新的管理价值观与传统的学术价值观有机地协调起来，并能及时解决学校转型发展过程中的各种问题，顺利进行学校组织转型。

2. 将服务理念融入大学制度，改造组织管理流程

《国家中长期教育改革和发展规划纲要》（以下简称《纲要》）指出，现代大学制度的核心是"教授治学、民主管理"。教学服务型大学应该致力于以服务理念为导向，把生本理念与尊师理念融入大学制度创新，因此，大学组织管理就必须面向学生学习需求，服务教授治学需求，这是作为教学服务型大学内部组织及其服务流程改造的基本导向。

3. 增设服务导向的学术组织

教学服务型大学主要培养适应区域经济发展的高级应用型人才，在专业设置上调整优化专业结构，面向地方经济发展需求，形成社会需求导向的专业群落布局；在人才培养体系上注重实践教学体系建构与改革，多途径地开展校企合作，充分落实人才培养的应用性与适用性。因此，在整体的学术组织改造上，要更多地设置一些开放性、民主性的组织机构，更多地推进一些基层委员会制度建设，包括基层学术委员会、管理委员会等组织，而行政组织更多地要面向服务化流程的改造，揉入人性化的弹性管理机制；同时，学校应该围绕区域产业经济重点，对相应的学科专业组织（如学系、学院以及研究所等）选择性地进行战略重点调整，设立服务于产业经济发展需求的组织，如学科建设紧紧围绕国家和省市重大科技目标、战略性新兴产业和省域经济产业发展需求，发挥已有优势学科学术地位和影响力，建设服务于地方经济发展需求的学科群落，重点增设、调整与之相关的学科专业组织结构等。

4. 增加服务导向的职能组织

从知识转化到产品实现是一个漫长的过程，产学研合作是教学服务型大学职能实现的重要途径。教学服务型大学与科研创新载体大多处于一种分布式状态，在与企业、科研院所的合作中，走向一种复杂网络关系中的时空交错的组织协同机制，即把科学研究、技术研究、产品研发与产业化市场化聚集到相同（或者不同）时间序列但是不同的空间分布模式之中，形成一种"知识—技术—产品—商品"的集成活动模式。这是一种从知

识到商品的分布式协同创新模式，教学服务型大学在推进应用性研究时，应该围绕与企业的共同的创新与市场目标，以知识创新为起点，在不同的时间节点、不同的空间布点共同参与，最终实现产业化（商品）的产学研协同创新活动。因此，随着大学与企业合作协同创新模式的转变，教学服务型大学尤其要重视适应于这一转变的组织调整，增加服务导向的职能组织，要设立相应的校企战略合作办公室、知识转移办公室或者产学研合作办公室等。例如，浙江树人大学在近几年的发展中，将现代服务理念应用到大学内外部改革实践之中，实施了部分大学制度与组织改造，如成立了面向"社会需求"机制的产学研领导小组、成立了我国首个现代服务业学院等，开展了面向地方产业经济发展的校政合作、校企合作和校际合作。

5. 加强服务导向的战略合作组织建设

教学服务型大学是一所开放性的大学，它具有外部资源获取的很强能力，让学生获得面对世界日益变化所需要的知识和能力，了解现实世界、了解社会、了解企业界真正的需求，并为他们解决面临的问题，具有很强的开放性、时代性和社会包容度。因此，在面向经济发展提供培养人才和科技服务过程中，除了校内组织的建设与改造，还有与企业合作的组织建设与改造，这部分主要表现为学校教学与科研机构与一些企业、政府机构联合组成的合作组织实体，如战略合作组织、动态合作联盟、项目合作小组等。例如，我国当前正在实施"2011 计划"，在全国设立了 14 个协同创新中心，表面上看好多是设立在高校内部，但是实际上是一个组织联合体，好多单位共同参与，进行协同创新。教学服务型大学也可以建立咨询机构，通过选派优秀教师到政府任职、开展调查研究等多种方式，为政府决策提供咨询服务。如我国有的学校设立了"政校企合作委员会"，美国的有些大学设立了"政府、企业、学校圆桌会议"，"大学—社区合作委员会"等。

十八届三中全会通过的《中共中央关于全面深化改革若干重大问题的决定》中指出，要深化科技体制改革，建立产学研协同创新机制，推进应用型技术研发机构市场化、企业化改革。这一新的决定给教学服务型大学建设带来了新的方向，尤其在科技创新组织的性质、体制以及运行管理等方面需要进行新的设计，这是教学服务型大学面向市场、面向社会经济发展的一个新机遇和新挑战。

总之，教学服务型大学要根据自身现有实力和转型发展的客观需要，结合学校所在区域经济、社会的实际状况，积极调整学校的组织结构，努力建立一个适应教育教学改革发展与地方经济发展的服务体系，以推动教学服务型大学建设。

第四节　教学服务型大学的组织运行机制

一　组织运行机制的基本内涵

运行机制是指在人类社会有规律的运动中，影响这种运动的各因素的结构、功能及其相互关系，以及这些因素产生影响、发挥功能的作用过程和作用原理及其运行方式。就组织运行机制而言，简单地说，是指组织之间内在的关系及其运行方式，既有面向组织体系内部的运行机制，也有面向外部的运行机制。

大学组织运行机制强调既定制度框架下大学运行的内在机理，是在基本运行制度既定的前提下，大学开展教学、科研和服务过程中进行运营、决策、激励、约束和协调的内在机理及其运行方式。主要包括了决策机制、激励机制、合作机制、约束机制、组织结构、保障机制、协调机制。教学服务型大学是一种新型的大学定位类型，既要面向服务的内部组织运行，更要加强面向外部的组织运行机制建设。因此，从整体上分析，教学服务型大学在组织改造过程中，要重视从对内和对外两个方面进行运行机制建设，对内要建立服务师生组织运行机制，引导师生参与服务的激励机制，同时更要建立对外服务的组织合作机制。由于组织运行机制内容较多，针对教学服务型大学建设中的重点内容，仅就大学组织内部的服务机制、激励机制和对外合作机制进行相应的探讨分析。

二　教学服务型大学内部组织运行机制

1. 组织管理机制

教学服务型大学组织架构与运行必须融合以人为本的理念，实现人本管理，形成以服务理念改造组织架构与管理流程，并理顺各相关组织之间的体制与机制关系。因此，在组织管理机制改革中，尤其要注重管理体制的改革，从体制上先把组织层级关系及其权力关系理顺，解决好一些行政管理组织之间的相关关系。因此，第一，教学服务型大学要从上述所涉及的部分组织调整来着力，将这部分组织融入到运行体系之中，理顺彼此之间的隶属关系，理顺彼此之间的服务关系。第二，要着力解决好行政组织与学术组织之间的服务关系。行政组织越拉越需要转变职能，转变以往组织之间刚性的管理关系，把一部分刚性的行政性要求转变为一种人性化的服务功能，在组织与组织之间形成一种弹性运行机制。例如，当前浙江树人大学正在着力推进深化内部管理体制改革，实行"二级管理"改革，调动各学院的主体能动性，发挥基层学术组织的作用，激发大家的创新能力，全面推进参与式民主管理、监督与服务。

2. 组织服务机制

服务机制的建设是一种基于观念转变的组织关系调整，是一种依托于组织流程变革的职能关系转变。教学服务型大学以人为本，服务需求，学校必须致力于以服务理念为导向，面向学生学习需求，扩大学生学习选择自主权，服务教授治学需求，改造组织管理流程，使得组织设计更加面向学生与教师的需求服务。例如，当前许多高校成立了学生服务中心，安排了学工口、教学口以及后勤等部门人员联合办公，根据学生、教师的工作时间特点，安排相应的时间开放运行，尤其是中午、晚上在学生不上课的阶段，积极为师生提供优良的服务。

3. 评价激励机制

教学服务型大学建设必须面向基层服务，面向师生服务，因此在组织人事评价与管理上，整体上要进一步推进定编定岗工作，深化分配制度改革，制定分配激励制度改革方案，提高教职工的待遇，形成良好的评价激励机制。

教学服务型大学的激励机制具有以下几个方面：

（1）文化激励，要把服务理念融入到评价激励制度之中，形成一个服务型大学文化氛围。大学文化看不见、摸不着，却能随时随地让人感受得到。它能无声无息却无时不在地、潜移默化地影响着身在其中的每一个人。因此，文化激励是激励机制中不可或缺的一个环节。构建一个充分体现服务师生、服务社会、甘于奉献的学校文化主要要从以下几个方面入手：第一，建立共同愿景。大学的共同愿景是指具体的能够激发所有员工为高校奉献的使命。教学服务型大学当以生为本，服务师生，培养应用型人才，学校应该把这个愿景植入到每个师生的心中，从而驱动教职工、学生们乐于学习和更新知识、发挥创新精神、努力开拓进取、积极投入到社会服务中去，产生追求目标愿景的巨大勇气，并把这种勇气转化为自己发自内心的行为动力。第二，重塑大学形象。文化的培植离不开形象的设计，教学服务型大学必须转变自身形象，根据学校的愿景，对学校的软件和硬件都要进行一定的改造。尤其是，教学服务型大学应该设计全方位的新形象，在教学楼、操场、办公桌等硬件设施以及学校网站等设施上有服务性理念的显著标志性形象和内涵。第三，确立统一的行动准则。为教师、职工、学生设计符合教学服务型大学愿景的行动准则，并形成文字，树立和宣传先进典型，充分发挥榜样的激励作用。

（2）目标激励。根据教学服务型大学的要求，建立一整套目标体系，使各个层次、各个岗位的人员都有自己的目标。将教学服务型大学这一整体目标分解和细化为个体目标，用目标管理责任制把每个人的行为同学校的整体任务、目标联系起来，把目标实现的结果同每个学院、教研室、教职工、学生的切身利益联系起来，形成整体合力，推进社会服务功能在学校的落地开花。运用目标激励要从教师劳动的特点出发，目标的提出要明确可行。多从学科建设水平、育人质量、服务与教学平衡、服务与科研平衡、教学与科研平衡等方面确立具有统领作用的目标，目标确立的抓手是服务、教学以及科研之间的关系问题。

（3）政策激励。教学服务型大学的整体组织与制度框架的调整，必然对待遇、奖励等制度进行相应的调整。学校应该本着奖优罚劣、按劳分配、多劳多得的原则，在工资、奖金、职称、住房、晋级、出国等方面，制定具有服务导向性的政策和制度，激励人们提高素质和水平，激励人才脱颖而出，激励广大知识分子多出成果、多做贡献、艰苦创业，促进知识技能的商业转化，提升社会服务能力。例如，当前一些院校积极制定政策，以促进大学与政府和工业企业在研究项目中结成合作联盟，使教学服务型大学之不断增添和丰富内涵。

三　教学服务型大学对外的合作服务机制

教学服务型大学是一所开放型的大学，是一个开放的社会子系统，是一所走出了"象牙塔"的开放性大学。它具有外部资源获取的很强能力，让学生获得面对世界日益变化所需要的知识和能力，了解现实世界、了解社会、了解企业界真正的需求，并为他们解决面临的问题，具有很强的开放性、时代性和社会包容度。因此，教学服务型大学必须具有社会服务导向的内外合作机制，积极建设引导师生参与外部社会服务，引导教师注重应用性研究服务服务地方经济发展需求；积极引导面向政府、企业和社会产业经济发展的组织合作机制，开展面向地方产业经济发展的校政合作、校企合作和校际合作，促进大学组织管理服务流程改造，确保大学组织边界的渗透性与开放性，形成以社会系统观念引领大学走出封闭"象牙塔"的开放合作机制。

合作机制的特点主要有：主体全员性、客体多元性、内容丰富性、形式多样性。第一，主体全员性。对于大学在与外部合作过程中，学校领导、师生必须要全员参与。大学领导班子充分发挥执政能力，从学校层面与企业、社区、其他高校建立良好的合作伙伴关系，为学校师生进行社会服务创造一个良好的平台和奠定坚实的基础。大学教师是对外合作中重要的实施者，是学校对外合作的中坚力量。作为高校中人数最多的学生，要充分发挥他们的主动性和能动性，让他们也参与到高校对外的合作中去。第二，客体多元性。大学服务功能是通过与外部社会的合作而实现，因此，合作的对象就是高校在合作机制中的客体。大学合作对象不但包含企事业单位，还包括政府部门、区域社区，甚至包括其他高校。从某种角度上看，大学对外合作对象应该是除了本身以外，其他所有的组织机构和个人。第三，内容丰富性。主要是指合作内容不但要覆盖高校的两大主要功能即教育、科研，同时也要覆盖高校的辅助功能如信息服务、硬件服务。对外合作中教学服务和科研服务要双管齐下，但是两者轻重要视高校的具体情况而定。第四，形式多样性。大学对外合作不但要通过咨询、技术指导、成果转让等间接形式，而且要通过科技（工业）园区、服务中心、咨询中心等载体让实施大学社会服务职能的组织进一步实体化，通过校企联合办学、技术入股企业等形式直接进行社会服务。

1. 为企业提供社会服务

教学服务型大学大多为新建本科院校，科研能力不可与老牌大学同日而语，因此，这类高校在与企业合作过程中，合作形式要有所侧重，教育服务形式的地位要凸显，科研合作形式等其他形式辅之。第一，教育服务。针对企业的需求，校企联合创办学院、专业、开设课程；尝试采用2+2，定单式，校企团队教学，真实项目导向等多种模式，与企业联合培养人才。例如，浙江树人大学依托现代服务学院的优势，面向企业开设专门的培训班，可以采用高校教师走进企业、企业领导员工进高校等多种形式。第二，科研服务。产学研相结合，积极促使科研成果转让及产业化，具体形式有建立企业孵化器，由政府、高校、科研机构和企业联合建立企业孕育中心，开展技术推广服务，建立科技工业园区，建立大学——企业联合研究中心，鼓励师生技术专利入股企业，兴办高新技术企业等。第三，咨询服务。让教师、学生、高校研究所、学生社团组织等都参与到对外提供咨询的行列中，为企业提供切实有效的咨询服务。第四，信息服务。通过学校图书馆、专门性的社会服务机构，为企业提供信息搜集、整理、传播与运用等方面服务。

2. 为社区提供社会服务①

第一，通过鼓励学生积极参与社会重大问题的研究项目、开设社区服务课、开设社会（社区）活动课等形式，培养学生的社会参与意识和能力。第二，发挥教师的专业特长，鼓励其积极从事社会（社区）问题的研究、教学活动、对外开设培训课程、提供政策咨询和技术指导等形式为社区或社会服务。第三，通过建立强有力的高校领导班子、创建专门性的社会服务机构、建立大学——社区合作伙伴关系，最终形成合理、良性的社会服务系统。第四，硬件服务。在不影响高校正常教学秩序的情况下，对社区居民、社区开放体育场馆、文娱场所、图书馆等设施。比如，可以免费为区委会举办文体活动提供场所，并提供相应的支持，这样有利于区委会和高校加强联系，有利于区域高校与区域社会的相互认知。第五，咨询服务。为所在区域解决工农林牧业生产生活中所涉及的技术、管理、法律等问题。例如，为居民提供心理咨询活动；定期组织学生、教师为居民提供法律咨询服务、组织大学生去社区担任家教服务、开展陪老人和盲人读书活动。

3. 为其他高校提供服务

第一，共同承担科研项目，优势互补。学校之间的合作与交流也是教学服务型大学的服务内容之一。浙江树人大学服务经济是国内领先的优势学科，很多教师在服务经济方向取得了骄人的成绩。而邻近的浙江大学城市学院，在企业管理、计算机应用技术、药理学等方向有着学科优势，兼

---

① 查吉德：《美国研究型大学的社会服务功能及实现策略》，《南京航空航天大学学报》（社会科学版）2002 年第 6 期。

并两校优势学科，共同申请跨学科课题。第二，开设校际选修课。例如，浙江树人大学的选修课允许浙江大学城市学院的学生选修，反之亦如此，并且学校认可学生的选修课学分。第三，邻近院校互通图书馆资源，形成一个开放互通的资源共享服务体系。

第十章

教学服务型大学的发展战略

第一节　大学发展战略的基本含义和重要性

按照百度百科对"发展战略"的定义，发展是指事物由小到大，由简到繁，由低级到高级、旧物质到新物质的运动变化过程。战略是筹划和指导全局的方略。因此发展战略是指一种科学构划的积极的向前的全局性的蓝图。[1] 20 世纪 30 年代发展战略研究被引入工商管理领域，20 世纪 70 年代以来，西方许多管理学专家又将企业战略规划用于高等院校，由此逐步形成了大学发展战略研究。

随着大学自主权的扩大和竞争环境的变化，近年来大学发展战略的理论和实践研究迅速发展，各种研究专著、书籍、论文越来越多，这些研究主要围绕战略规划对高校发展的作用和意义，高校发展战略的概念与内涵，高校发展战略的制定、实施、评价与监控等方面进行了较全面的探讨。但是由于高校战略是带有全局性、长远性和根本性的重大谋划，它要体现的是某个高校或某类高校在一段较长时期内所要达到的主要目标和实现目标的计划、步骤与措施，因此高校战略的制定又是一个动态的、个体色彩很浓的过程。所谓动态，是指每个高校或每类高校的战略是要随着环境的变化而变化的，一劳永逸的战略规划是没有的；所谓个体色彩很浓，是指每个高校或每类高校的战略规划必须从自身的实际出发，不能照搬照抄其他的高校。因此，尽管关于高校战略的相关理论研究并不缺乏，但是针对某个或某类高校某个时期发展战略的制订问题，却始终是一个新问题、新挑战。

---

[1]　http://baike.baidu.com/view/1613702.htm.

　　发展战略对于一个大学的发展，显然是极其重要的。表现在：（1）大学是一个复杂系统，它的发展是一个极其复杂的过程，因此总需要一个明确的目标来指引，以使得我们能清醒地做事、明白地做事；（2）发展战略可以帮助我们统一员工的思想，理顺各方面的关系，凝聚各方面的力量，促使目标的快速实现；（3）发展战略还可以起到导向作用，解决沿什么方向发展、采用什么路径发展的问题，从而使一个学校更主动地把握自己的命运，更主动地对外界各种变化因素作出快速而又正确的反应。（4）就目前国内大多数高校所处的形势看，发展战略之所以重要，还在于它不仅关系到众多高校能否在激烈的竞争中生存下来、发展下去和脱颖而出，而且还关系到我国高等教育能否实现从传统大学向现代大学的成功转型，关系到国家高等教育改革的成败。

　　本章的主要研究内容是教学服务型大学的发展战略，基于办学水平与科研竞争力的分析，当前教学服务型大学主要分布在新建本科院校之中，分布在民办本科院校（独立学院）之中，分布在地方本科院校之中，作为高校中的一个类别，上面所论述的发展战略的基本含义、发展战略的重要意义等显然都是适用的。但是要真正有针对性地对教学服务型大学发展战略的制订提供一些有益的参考，其前提则是要仔细分析教学服务型大学目前面临的环境，包括大环境分析和具体环境分析，其中前者主要是指我国整体高等教育当前所处的环境和面临的挑战，后者则是指教学服务型大学群体在国家全部高校中的作用、地位、实力等方面所处的位置或定位。

第二节　教学服务型大学所处的环境分析

一　大环境分析：高等教育当前所处的环境和面临的挑战

　　对于整体高等教育来说，其当前所处的环境和面临的挑战，当然是非常复杂的和多方面的。但如果要高度简化的话，我认为，可以简单地将之概括为高等教育大众化及其所带来的挑战。

　　据教育部公布的数字显示，2000年以来，我国高等教育毛入学率以平均每年两个百分点的速度增长；2002年我国高等教育毛入学率达到了15.3%，高等教育已开始进入大众化阶段；2004年我国高等教育毛入学率超过了19%，接受高等教育的总人数已达到了1600万，第一次超过美国而成为了世界第一高等教育大国。而到了 2010 年，我国高等教育毛入学率则进一步超过了 26%（见图 1-1、1-2）。还有学者对高校在校生规模和高校数量进行了统计，发现 2011 年我国高校在校生规模已达到 3167 万人，比 2002 年增加了 116.5%。本科、硕士研究生和博士研究生在校生增比分别为 155.5%、250.4% 和 149.6%。普通高校数由 2002 年的 1396 所增加到 2011 年的 2409 所，普通本科和专科学校分别增加 500 所和 513 所，增比分别达到了 79.5% 和 66.9%。①

显然，近十多年来的高等教育大众化进程，也决定了我国高等教育的各方面近年来都发生了并且现在还在继续发生着巨大的变化，这也使得高等教育的各方面管理也必须作出相应的转变。因为高等教育从精英教育向大众化教育的转变，不仅仅是一个量的变化，而且是一个质变。顾永安认为，所谓"质"的变化，包括教育观念的改变、教育功能的扩大、培养目标和教育模式的多样化，学术方向、课程设置、教学方式与方法、管理方式、评价方式以及高等教育与社会关系等一系列的变化。这些变化对高等教育分类指导、分类发展、准确定位、特色发展、创建品牌等都提出了新的更高的要求，也对确立新的教育价值观、人才观、教育质量观提出了新的更高的要求。② 比如，在精英教育阶段，无论是大学、学院和高等专科学校，都按传统模式培养高级专门人才；而在大众化时代，则要求进一步进行不同学校类别之间的科学合理分工，增加教育培养模式的多样化。比如对于大部分一般的大学和学院来说，就要以培养应用型人才为主，以培养本科生为主，以教学为主和以面向地方为主。

对于高等教育大众化进程所带来的变化，也有学者从"知识背景下大学功能的嬗变"角度进行了很好的分析，虽然分析问题的视角和出发点有些不同，但是结论则有很多相似和富有启发之处。研究认为，随着时间的推移，大学在社会中所承担的功能也历经了变迁（见图 10-1），③ 因此也要求各个大学必须对自己的功能定位和发展路径进行新的科学的筹划。尤其是教学服务型大学所面向的是多样化、个性化的外部环境需求，

① http://blog.sciencenet.cn/blog-359436-628580.html.
② 顾永安：《新建本科院校转型发展论》，中国社会科学出版社 2012 年版，第 14 页。
③ 转引自田华《知识溢出视角下的区域性大学发展》，经济科学出版社 2011 年版，第 2 页。

更需要量身定制，做好自身的功能定位与发展战略。

表 10-1　　　　　　　　　**知识背景下大学功能的嬗变**

传统阶段	现在阶段	未来阶段
大学是知识仓库，是培养牧师或社会精英的组织	大学是知识工厂，是知识和技术的供给者	大学是引领发展的知识中枢，是智慧区域不可或缺的组成部分，促进区域内生性发展和新能力的培育

二　具体环境分析：现状与实力

如果说，大环境的分析几乎适用于所有高校的话，那么具体环境的分析则主要围绕如何针对教学服务型大学来进行，以有利于教学服务型大学真正能做好"准确的自我定位"。

本书前面已述，教学服务型大学是近年来提出和兴起的一种大学新分类。虽然现在真正将教学服务型大学作为自己学校的分类标签的高校并不很多，因此使我们很难检选出一个独立的教学服务型大学名单来分析它在国家全部高校中的作用、地位、实力等方面所处的位置或定位。但我们却可以从一个更大的范围，即这一群体高校的原有分类标签中来探寻这些高校共同的一些特征。显然，现在已定位于或准备定位于教学服务型大学的高校主要是新建本科院校、民办本科院校和独立学院，这就可以使我们从这些类型高校和"985"、"211"等研究型大学以及1999 年扩招以前即为本科院校的老牌本科高校的比较中明确自己的位置和定位（见图 10-1）。

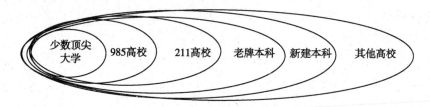

少数顶尖大学　985高校　211高校　老牌本科　新建本科　其他高校

图 10-1　我国大学的层级生态

从图 10-1 可以看出，由于各种原因的影响，我国的大学目前已逐渐形成一个层级生态。从整体上说，各层级之间的差异是明显的，这种差异表现在投入和产出、规模和质量、教学与科研、师资和学生、校院和文化等方方面面。表 10-2 列出了中国"211"和"985"大学的办学基本条件指标（2011 年数据），由此可大致反映出各类型大学之间的差距。

表 10-2　　　中国高水平大学办学基本条件指标（2011 年数据）

	211 高校	985 高校
校均占地面积（万平方米）	220	287
校均校舍建筑面积（万平方米）	111	155
校均固定资产总值（亿元）	25.9	41.8
校均仪器设备资产值（亿元）	7.6	13.8
校均图书（万册）	285	402

　　资料来源：郭新立主编：《中国高水平大学建设之路——从 211 到 2011 计划》，高等教育出版社 2012 年版，第 89 页。

　　因为各种数据获取上的难度限制和篇幅的制约，下面我们主要从科研产出的角度来详细分析我国高校各层次、类型高校的作用、地位、实力等方面所处的位置或定位。虽是管中窥豹，但也足以使我们由此对新建本科院校、民办本科院校和独立学院等主要定位于教学服务型大学在我国整体高等教育体系中的位置和定位有一个清晰认识。

　　1. 以 2012 年国家社科基金和教育部人文社科项目的立项为统计视角

　　国家社科基金和教育部人文社科研究项目是我国人文社科研究领域层次最高、资助力度最大、影响最广的两类项目，其中国家社科基金项目近年来每年立项 4500 多项，教育部人文社科项目每年立项 5000 多项，在我国人文社科研究事业中都起着极为重要的作用。

　　统计数据的获取：2012 年国家社科基金项目数据获取自全国哲学社会科学规划办公室网站，统计范围包括国家社科基金项目（含教育学项目、艺术学项目）、国家社科基金西部项目、国家社科基金后期资助项目、国家社科基金重大项目和中华学术外译项目等类别（不包括学术期刊资助项目）。2012 年教育部人文社科研究项目数据获取自中华人民共和国教育部网站，统计范围包括教育部人文社科研究一般项目（包括规划基金项目、青年基金项目、自筹经费项目、西部和边疆地区项目、新疆项目、西藏项目及各种专项项目），教育部哲学社会科学研究重大课题攻关项目，教育部哲学社会科学研究后期资助项目，教育部省部共建基地项目，教育部基地重大项目，全国教育科学规划教育部项目等类别（数据采集时间为 2013 年 8 月 16 日）。

根据上述样本数据的统计，发现 2012 年全国高校共获得国家社科基金项目共 3916 项，占同年国家社科基金立项总数的 83.46%；获得教育部人文社科项目共 4922 项，占同年教育部人文社科立项总数的 96.76%。

从高校分布的统计分析看，发现共有 537 所高校获得了 2012 年各类国家社科基金项目。其中获得 1 项的有 153 所，获得 2—4 项的有 183 所，5—9 项的有 70 所，10—30 项的有 111 所，30 项以上的有 20 所。其中前 10 名的高校是：中国人民大学、北京大学、复旦大学、北京师范大学、吉林大学、武汉大学、华东师范大学、南京大学、南开大学、山东大学，这些学校的项目数量都在 45 项以上，其中中国人民大学以 67 项的成绩居第一，北京大学获 63 项居第二，复旦大学获 58 项居第三。

在教育部人文社科立项情况的统计中，发现共有 593 所高校获得了 2012 年各类教育部社科项目。其中获得 1 项的有 119 所，获得 2—4 项的有 190 所，5—9 项的有 131 所，10—30 项的有 122 所，30 项以上的有 31 所。名列前 10 的有东北师范大学、北京师范大学、华中师范大学、中国人民大学、南开大学、复旦大学、厦门大学、吉林大学、山东大学、中山大学，其中东北师范大学以 55 项的成绩居第一，其他学校的项目数量在 44—54 项之间。

而从不同层次、类型高校分布的统计分析角度看，统计结果表明，2012 年 115 所 "985"、"211" 高校获得国家社科基金项目达 1822 项，占 46.52%；478 所一般高校获得 1904 项，占 48.62%；两者合计共占高校立项总数的 95.15%；2012 年 "985"、"211" 高校获得教育部人文社科项目达 2107 项，一般高校获得 2507 项，两者合计共占高校立项总数的 93.74%。这表明 593 所老牌高校的课题立项占了全国所有高校立项总数的 95% 左右，而剩下的 550 多所本科高校（包括新建本科高校、民办本科高校、独立学院）和约 1280 所专科层次高校合计起来也只占 5% 左右。统计结果表明各层次、类型高校间课题立项实力和水平存在着悬殊差距（见表 10-3），老牌本科高校（即 1999 年扩招以前的本科高校）是我国人文社科研究的主要力量，而新建本科高校、民办本科高校、独立学院和专科层次高校获得教育部以上项目的能力确实还很微小。

表 10-3　　　　　不同层次、类型高校获得项目情况统计

高校层次/类型	高校数量（所）	国家社科项目数量（个）	校均国家社科项目数（个）	占全部高校国家社科项目数的比例（%）	教育部项目数量（个）	校均教育部项目数（个）	占全部高校教育部项目数的比例（%）
985/211 高校	115	1822	15.84	46.53	2107	18.32	42.81
一般高校	478	1904	3.98	48.62	2507	5.24	50.93
新建本科高校	246	171	0.70	4.37	241	0.98	4.90
民办本科高校	87	5	0.06	0.13	23	0.26	0.47
独立学院	303	2	0.01	0.05	5	0.02	0.10
高职（专科）层次高校	1281	15	0.01	0.38	56	0.04	1.14

说明：新建本科高校和民办本科高校两者间有部分数据重复，另外，部分独立学院因为可能在申请课题时使用的是母体高校的校名，因此导致其检索到的课题数量可能比实际偏少，但这些因素对本书结论的影响都甚小。

2. 以 2012 年第六届高校人文社会科学研究优秀成果奖为统计视角

高校人文社会科学研究优秀成果奖是教育部为表彰奖励高校人文社会科学工作者取得的突出成绩，鼓励高校科研人员严谨治学、勇于创新、铸造精品，推动高校哲学社会科学事业繁荣发展而推出的一项重大举措。该奖项每三年评选一次，迄今已成功评选了六届，共有 3320 项优秀成果获奖。由于组织严密、程序公正，历届获奖成果都具有较高的公信力和影响力，高校普遍将其视为哲学社会科学领域的最高奖项。①

第六届高等学校科学研究优秀成果奖（人文社会科学）评奖工作于 2012 年上半年启动，到 2013 年 3 月 22 日正式公布颁发决定。此次评奖，共有获奖成果 830 项，其中一等奖 45 项，二等奖 250 项，三等奖 518 项，普及奖 17 项。从获奖成果本身看，著作 536 项，论文 229 项，研究报告 48 项，普及读物 17 项。这些获奖成果研究质量总体较高，真实地反映了近年来（2008—2010 年）高校哲学社会科学研究的质量和水平。

经统计，共有 191 所高校榜上有名（不区分奖项等级）。其中获得 1 项的有 88 所，2—4 项的有 60 所，5—9 项的有 21 所，10 项及以上的有 22 所，北京大学以 61 项的绝对优势遥遥领先。

从不同层次、类型高校分布的统计视角分析看，经统计，39 所 985

① 《教育部社科司负责人就第六届高等学校科学研究优秀成果奖（人文社会科学）评奖答记者问》，http://www.sinoss.net/2013/0407/45393.html。

高校共获得奖项 447 项，占 53.9%；如果再加上其他 211 高校，那么这 115 所"985"、"211"高校获得的奖项数为 617，占 74.3%。985 高校中获奖最多的前三位是北京大学（61 项）、武汉大学（43 项）和中国人民大学（40 项）。属于 211 高校但不属于 985 的高校中，获奖最多的则是华中师范大学（20 项），其次是西南大学（11 项），对外经济贸易大学和陕西师范大学（各 10 项）紧跟在后。

478 所一般高校获得的奖项数为 207 项，占了 24.9%，排在前三位的分别是福建师范大学（11 项）、浙江师范大学（10 项）和黑龙江大学（7 项）。

剩下的其他高校（包括新建本科高校、民办本科高校、独立学院和专科层次高校）获得的奖项数为 6，分别是浙江传媒学院、浙江外国语学院、上海政法学院、甘肃民族师范学院、四川师范大学文理学院和温州职业技术学院，各获得 1 项。

由此可见，各层次、类型高校间在获奖能力方面的实力和水平也确实存在着巨大的差距。

3. 以 2011 年 CSSCI 论文发表数量为统计分析视角

再以论文发表为例，比如我们可以统计一下 2011 年全国高校发表 CSSCI 论文的数量情况，我们发现其分布结果和上述两项统计的结果高度一致。比如就单个高校来说，不少新建本科高校、民办本科高校、独立学院和专科层次高校发表的论文都是个位数，甚至是 0，而有的"985"、"211"高校一年发表的论文可以超过 1000 篇，显然，这之间的差距是巨大的（见表 10-4）。

表 10-4　　　　　　　　　　**2011 年发表 CSSCI 论文最多的高校**

高校名称	论文数（篇）	高校名称	论文数（篇）
中国人民大学	2134	吉林大学	1364
南京大学	1920	南开大学	1332
北京大学	1915	山东大学	1156
北京师范大学	1657	华东师范大学	1121
武汉大学	1479	中山大学	1103
四川大学	1470	华中师范大学	1034
复旦大学	1428	厦门大学	1012

从不同层次、类型高校分布的统计视角分析，其结果见表10-5。

表10-5 不同层次、类型高校获得项目情况统计

高校层次/类型	高校数量（所）	论文数量（篇）	占全部高校的比例（%）	高产高校（篇）
985高校	39	29876	38.8	中国人民大学（2134）；南京大学（1920）；北京大学（1915）
211高校	115	47073	61.2	
一般高校	478	26537	34.5	上海师范大学（543）；首都师范大学（498）；河南大学（476）
新建本科高校	246	2613	3.4	上海政法学院（125）；广东金融学院（102）
民办本科高校	87	152	0.2	浙江树人大学（37）；湖南涉外经济学院（36）
独立学院	303	317	0.4	北京师范大学珠海分校（25）；浙江大学宁波理工学院（21）
高职（专科）层次高校	1281	1241	1.6	浙江金融职业学院（30）；金华职业技术学院（26）

4. 小结

通过上述课题、获奖、论文三类数据的统计分析，显然我们已可以得出以下结论，即我国各层次/类型高校间的科研实力差距是非常悬殊的。而且，我们还不难从这个结论出发，进一步分析得出"我国各层次/类型高校间的实力差距和文化差异是非常明显的"，"这种实力差距和文化差异存在于多方面"，"这种高校层级生态状况将是一个长期现象"这三条结论。由此，我们也就还可以进一步得出这样的结论，即不同层次、类型高校间的发展战略应该基于自身的实际位置出发来制定，应该走出自己的路，而不能简单地去照搬照抄先进高校的现有版本。

根据上述分类及其相关数据分析，从目前我国教学服务型大学定位情况来看，教学服务型大学大多分布在新建本科院校和民办本科院校（独立学院）之中，实力差距比较明显，应该根据自身的实际情况，制定发展战略规划，尤其是要走错位发展的特色化道路，实现教学服务型大学的战略转型。

第三节 对策分析：教学服务型大学的发展战略

从上述分析可知，随着时代的发展，我国高等教育大众化的普及，以

及市场化、国际化的发展趋势，这些宏观环境因素方面的变化，都要求我
国大学在发展战略方面要作出新的调整和部署。当然由于各校在整体高等
教育生态中的位置不同，定位不同，国家的投资力度不同，实力不同，加
上所处区域、行业、发展历史等各方面的客观差异，又都决定了全国高校
并不能都走一条统一的道路，比如对于民办本科高校、独立学院等新建本
科院校来说，就没有资本、没有必要也没有时间走传统本科院校的老路，
尤其是不能盲目参照研究型大学的发展之路，而是要理性地选择自己的
路。作为主要由新建本科院校组成的教学服务型大学来说，显然也决定了
其发展战略的制定也必须要立足于自身实际，走出一条适合于自身的发展
之路。

综合现有文献对新建本科院校发展战略、民办高等教育发展战略、地
方高等教育发展战略的相关研究和前面对我国各类、各层次高校定位、实
力方面的对比分析，笔者认为教学服务型大学的发展战略制定方面必须树
立以下三种战略。

一 实施"特色发展"战略

"特色"一词，是我们日常生活中经常使用的一个概念，当然要清楚
地回答什么叫特色并不容易。《现代汉语词典》对此词的基本解释是"事
物所表现的独特的色彩、风格等"，而《辞源》的基本解释是"特别优胜
处也"。类似的，目前学界对何谓"大学特色"也有多种解释，在此我们
将"大学特色"定义为"大学在发展过程中依据自身条件和对未来发展
趋势的预测，通过不断主动地设计、实施和扬弃自己的发展方向、发展路
径，从而在一个阶段后逐渐地形成的比较稳定的优势、个性和风貌"。

柴旭东认为"特色化发展战略"是一种展开错位竞争的发展战略。
主要指根据地方特色、高等教育发展现状、资源禀赋等因素而有所为有所
不为，果断放弃不具备条件的学科或领域，集中资源于具有相对优势的领
域并使其发展速度居于领先地位，以局部优势获得在部分学科和领域的话
语权。[1] 显然，特色化既是各国高等教育普遍采用的战略，也是我国高等
教育发展的战略选择之一。

---

① 柴旭东：《高等教育强国建设背景下地方高等教育发展战略的选择》，《国家教育行政学
院学报》2009 年第 10 期，第 35—40 页。

当然，在制定教学服务型大学的发展战略时，我们首先提出要树立"特色发展"的理念，是有其自身特殊理由考虑的。下面笔者将主要从"高等教育大众化的需要"和"生态位理论指导下的发展策略需要"两个视角来论述。

首先，从高等教育的大众化的需要视角看。我们知道，高等教育大众化必然表现为高等教育规模的迅速扩大，随之也就出现了高等教育的多样化，又主要体现为：（1）学生的多元化，如年龄结构、学习能力水平、入学动机、入学分数、爱好追求等；（2）教育机构的多样化，如种类、层次、办学水平标准等；（3）社会需求的多样化，如对人才培养规格、数量、专业等方面的不断变化的需求。因此，对于一个国家来说，一方面，高等教育大众化必然会导致高等教育的多样化；另一方面，也只有形成多样化的办学主体、办学形式，才可能真正实现高等教育的大众化。正如刘智运所言，"高等教育大众化对多数人来说，是扩大了入学机会，而对高等教育本身来说，则是用尽可能多的方法提供适合人们需求的高等教育内容。因此，从形式到内容，高等教育都要多样化"。①

陈翠荣则进一步指出，"高等教育多样化格局的形成，则构成了大学创建办学特色的前提和基础"。② 因为，多样性的实质就是差异性，而差异性是形成特色的土壤。概而言之，特色化发展是我国高等教育大众化发展时期各大学的必然战略选择之一，教学服务型大学当然也不例外，而是相反，即应该更重视特色化发展的战略选择。

其次，从"生态位理论"视角看。根据生态学理论，在生态系统中，一个物种存在一个理论上的最大生存空间即基础生态位，当在有限环境空间内存在竞争时，其实际占有的空间即实际生态位只是基础生态位的一部分，竞争者越多，物种的生态位重叠越大，实际生态位空间越小，而竞争也就越激烈。每个物种在长期的生存竞争中都拥有一个最适合自身生存的时空位置即生态位。因此，对于各种物种来说，正确的策略一般都倾向于加强生态分离，分守各自不同的生态位，用彼此之间的相互补充来代替直

① 刘智运：《多样化：21 世纪初叶中国高等教育的基本走向》，《高等教育研究》2003年第 2 期，第 52—55 页。

② 陈翠荣：《反思与建构——大学办学特色问题研究》，华中师范大学出版社 2012 年版，第 67 页。

接竞争，从而达到有序的平衡。①

显然，生态位理论对于高等教育的启发意义是巨大的，因为目前我国的大学状态恰好就像是一个复杂的生态环境。比如，目前的 2000 多所大学，就可以按人才培养的层次不同、受国家支持的重点程度不同、隶属关系不同、规模大小不同、学科门类多少不同等各种视角进行划分，每所大学都是这个层次类型纵横又错落有致的总的生态系统中的一分子。因此，每个大学要在日益激烈的竞争中生存与发展，也必须在这个生态系统中找准和营造自己特定的生态位，即通过主动设计和选择，多占领独特的教育资源，形成自己的办学特色，以回避无谓的恶性竞争，赢得最好的生存和发展空间。

总之，高校要走特色化发展战略是高等教育发展的一条基本规律，教学服务型大学更不例外。教学服务型大学应该清楚地认识到"高校的核心竞争力往往主要在于特色，出路也在特色"。因此，也必须要从地理区位、历史文化、社会需求等多方面入手，在发展中办出特色，以特色确立自身在国家高等教育体系中的地位。

对于教学服务型大学来说，特色化发展战略更是一种差别化发展战略，实质上是在承认差距的前提下通过采用适合自身实际的发展战略来为最终缩小乃至消除和先进高校之间的差异而进行长期的努力。

二 实施"转型发展"战略

转型发展是指不仅要完成很多服务型高校都面临的从专科层次办学向本科层次办学的转型，而且还要实现从原有传统办学形态（研究型、学术型）向新的办学形态（应用型）的转型。顾永安在《新建本科院校转型发展论》一书中即突出论证了此类院校的三个"新"转型，即："新的历史使命"，尤其凸显了"服务社会"这个新职能、新使命，从传统大学旁观式的批判转向参与式的建设；"新的质量标准"，即要"根据其对应的社会需求呈现出多样性、多元化的特点"；"新的教育模式"，即要与社会进行广泛的合作，更多地采用各种形式的产学研合作的教育模式。② 当

---

① 陈翠荣：《反思与建构——大学办学特色问题研究》，华中师范大学出版社 2012 年版，第 76 页。

② 顾永安：《新建本科院校转型发展论》，中国社会科学出版社 2012 年版，第 1—8 页。

然，在实践工作中，这三个"新"转型又可以而且也应该落实到各部门各项工作的各种转型中去。限于篇幅，这里仅以人才培养方面的转型发展和学科建设方面的转型发展两个视角作一阐述，以同时启发其他方面工作转型发展思路的参考。

首先是人才培养方面的转型发展。人才培养方面的转型发展是教学服务型大学转型发展的最重要、最基础的转型，涉及人才培养方面的目标、方案、课程、教材、评价等各方面。教学服务型大学确立以应用型人才作为人才培养的主要目标，是由我国目前已进入高等教育大众化发展阶段的大背景决定的。因为根据大学的一般定位，研究型大学主要以科学研究为主，以发展研究生教育为重点，如国内的"985"大学；技能型大学主要是众多的高职高专院校，它们以培养基层技术人员为主。应用型大学则介于研究型大学和技能型大学之间，它以服务地方或者行业为主要目的、以培养应用型专门人才为主要任务、以本科教育的办学层次为主。显然，教学服务型大学的主要应定位于应用型人才培养。

教学服务型大学以应用型人才作为人才培养主要目标理念的确立，要求大学在人才培养的目标、方案、课程、教材、评价的各方面都随之实行转型或变化。如在教学和科研职能的关系处理上，要求将人才培养和应用科学研究多结合；在高校和社会关系的处理上，要求高校多与企业相联系，既为企业培养所需要的高水平人才，同时为企业解决技术需求方面的问题；在课程设置方面，要求多体现复合性，既要求学生在毕业后有广阔、深厚的专业理论知识，又要具有较强的自学能力和职业转换能力以及解决生产一线实际问题的动手能力；在人才评价制度的设计方面，要探索多元性评价方式的可行性，建立起由学校、实习单位、就业单位、技能鉴定机构等共同参与的人才质量监控机制，不仅要评价理论知识的掌握程度，而且还要评价其他综合能力和技能；另外，在教学方式方法方面，要求既要解决"为什么"的问题，也要解决"怎么做"的问题，这就要求教师要加强案例教学、项目教学、现场教学、专题讲座、专项技能训练等教学方式方法应用的比例。

其次是学科建设方面的转型发展。学科是高校实现人才培养、科学研究、社会服务三大职能的综合平台，是搭建大学组织、构筑大学学术文化的基本要素。一个大学的办学水平高低和特色所在，主要也反映在学科建设上。但由于很多教学服务型大学升本时间不长，对学科建设的重要性认识不足，对如何进行学科建设思路不明，因此在实践方面还存在着很多障碍，必须要高度重视才可能少走弯路，逐渐走上正轨。

顾永安在论述"新建本科院校转型与学科建设"的关系时认为，"新建本科院校的转型发展，学科建设居于基础地位，发挥着核心作用。将转型发展与学科建设有机结合起来，在转型发展中加快学科建设、以学科建设推进转型发展，是新建本科院校实现科学发展的基本要求，也是新建本科院校亟待解决的重要课题"。[①] 我们认为，这个论述，对于大部分教学服务型大学当前的学科建设工作，也是完全适用的。

由于学科建设是一项系统、长期和复杂的工程，涉及高校管理中的方方面面，也非一时一事就能做好，因此除了要遵循一些基本原则，如"统筹协调原则"、"可行性原则"、"有所为有所不为"、"注重未来"等原则外，当前要特别注意解决好以下几个带有普遍性的问题。

一是要花大力气引进和培养学科带头人。学科带头人是一个学科的灵魂，学科带头人的学术影响如何、学术眼光如何、事业心如何，已在本质上决定了一个学科的发展水平。目前，大部分教学服务型大学都存在着学科带头人普遍不足，高水平学科带头人严重缺乏的局面，并且还存在着引不进、留不住等困难。因此，作为一个高校来说，必须要在"待遇留人、事业留人、感情留人"等各方面多管齐下，争取有好的成效。

二是要加强团队建设。关于学科团队和学科带头人的关系问题，目前比较常用的一个比喻是黄土高原和珠穆朗玛峰的关系问题，即用世界级的高原来支撑世界级的高峰是一个最理想的关系结构，两者都不可或缺。的确，如果一个高校，光是靠从外面引进个别拔尖人才，而不注重整体性的团队建设，是远远不够的。因为，如果一个高校的高层次人才集中程度太低的话，时间一长，就很可能会产生"学术高峰被风化、剥蚀、夷平"的可能。

三是要注重解决好学科制度和环境建设。前已述及，学科建设工作是一项系统、长期和复杂的工程，涉及高校管理中的方方面面，必须要全面协调、统筹安排才可能逐步形成一个良好的发展环境。但由于大部分教学服务型大学普遍存在着开展学科建设的时间不长、基础薄弱、人才不足、科研意识淡薄、缺乏学术追求、"官本位"意识浓厚、行政权力强横等现象，使得学科建设工作的开展困难重重，阻碍很多。因此，要加快学科建

---

①　顾永安：《新建本科院校转型发展论》，中国社会科学出版社 2012 年版，第 222 页。

设的工作，就必须下决心清理这些障碍因素，建立起比较全面的能推动学科建设工作的相关制度，为学科建设工作营造良好的氛围。

三　实施"跨越式发展"战略

"跨越式发展"一般是指落后的一方为了追赶先进的一方而采取的超常规行动。它既可以指欠发达国家、地区、大学为追赶先进国家、地区、大学而实行的超常规加速发展并达到一定高度的追赶策略，也可以指发达国家、地区、大学因不满足当前发展水平而集中资源促进自己提前达到未来某个时期水平的超前性发展策略。由于在一般情况下，目前居于先进地位的一方总是在基础实力、发展经验和外部资源争取方面比后进的一方更居有优势，因此在通常情况下，后进的一方要超越目前居于先进的一方并非易事，当然也不是都不可能。而这里的关键，往往就是后进一方是否真正能树立起"跨越式发展"的理念，能够不断地寻找"跨越式发展"的机遇，能够不断主动地研究、设计和实施有可能达到"跨越式发展"的战略，从而保证自己在一个比较长的时间内都能充分发挥出自身优势，逐渐缩小与先进一方的差距，并且后来居上，赶上甚至超过原来先进的一方。

显然，跨越式发展是一种是非线性、跳跃式的发展，它要求后者以跳跃方式越过按常规必须经过的某些阶段，或是用比竞争对手少很多的时间完成同样的目标。笔者认为，只要一个大学能够真正树立起"跨越式发展"的理念，那么实现自身大学的超常规、跨越式发展也是完全有可能的。因为后发优势理论的研究结果告诉我们，先进一方固然拥有技术壁垒、规模效应和市场锁定等几方面优势，但后进一方也有通过学习和创新以较低的成本获取先进一方花费不菲而积累起来的发展成果的优势，① 特别是在目前世界形势和国内形势都发展很快，新事物、新机遇、新挑战层出不穷的时代，通过先获取某一方面的优势，然后实现跳跃式发展的机会还是很多的。教学服务型大学应该贯彻跨越式战略理念，制订并落实跨越式战略规划。教学服务型大学要不断地加强大学战略方面的研究，主动地寻找发展机会，坚持以改革的精神和方法扫除制约发展中的障碍，并集中力量突破全局性、战略性的重大问题，从而推进所在高校的跨越式发展。

---

① 吴晓波：《全球化制造与二次创新：赢得后发优势》，机械工业出版社2006年版，第95—96页。

参考文献

一　英文文献

1. Levine, A., *Handbook on Undergraduate Curriculum* ［M］. San Francisco：Jossey-Bass Publishers, 1978.

2. Rudolph, F. Curriculum, *A History of the American Undergraduate Course of Study Since 1636* ［M］. San Francisco：Jossey-Bass Publishers, 1977.

3. Tjeldvoll, Arild., *The Service University in the Global Marketplace* ［J］. European Education, Winter 1998-99（vol. 30, no. 4）：5—19.

二　中文文献

（一）著作

1. ［美］伯顿·R. 克拉克：《高等教育系统——学术组织的跨国研究》，王承绪等译，杭州大学出版社1994年版。

2. ［美］伯顿·R. 克拉克：《建立创业型大学：组织上转型的途径》，王承绪译，人民教育出版社2003年版。

3. 陈洪捷：《德国古典大学观及其对中国的影响》（修订版），北京大学出版社2006年版。

4. ［美］德里克·博克：《走出象牙塔——现代大学的社会责任》，徐小洲、陈军译，浙江教育出版社2001年版。

5. 韩延明：《大学理念论纲》，人民教育出版社2003年版。

6. ［美］亨利·埃兹科维茨：《大学与全球知识经济》，夏道源等译，江西教育出版社1999年版。

7. 刘宝存：《大学理念的传统与变革》，教育科学出版社2004年版。

8. ［美］罗伯特·H. 赫钦斯：《美国高等教育》，汪利兵译，浙江教育出版社2001年版。

9. 施晓光：《美国大学思想论纲》，北京师范大学出版社2001年版。

10. 王冀生：《大学理念在中国》，高等教育出版社 2008 年版。

11. 王庭芳主编：《美国高等教育史》，福建教育出版社 1995 年版。

12. ［美］希拉·斯劳特、拉里·莱斯利：《学术资本主义：政治、政策和创业型大学》，梁骁、黎丽译，北京大学出版社 2008 年版。

13. 肖海涛：《大学的理念》，华中科技大学出版社 2001 年版。

14. ［加］许美德：《中国大学 1895—1995：一个文化冲突的世纪》，许洁英译，教育科学出版社 2000 年版。

15. ［美］约翰·S. 布鲁贝克：《高等教育哲学》，王承绪等译，浙江教育出版社 2001 年版。

16. 张雁：《西方大学理念在近代中国的传入与影响》，浙江大学出版社 2009 年版。

17. ［美］查尔斯·霍默·哈斯金斯：《大学的兴起》，梅义征译，上海三联书店 2007 年版。

18. ［比利时］希尔德·德·里德—西蒙斯：《欧洲大学史》1—3 卷，张斌贤等译，河北大学出版社 2008 年版。

19. ［法］雅克·韦尔热：《中世纪大学》，王晓辉译，上海人民出版社 2007 年版。

20. ［英］海斯汀·拉斯达尔：《中世纪的欧洲大学：大学的起源》（第 1 卷），崔延强、邓磊译，重庆大学出版社 2011 年版。

21. 宋文红：《欧洲中世纪大学的演进》，商务印书馆 2010 年版。

22. 周谷平等：《中国近代大学的现代转型——移植、调适与发展》，浙江大学出版社 2012 年版。

23. 石广盛：《欧洲中世纪大学研究》，复旦大学，博士论文，2007 年。

24. 张磊：《欧洲中世纪大学》，商务印书馆 2010 年版。

25. 孙益：《西欧的知识传统和中世纪大学的起源》，北京师范大学出版社 2012 年版。

26. 陈厚丰：《中国高等学校分类与定位问题研究》，湖南大学出版社 2004 年版。

27. 马陆亭：《高等学校的分层与管理》，广东教育出版社 2004 年版。

28. 陈厚丰：《高等教育分类的理论逻辑与制度框架研究》，广东高等教育出版社 2011 年版。

29. 刘俊学：《高等教育服务质量论》，湖南大学出版社 2002 年版。

30. 张伟江等：《教育服务产业研究：拓展与运行》，教育科学出版社 2005 年版。

31. 李江帆：《教育服务产品理论研究》，中山大学出版社 2009 年版。

32. 张润彤、朱晓敏：《服务科学概论》，清华大学出版社 2011 年版。

33. 孙希有：《服务型社会的来临》，中国社会科学出版社 2010 年版。

（二）论文

34. 李慈章、肖云龙：《论创新型大学三大特质》，《煤炭高等教育》2005 年第 11 期。

35. 易高峰、赵文华：《创业型大学：研究型大学模式的变革与创新》，《复旦教育论坛》2009 年第 1 期。

36. 王保华、张婕：《大学与社会共生：地方高校发展的模式选择——从美国相互作用大学看我国地方高校的发展》，《高等教育研究》2003 年第 5 期。

37. 王淑杰：《国外服务型大学的理念与实践》，《外国教育研究》2008 年第 11 期。

38. 王雁、孔寒冰、王沛民：《创业型大学：研究型大学的挑战和机遇》，《高等教育研究》2003 年第 5 期。

39. 刘军仪：《创业型大学：美国研究型大学发展的新动向》，《全球教育展望》2008 年第 12 期。

40. 张德良：《服务区域：教学型省属综合性大学的出路——以北华大学为实证》，《现代教育科学》2008 年第 5 期。

41. 张皓：《威斯康星思想对我国发挥地方高校社会服务职能的启示》，《重庆文理学院学报》（社会科学版）2006 年第 5 期。

42. 史芸：《我国教学型大学社会服务职能的定位研究》，《高教高职研究》2007 年第 4 期。

43. 顾永安：《关于新建本科院校转型发展的思考》，《教育发展研究》2010 年第 3 期。

浙江树人大学"教学服务型大学研究"
招标课题及参与人员名单

序号	课题名称	负责人	课题组成员
1	教学服务型大学的基本理论研究	徐绪卿	尹晓敏、王一涛、高飞、毛红霞、周朝成
2	教学服务型大学发展的基本理念研究	陈新民	高飞、李兵燕
3	教学服务型大学的人才培养构建研究	金劲彪	任条娟、周朝成、郑桂玉、刘斌、何中英、姬海宁、李兵燕、金文君
4	教学服务型大学的学科和科研建设研究	朱红缨	吕何新、姜文杰、杨二辉、汪群龙
5	教学服务型大学的制度与组织设计研究	周朝成	诸葛剑平、魏刚焰、王晓瑜、毛红霞、王秀秀、金文君、尚晓燕、姬海宁、马顺林
6	教学服务型大学的师生服务体系研究	王一涛	陆桂芹、应海儿、姜文杰、姚芹、李文杰、高飞
7	教学服务型大学的文化建设研究	宋斌	林家骊、陆桂芹、林依爽、杜志宏、赵芮、李骏
8	教学服务型大学建设的发展战略研究	汤建民	虞飞华、余丰民、侯素芳、周庆、陈海伦、蔡静

附录 2

2001 年以来徐绪卿高等教育研究主要成果数据

1. 主持研究的部分课题

课 题 名 称	课 题 性 质	状 态
浙江树人大学民办高等教育研究规划	2001 年浙江树人大学重点课题	完成
浙江省民办高等教育发展对策研究	2002 浙江省教育厅立课题	完成、鉴定
浙江省民办高等学校党建工作研究	2003 浙江省教育厅立课题	完 成
浙江民办高职院校师资队伍建设现状和思路	2004 浙江省教育厅立课题	完 成
浙江省高等教育规模发展问题和对策研究	2006 浙江省教育厅立课题	完 成
浙江省大学毕业生就业问题研究	2009 年浙江省教育厅重点课题	完 成
浙江省民办高等教育可持续发展研究	2002 浙江省哲学、社会科学资助课题	完成、鉴定
基于评估标准的浙江省民办高校收费标准研究	2004 浙江省哲学、社会科学资助课题	完成、鉴定
基于两创发展战略的浙江省高等教育适应性研究	2008 浙江省哲学、社会科学资助课题	完 成
十二五期间浙江省大学毕业生就业对策研究	2011 浙江省哲学、社会科学共建课题	完 成
教学服务型大学——民办高校办学定位的新类型	2012 浙江省哲学、社会科学后期补助课题	完 成
民办高等学校教育评估研究	2002 浙江省教科规划"十·五"重点课题	完成、鉴定
民办高校教育评估体系构建研究	2002 浙江高教科规划"十·五"重点课题	完成、鉴定
民营机制下浙江省高教质量保证体系研究	2003 浙江省科技计划软科学一般课题	完成、鉴定
浙江省教育服务业发展研究	2006 浙江省科技计划软科学重点课题	完成、鉴定
浙江省中长期就业问题研究	2008 浙江省科技计划软科学重点课题	完成、鉴定
民办本科院校教学质量提升的理论和实践研究	2006 全国高教规划"十一·五"重点课题	完成、鉴定

续表

课 题 名 称	课 题 性 质	状 态
民办高校办学综合水平评估体系构建研究	2003 全国高教规划"十·五"规划重点课题	完成、鉴定
民办高等学校可持续发展研究	2007 全国教科规划课题教育部重点课题	完 成
我国民办高校家族化管理问题研究	2009 全国教科规划课题教育部重点课题	完成、鉴定
中国民办高校发展战略研究	2004 全国教科规划课题教育部重点子课题	完成、鉴定
中国民办教育发展研究	2005 全国教科规划课题教育部重点子课题	完 成
浙江省民办高校教师队伍建设对策研究	200 全国教科规划课题教育部重点课题	完成、鉴定
十一五期间中国民办高等教育发展研究	2004 全国教育事业规划办公室招标课题	完成、鉴定
民办高校人才培养模式理论与实践研究	2005 浙江高校新世纪教改重大招标课题	完成、鉴定
民办本科院校评估体系构建研究	2008 教育部、财政部特批专项	完成、鉴定
我国民办高校内部管理体制改革和创新研究	2010 年教育部人文社科规划一般课题	完 成
我国民办高校治理及机制创新研究	2015 年教育部人文社科规划一般课题	进行中
民办院校办学体制与发展政策研究	2015 年国家社会科学基金重点项目	进行中
国家中长期民办高等教育发展研究	2008 中国民办教育协会委托课题	完 成

2. 获得的部分科研奖项

序号	成 果 名 称	完成人	获奖名称、等级及时间
1	教学服务型大学背景下应用型人才培养的探索与实践	徐绪卿	2016 年浙江省高校教学成果一等奖，浙江省人民政府 2016.08
2	研究报告：我国民办高校内部管理体制改革和创新研究	徐绪卿	浙江省第 18 届哲学社会科学优秀成果三等奖，浙江省人民政府 2015.12
3	专著：我国民办高校内部管理体制改革和创新研究	徐绪卿	浙江省第 17 届哲学社会科学优秀成果三等奖，浙江省人民政府 2014.02
4	中国民办高校可持续发展研究	徐绪卿	浙江省第 16 届哲学社会科学优秀成果二等奖，浙江省人民政府 2012.1
5	十一五期间中国民办高等教育发展研究	徐绪卿	浙江省第 14 届哲学社会科学优秀成果三等奖，浙社科办［2008］3 号
6	民办高校人才培养模式改革的研究与实践	徐绪卿	浙江省高校教学成果二等奖（2008）浙江省人民政府 2009.09

续表

序号	成 果 名 称	完成人	获奖名称、等级及时间
7	中国民办高等教育发展战略研究	徐绪卿	浙江省第 13 届哲学社会科学优秀成果三等奖，浙社科规办［2006］15 号（参与）
8	中国民办高校可持续发展研究	徐绪卿	2009 年浙江省教科规划优秀成果一等奖浙教科规办（2009）10 号
9	中国民办高等教育发展战略研究	徐绪卿	2005 年浙江省高校科研成果一等奖浙教科奖 0003676（参与）
10	民办高等学校教育评估研究	徐绪卿	浙江省第五届教育科学优秀成果评比三等奖（浙教科规［2007］1 号）
11	浙江省民办高等教育可持续发展研究	徐绪卿	2005 年浙江省高校科研成果三等奖浙教科奖 0004337

注：以上均为第一获奖者

3. 公开出版的学术专著

《新时期中国民办高等教育发展研究》，浙江大学出版社（2005 年版）。

《新时期中国民办高等教育理论研究》，浙江大学出版社（2010 年版）。

《我国民办高校内部管理体制改革和创新研究》，中国社会科学出版社 2012.10。

《教学服务型大学：理论研究与制度框架》，中国社会科学出版社 2014.10。

4. 公开发表的学术论文

2001 年

1. 《浙江民办高校发展态势及问题》，《教育发展研究》2001 年第 2 期，《中国人民大学书报资料中心高等教育卷》，2001 年第 6 期全文转载。

2. 《办出质量，办出特色，抓住机遇，加快发展》，全国民办高校人才培养工作会议交流论文 2001 年 1 月 8 日厦门大学。

3. 《民办高校必须加快专职教师队伍建设》，《浙江树人大学学报》2001 年第 1 期。

4. 《抓住机会，加快民办高校专职教师队伍建设》，《中国高教研究》2001 年第 6 期，第四届华文教学研讨会录用论文 2001 年 12 月 8 日。

5.《稳定提高教育质量，促进高教健康发展》，《杭州电子学院学报》2001 年第 10 期。

6.《新时期民办高校专职教师队伍建设的几点认识》，《民办教育动态》2001 年第 6 期。

7.《高教大众化与民办高校对策》，《浙江树人大学学报》2001 年第 3 期。

8.《高教大众化与民办高教发展》，《国际视野中的高等教育》国际高等教育研讨会论文集，浙江大学出版社 2001 年 12 月出版。

9.《有质量的发展才是硬道理》，《浙江日报》2001 年 10 月 29 日第 7 版。

2002 年

1.《民办高校协作会在黑召开》，《中国教育报》2002 年 1 月 21 日第 4 版。

2.《崭新课题：可持续发展》，《中国教育报》2002 年 3 月 4 日第 3 版。

3.《加强协作，共同繁荣——首届民办普通高校协作会综述》，《浙江树人大学学报》2002 年第 2 期。

4.《首批民办高校发展经验的若干思考》，《浙江树人大学学报》2002 年第 2 期。

5.《浙江省高等教育规模发展现状、问题与建议》，《教育发展研究》2002 年第 6 期。

6.《要想站稳脚，科研很重要》，《中国教育报》2002 年 8 月 19 日第 4 版。

7.《浙江省高教学会民办高教专业委员会 2002 年年会会议纪要》，《浙江树人大学学报》2002 年第 4 期。

8.《民办高教新发展中面临的问题》，《浙江树人大学学报》2002 年第 5 期。

9.《教育创新是民办高校生存和发展的根本》，《教育信息报》2002 年 10 月 16 日第 3 版。

2003 年

1.《中国民办教育发展新的里程碑》，《教育信息报》2003 年 1 月 21

日第 3 版。

2.《中国民办高校新发展及存在问题》，《中国人民大学书报资料中心高等教育卷》2003 第 1 期全文转载。

3.《民办高校科研工作问题研讨》，《中国民办教育》2003 年第 2 期。

4.《我国民办高校图书馆建设浅见》，《图书馆论坛》2004 年第 1 期。

5.《抢抓机遇做好规划促进民办高教持续健康发展》，《高职高专教育启示录——百名院校长的办学新理念》教育部高教司、中国高教学会编，高等教育出版社 2003 年出版。

6.《民办高校教育评估问题研究》，《浙江树人大学学报》2003 年第 5 期。

7.《浙江树人学院加快基本建设实现持续发展》，《中国教育报》2003 年 3 月 24 日第 2 版。

8.《首批民办高校的升格本科及其思考》，《教育发展研究》2003 年 11 月专辑。

9.《民办高校升格本科和持续发展》，《民办教育动态》2003 年第 12 期。

10.《可持续发展的内因与外因》，《中国教育报》2003 年 11 月 17 日第 4 版。

11.《坚持教学工作的中心地位，创建民办高校的质量品牌》，《中国教育教学杂志》总 63 期。

12.《民办高校评估同样重要》，《社会科学报》（上海）2003 年 8 月 28 日第 2 版。

13.《学习贯彻〈民办教育促进法〉，促进民办教育大发展》，《浙江树人大学学报》2003 年第 1 期。

2004 年

1.《对发展我国民办高教中介机构的思考》，《黑龙江高教研究》2004 年第 1 期。

2.《我国民办高校图书馆建设浅见》，《图书馆理论与实践》2004 年第 1 期。

3.《树人大学的办学模式和民办高校的持续发展》，《民办教育研究》2004 年第 1 期。

4. 《关于做好民办高校规划的若干思考》，《中国民办教育》2004 年第 1 期。

5. 《民办高校经费筹集的理想模式》，《高等教育与资本市场国际学术研讨会》，厦门大学 2004 年 1 月 5 日。

6. 《办一所什么样的民办大学》，《中国教育报》2004 年 2 月 27 日第 7 版。

7. 《民办学校，迎来春天》，《钱江晚报》2004 年 4 月 1 日第 6 版。

8. 《树人大学的筹资模式及启示》，《经济全球化与教育产业国际研讨会》2004 年 4 月北京师范大学，黄河科技大学学报 2004 年第 4 期。

9. 《积极开展科研工作，提升民办高校整体办学水平》，《浙江树人大学学报》2004 年第 6 期。

10. 《定位：精于准确 荒于盲目，中外民办高等教育发展论坛综述》，《中国教育报》2004 年 12 月 24 日第 7 版。

2005 年

1. 《关于民办高校正确定位的思考》，《中国高等教育》2005 年第 2 期，《中国人民大学书报资料中心高等教育卷》2005 第 4 期全文转载。

2. 《正确定位、扬长避短、发挥优势，促进发展》，《黄河科技大学学报》2005 年第 1 期。

3. 《积极发展工科教育，拓宽民办高校发展空间》，《浙江树人大学学报》2005 年第 3 期。

4. 《苦练内功，促进民办高校持续发展》，《教育信息报》2005 年 4 月 19 日第 3 版。

5. 《关于民办高等学校课程体系改革的思考》，《民办教育研究》2005 年第 3 期。

6. 《发展本科教育：拓宽民办高校发展空间的重要策略》，《教育发展研究》2005 年第 15 期。

7. 《民办高校开展学位与研究生教育试点的若干问题研究》，《浙江树人大学学报》2005 年第 5 期，《中国人民大学书报资料中心高等教育卷》2005 第 12 期全文转载。

8. 《积极发展工科教育 拓宽民办高校发展空间》，《民办教育研究》2005 年第 5 期。

2006 年

1.《师资队伍建设：民办高校可持续发展的根基》，《中国高等教育》2006 年第 8 期。

2.《第二届中外民办高等教育发展论坛综述》，《高等教育研究》2006 年第 6 期。

3.《再论中国民办高等教育的发展空间》，《黄河科技大学学报》2006 年第 2 期。

4.《认清形势 发挥优势 促进可持续发展》，《浙江树人大学学报》2006 年第 4 期。

5.《关于我国民办高等教育评估的若干思考》，《教育发展研究》2006/22，《中国人民大学书报资料中心高等教育卷》2006 第 1 期全文转载。

6.《"十五"期间民办高等教育的发展和几个突出的政策问题》，《民办教育研究》2006 年第 3 期。

7.《我国民办高等教育发展空间深度探析》，《民办教育研究》2006 年第 4 期。

2007 年

1.《质量和结构："十一五"期间高等教育发展的主题》，《教育发展研究》2007 年第 5 期。

2.《加快民办教育地方立法 促进民办教育健康快速发展》，《浙江树人大学学报》2007 年第 1 期。

3.《民办高校亟待实施内涵发展战略》，《中国高等教育》2007 年第 6 期。

4.《积极开展院校研究，促进民办高校健康发展》，《高等教育研究》2007 年第 6 期。

5.《规范管理、促进民办高等教育健康可持续发展》，《浙江树人大学学报》2007 年第 5 期。

6.《规范和支持并举 促进民办高等教育健康可持续发展》，《现代教育科学》2007 年第 9 期。

7.《加快内涵建设 努力提升民办高校办学水平》，《民办教育研究》2007 年第 4 期。

8.《以规范树形象 以质量立地位 以特色塑品牌》，《教育发展研究》2007 年第 24 期。

9.《"十五"期间民办高等教育的发展与若干政策问题》，《浙江树人大学学报》2006 年第 5 期；《中国人民大学书报资料中心高等教育卷》2007 第 1 期全文转载。

10.《首次"全国民办高校学报工作研讨会"综述》，《浙江树人大学学报》2007 年第 6 期。

11.《中国大陆民办高等教育的历史、现状及未来发展趋势》，《高等教育研究》（台）2007 年第 2 期。

2008 年

1.《分类管理，分类指导，分类评估，促进发展》，《浙江树人大学学报》2008 年第 3 期。

2.《建立和完善民办高校法人治理结构的若干思考》，《广东培正学院学报》2008 年第 1 期。

3.《内涵发展——民办高校发展的战略选择》，《黄河科技大学学报》2008 年第 1 期。

4.《论科学发展观视野下的民办高校发展转型》，《浙江树人大学学报》2008 年第 1 期。

5.《民办高校专业设置：管制与自治》，《教育发展研究》2008 年第 8 期。

6.《科学发展观视角下的民办高校发展转型研究》，《中国高教研究》2008 年第 6 期。

7.《论建立和完善民办高校法人治理结构》，《黑龙江高教研究》2008 年第 8 期。

8.《全国民办本科高校教学评估研讨会综述》，《教育发展研究》2008 年第 12 期。

9.《浅论民办大学精神》，《现代教育科学》2008 年第 5 期。

10.《国家中长期民办高等教育发展政策建议》，《中国民办教育协会简报》2008 年第 11 期。

2009 年

1.《民办本科院校教学评估管见—分类管理、分类指导兼顾办学特色》,《广东培正学院学报》2009年第2期。

2.《我国民办高校家族化的若干问题之探讨》,《高等教育研究》
2009年第7期。

3.《关于我国民办高校家族化管理的若干思考》,《教育发展研究》
2009年第12期。

4.《上下联动 内外结合 打造民办高校品牌》,《教育发展研究》2009
年第4期。

5.《建设高等教育强国与国家示范性民办高校建设的若干思考》,
《黄河科技大学学报》2009年第2期。

6.《民办高校家族式管理现象的成因及对策》,《中国高等教育》
2009年第8期。

7.《我国民办高等教育发展回顾及中长期发展思路》,《浙江树人大
学学报》2009年第1期。

8.《民办高校产权：公益性对激励性的超越》,《教育发展研究》
2009年第24期。

9.《民办高校家族化问题若干思考》,《华中师范大学学报》2009年
第12期。

10.《浙江树人大学特色建设的理论与实践》,《浙江树人大学学报》
2009年第12期。

2010年

1. 专著:《新时期中国民办高等教育理论研究》,《浙江大学出版社》
2010年4月,40.4万字。

2.《关于我国民办高校家族化问题的思考》,《中国人民大学书报资
料中心高等教育卷》全文转载2010年第3期。

3.《关于民办高校内部管理体制的若干思考》,《浙江树人大学学报》
2010年第1期。

4.《民办高校内部管理体制改革若干问题探析》,《中国高教研究》
2010年第5期。

5.《当前民办高校产权问题研究与实践的思考》,《黄河科技大学学
报》2010年第3期。

6.《〈纲要〉颁布背景下我国民办高校发展趋势分析》,《教育发展研

究》2010 年第 9 期。

2011 年

1. 《全面落实〈教育发展规划纲要〉促进公、民办高等教育和谐发展》，《浙江树人大学学报》2011 年第 1 期。

2. 《课程改革是民办高校人才培养模式改革的核心》，《黄河科技大学学报》2011 年第 1 期。

3. 《关于建立全国民办高校战略联盟的若干思考》，《黄河科技大学学报》2011 年第 2 期。

4. 《认真学习 深化理解 科学发展》，《浙江省教育厅理论学习论文》参赛论文。

5. 《优先开展公益性高水平民办高校建设工程》，《人民政协报教育在线》2011 年 6 月 1 日。

6. 《关于民办高校分类管理理论与实践的思考》，《教育发展研究》2011 年第 12 期。

7. 《开展分类管理　推进高水平民办大学建设》，《浙江树人大学学报》2011 年第 4 期。

8. 《教学服务型大学：民办高等学校的新定位》，《中国高教研究》2011 年第 10 期。

9. 《跳出"象牙塔"高度　聚焦地方院校的新定位》，《光明日报》2011 年 10 月 27 日第 15 版。

2012 年

1. 《以名栏建设为契机 百尺竿头更进一步》《浙江树人大学学报》2012 年第 4 期。

2. 《建设国家级高水平民办高校的若干思考》《教育发展研究》2012 年第 7 期。

3. 《浅论教学服务型大学的若干问题——兼论地方院校和民办高校的发展定位》《教育研究》2012 年第 2 期。

4. 《加强名栏建设 服务民办高等教育》《浙江树人大学学报》2012 年第 1 期。

2013 年

1.《科研工作：高水平民办高校建设的着力点》《教育发展研究》2013 年第 1 期。

2.《民办高校科研工作总体滞后——"四个偏少"》《人民政协报教育在线》2013-02-20。

3.《高水平民办大学的中国特色》《浙江树人大学学报》2013 年第 1 期。

4.《科研工作：高水平民办高校建设的重要着力点》《黄河科技大学学报》2013 年第 2 期。

5.《论我国民办高等教育政策从"规范"向"扶持"的转型》《高等教育研究》2013 年第 8 期。

6.《加快政策转型支持民办高校健康和可持续发展》《人民政协报教育在线》2013-07-17。

7.《关于民办高等教育政策顶层设计的思考》《教育发展研究》2013 年第 21 期。

2014 年

1.《家政服务大有可为》《教育信息报》2014 年 2014-01-22。

2.《论教学服务型大学的合法性和发展逻辑》《浙江树人大学学报》20014 年第 1 期。

3.《治理背景下我国民办高等教育管理的转型》《中国高教研究》2014 年第 8 期。

2015 年

1.《大学治理与民办高校的着力点》《浙江树人大学学报》2015 年第 5 期。

2.《民办高校治理必须紧紧抓住 5 个着力点》《教育发展研究》2015 年第 9 期。

3.《积极引导，推进民办高校转型升级》《浙江教育报》201-11-09 第三版。

2016 年

1.《新常态下民办高校发展的若干思考》《浙江树人大学学报》2016

年第 1 期。

2.《民办教育如何应对供给侧改革》《浙江教育报》2016-03-30 第三版。

3.《期待独立学院"走出"新天地》《浙江教育报》2016-01-18 第二版。

4.《浅论新常态下民办高校的发展着力点》《中国高教研究》2016年第 2 期。

5.《教学服务型大学人才培养的探索与实践》《院校研究专集》2016年 6 月。

6.《深耕应用型人才培养》《浙江教育报》2016-07-30 第三版。

7.《"供给侧改革"背景下民办高校的发展思路》《浙江树人大学学报》2016 年第 4 期。

初版后记

这是国内第一部专门论述教学服务型大学的论著。

自 2010 年我校确定教学服务型大学的定位以来，学校高教院专门组织攻关，就教学服务型大学的相关问题开展研究。其间组织了多次大小会议，互相启发、交流心得、深化研究。在学校科研处的支持下，组织了专门的招标课题，落实研究任务，确定研究内容。在研究的过程中发表了大量的论文，并形成了专著的框架。

本书初步框架由徐绪卿拟稿，集体讨论。第一、二、三章由徐绪卿撰稿。以下章节的起草情况分别是：第四章：陈新民；第五章：金劲彪；第六章：杨二辉；第七章：王一涛；第八章：宋斌；第九章：周朝成；第十章：汤建民（以上所列均为负责人）。初稿完成后，由徐绪卿、周朝成提出修改意见，由各章作者负责修改。全书最后由徐绪卿负责统稿。

本书的编著是集体智慧的结晶，许多人员参加了专著讨论和修改，在本书中列出了各课题组成员名单，参与者在此不再一一列出。

对于教学服务型大学的研究还刚刚开始，本书也是非常初步的。限于时间，本著作尚比较粗糙。真诚希望本书能起到抛砖引玉的作用，一方面积极推进教学服务型大学建设的实践，另一方面引发学界参与研究，使教学服务型大学的理论更加完善，为教学服务型大学的建设提供更加厚实的理论支撑。

本书的撰写得到浙江树人大学领导班子和中层干部的大力支持，在此深表感谢。

徐绪卿

2014 年 5 月 20 日

修订版后记

这是本书的修订版。

本书 2014 年 10 月正式出版以后，承蒙各位读者的关注，仅仅一年时间就销罄了。2015 年下半年以来，陆续接到一些朋友的电话和邮件，希望能够再印一些，同时也对本书中的一些问题提出了修改意见。这一信息与好友任明先生分享，得到任主任的指点和接纳，许允修订后出版重印。趁重版之际，对本书通读一遍，对于书中原有的一些缺陷做了些许修改和订正。

从 2010 年制定《中长期发展规划》以后，学校就开展了对教学服务型大学的相关研究，除了组织团队从理论上研究探索外，还结合学校发展规划，开展了教学服务型大学的制度探索，取得了一些成效。教学服务型大学初步成为学校定位的特色表达，成为学校发展的战略策略，成为学校未来十年的阶段目标。2011 年，教育部组织了对我校本科教学工作的合格评估，专家们对我校教学服务型大学的发展定位表示出浓厚的兴趣和充分肯定，给予我们很大的信心和鼓励。2014 年，在学校相关团队和中国社会科学出版社任明先生的支持下，专著《教学服务型大学：理论研究与制度框架》得以面世，填补了国内教学服务型大学研究专著的空白。

首次在我国提出"教学服务型大学"概念的是华中科技大学的刘献君。他在其《建设教学服务型大学——兼论高等学校分类》一文中明确指出："在现有高等学校研究型大学、教学研究型大学、教学型本科院校、专科学校和高等职业学校的分类中，应增加教学服务型大学，列在教学研究型大学之后。"① 这一论述，为我国教学服务型大学的理论研究和

---

① 刘献君：《建设教学服务型大学——兼论高等学校分类》，《教育研究》，2007 年第 7 期，第 31—35 页。

实践探索开了先河。但在这一观点在当时并没有引起人们的注意。沉寂了几年之后，从 2010 年开始，国内一些学校在制定中长期规划时，选择了教学服务型大学的目标定位，相关研究才重新启动并进一步兴起。以黑龙江科技大学、浙江树人大学的研究团队为领头，发表多篇论文，尤以浙江树人大学研究成果为多。2012 年 2 月，我的论文《浅论教学服务型大学的若干问题——兼论地方院校和民办高校的发展定位》在《教育研究》上正式发表，提出了明晰的教学服务型大学的概念，"教学服务型大学是在尊重高等教育基本规律和基本规范的基础上，以现代服务理念为指导来配置办学资源和运行、管理的特色大学"①，在我国高等教育界开始引起了人们的关注，推动了教学服务型大学的理论研究。先后有黑龙江科技大学的陈静媛、毕强，吉林师范大学的王鹏、王秋芬，华中科技大学的余东升，武汉纺织大学的尚钢，宁波大红鹰学院的沈云慈，嘉应学院的陈明等参与研究和讨论，尤其值得一提的是浙江树人大学对教学服务型大学的研究是以一个团队的形式展开的，学校组织了专门的招标课题开展研究，阵容庞大，除我本人在《中国高教研究》、《光明日报》、《教育发展研究》和《浙江树人大学学报》等期刊上发表多篇论文外，陈新民、王一涛、周朝成、魏刚焰、诸葛剑平、尚晓燕等都发表了相关文章。而"由徐绪卿主编的《教学服务型大学：理论研究与制度框架》一书已于 2014 年出版，结束了我国没有专门著作研究教学服务型大学的历史。"② 在实践方面，几年来，虽然有进有退，这一队伍还是有所扩大。2013 年 5 月在宁波举办第一次全国教学服务型大学学术研讨会，参加的院校还只有 10 来所。时隔三年，2016 年 6 月又在贵州铜仁学院召开了第二次全国教学服务型大学研讨会，参加会议的有 30 来所院校，虽然不是到会的所有大学都选择了教学服务型大学的办学定位，但也多多少少说明了大家对教学服务型大学研究和实践的关注。本次会前，组委会让我撰写了相关文章，总结和介绍我校教学服务型大学研究和建设的相关情况，并收录我校相关论文准备结集出版。由于工作冲突，原定出席会议的计划被取消，没能参加会议，心中甚是遗憾。从有关朋友介绍和会议综述的报道来看，这次会议

---

①　徐绪卿：《浅论教学服务型大学的若干问题——兼论地方院校和民办高校的发展定位》，《教育研究》2012 年第 2 期，第 84—88 页。

②　侯长林、张新婷：《对教学服务型大学的理性探讨》，《铜仁学院学报》，2015 年第 3 期，第 52—58 页。

参加人员的层次、人数和学校数量都属空前。本次研讨会由《光明日报》教育研究中心、中国高等教育学会院校研究分会及贵州铜仁学院联合主办，针对四个问题进行研讨：一是如何在国家高等教育体系创新中加强教学服务型大学建设；二是如何在地方产业转型升级或经济结构调整中加强教学服务型大学建设；三是如何在服务地方经济社会建设中提升地方高校办学水平；四是如何探索教学服务型大学走出转型和创新模式。总体来看，到会代表对教学服务型大学设置的必要性和重要性基本达成共识，对教学服务型大学研究的一些理论问题也展开了有益的讨论，提出了许多好的建议，对加快教学服务型大学的建设无疑将起到积极的推动作用。趁此机会，本人根据读者的要求和意见，对本书进行了一些修订后重新出版，希望能满足读者的愿望，同时在推进教学服务型大学的研究和建设中提供讨论的线索，奉献微薄之力。

本次修订全由本人完成。感谢尊敬的杨德广教授，为本书撰写修订版序。感谢中国社会科学出版社任明编审，为本书的出版和再版提供支持。

浙江树人大学　徐绪卿

2016 年 8 月 16 日于杭州